»Meine Mutter? Och, die ist ganz normal. Ich hab den gleichen Streß und den gleichen Spaß mit ihr – wie andere auch!« meint die 14jährige Claudia. Sie lebt mit ihrer Mutter und deren Partnerin zusammen. Familien-Normalität ist schon lange nicht mehr (nur) die heterosexuelle Kleinfamilie Vater-Mutter-Kind. In diesem Buch geht es um andere, vielleicht zuerst ungewöhnlich anmutende, aber sicher nicht seltene Konstellationen: um lesbische Frauen und ihre Kinder, um die leiblichen Mütter und deren Partnerinnen, die Mitmütter.
Die Autorin, selbst lesbisch und Mutter einer nun erwachsenen Tochter, hat sich von 1986 bis 1992 mit lesbischen Müttern und deren Kindern unterhalten. Sie kommen hier zu Wort, berichten über ihr Zusammenleben, über das Coming-out – oder das Versteckspiel – gegenüber den Kindern, den Verwandten, der Lehrerin oder den Nachbarn, und sie reden über ihr Verhältnis zu ihren Exmännern oder zu Männern überhaupt. Die persönlichen Berichte werden ergänzt durch soziologische Erklärungsansätze und Untersuchungsergebnisse.
Ein aufklärendes, politisches Buch, das aufruft, über unsere Vorstellungen von Familie neu nachzudenken und alternative Lebensformen gleichwertig einzubeziehen.

Birgit Sasse, 1949 geboren, arbeitet nach dem Studium der Psychologie und Soziologie als Dozentin in der Erwachsenenbildung und hat diverse Beiträge in Fachzeitschriften sowie Unterrichtsmaterialien veröffentlicht.

Birgit Sasse

Ganz normale Mütter

Lesbische Frauen und ihre Kinder

Fischer
Taschenbuch
Verlag

Die Frau in der Gesellschaft
Herausgegeben von Ingeborg Mues

Originalausgabe
Veröffentlicht im Fischer Taschenbuch Verlag GmbH,
Frankfurt am Main, Juni 1995

Gesamtherstellung: Clausen & Bosse, Leck
Printed in Germany
ISBN 3-596-12417-4

Gedruckt auf chlor- und säurefreiem Papier

Inhalt

Vorwort

Seit mehr als zwanzig Jahren bin ich Mutter, und seit ungefähr vierzehn Jahren bin ich eine lesbische Mutter.
Es hat lange gedauert, bis ich diesen Satz so schreiben konnte. Der Prozeß, der dahin führte, war mühsam, begleitet von Zweifeln, Scham, Ängsten. Wenn ich zurückblicke, frage ich mich, warum ich es mir eigentlich so schwergemacht habe, denn heute geht es mir gut damit. Ich habe mich freigeschwommen. Dabei ist die Frage, warum ICH es mir so schwergemacht habe, eigentlich falsch gestellt. Es war schwer. Das ist es, was ich feststellen kann. Dies hatte etwas mit meiner eigenen Entwicklung zu tun, mit meiner Familie, mit meiner sozialen Umgebung, mit der Rechtsprechung, mit dem Vater meines Kindes, mit fehlenden Kontakten zu Frauen in der gleichen Situation, mit fehlenden Vorbildern, mit fehlender Literatur, mit fehlenden Beratungsstellen...
Mitte der achtziger Jahre wurde mir immer bewußter, was ich gebraucht hätte, was es aber nicht gab. So machte ich mich selbst auf den Weg. Ich suchte andere lesbische Frauen, die Kinder hatten. Ich suchte Lesbengruppen auf, setzte Anzeigen in die Zeitung, fragte in Lesbenzentren nach. Es war zum Verzweifeln. Es meldeten sich keine lesbischen Mütter. Vielmehr erfuhr ich von anderen lesbischen Frauen, daß es lesbische Mütter gar nicht gäbe, denn die Tatsache, daß diese Frauen Kinder hätten, sei ein Indiz dafür, daß sie sich nicht zu dem erlauchten Kreis der Lesben zählen könnten.
Diese Negierung, diese Hochnäsigkeit und Diskriminierung forderten mich heraus. Ich versuchte es weiter, hörte im Freundeskreis von lesbischen Frauen mit Kindern, nahm mit ihnen Kontakt auf. So kam es, daß ich Anfang 1987 meine eigenen Erfahrungen und die von ca. fünfundzwanzig anderen Frauen in einem selbstverlegten Büchlein zusammenfaßte, das ich im Frauenbuchladen Hamburg, auf dem Kirchentag in Berlin und über verschiedene andere Gruppen verkaufte.

Dieses Büchlein »Lesbische Mütter und deren Kinder« war ein Anfang. Es sollte andere Frauen anregen, aus ihren Verstecken herauszukommen, sich zu melden, sich zusammenzutun, ihre Situation in die Hand zu nehmen. Ich wollte außerdem mehr Material gewinnen, denn ich wollte die Wissenslücken schließen, wollte zeigen, daß es uns gibt. Mein Ziel ist, daß andere sich mit uns auseinandersetzen und daß lesbische Mütter etwas über sich finden, das sie in ihrer Identitätsfindung unterstützen kann. Ich möchte, daß bestehende Vorurteile und Ängste abgelöst werden durch Auseinandersetzung und Akzeptanz.
Inzwischen haben sich über zweihundert Frauen bei mir gemeldet, die durch ihre Erfahrungen zu diesem Buch beitragen wollten. Viele weitere haben sich, vor allem auch nach der Vorstellung meiner ersten Veröffentlichung in der Zeitschrift »Lesbenstich«, an mich gewandt, um Material für ihre Doktor- oder Diplomarbeit zu bekommen. So haben auf verschiedensten Ebenen Gespräche über das Thema stattgefunden.
Ich danke allen für die Diskussionen, die mir oft neue Denkansätze vermittelten und mich zum weiteren Nachdenken anregten.
In diesem Buch werde ich das Thema nicht wissenschaftlich abhandeln, sondern erzählen, was ich aus einhundertsechsundsiebzig Interviews mit lesbischen Müttern, vierundvierzig Interviews mit Kindern lesbischer Mütter und vielen weiteren, unstrukturierten Gesprächen erfahren habe.
Ich danke allen Personen, die sich mir geöffnet haben. Sie alle hier zu nennen, ist aus Platzgründen nicht möglich. Die meisten baten mich außerdem um Diskretion – ein deutliches Zeichen.

Bevor ich näher in das Thema einsteige, möchte ich etwas über mich erzählen, denn ich habe die Erfahrung gemacht, daß es leichter ist, sich auf einen Text einzulassen, wenn ich mehr über die Person weiß, die ihn geschrieben hat. Auch inhaltlich finde ich es passender, nicht nur über andere zu schreiben, über das, was sie größtenteils vertraulich an mich weitergegeben haben. Ich möchte gerade bei diesem Thema nicht die anonyme Wissenschaftlichkeit benutzen, weil es mich oft selbst stört, wenn sich die SchreiberInnen dahinter verbergen.

Ich wurde 1949 geboren, habe Sozialpädagogik, Psychologie und Soziologie studiert und arbeite heute als Soziologin. 1973 habe ich geheiratet, bald darauf wurde meine Tochter geboren. 1980 habe ich mich von meinem Mann getrennt und mit meinem Coming-out begonnen.
Trotz mehrerer inniger Freundschaften mit anderen Mädchen, Schwärmereien für Lehrerinnen und andere Frauen wurde mir erst dann bewußt, daß es sich um homoerotische Gefühle handelte, als ich mich richtig in eine Frau verliebte, mit der meine Tochter und ich bald zusammenzogen. Wir lebten fast sieben Jahre in einer mehr oder weniger familienähnlichen Konstellation. Uns verband ein starkes Zusammengehörigkeitsgefühl, wir hatten eine gemeinsame Kasse und erklärten alle Angelegenheiten des Lebens, einschließlich der Erziehung, zu unserer gemeinsamen Sache.
Mein Mann und ich hatten, trotz Eheschein, nie so vertraut und eng miteinander gelebt. So konnte ich ihm auch nicht sagen, was ich in der Beziehung zu ihm vermißte bzw. was in mir vorging. Wir lebten uns immer mehr auseinander, und ich merkte schon nach kurzer Zeit, daß ich mich trennen wollte. Als ich dies dann tat, schien er überrascht zu sein. Sobald er mitbekam, daß ich mit einer Frau zusammenziehen würde, war für ihn klar, daß sie, und ganz allein sie, an unserer Trennung schuld sei. Er schrieb Briefe an unsere beiden Mütter und kündigte an, daß er mit deren Hilfe um das Personensorgerecht für seine Tochter kämpfen werde, weil er nicht zusehen wolle, in welch perverser Umgebung sein Kind aufwachsen sollte.
Meine Mutter beschimpfte mich am Telefon, ich sei ohne Verantwortungsgefühl, ich sei kalt, herzlos und eine Schande für die Familie, ich sei schlimmer als ein Verbrecher, als ein Mörder, es sei ekelerregend, was ich meinem Kind zumute. Sie werde alles dafür tun, ihre Enkelin zu retten. Meine Schwiegermutter warf mir vor, ich hätte die Ehre ihres Sohnes geschändet, ich sei eine verlorene Schwiegertochter, und sie werde zu Gott beten, daß er mich wieder auf den rechten Pfad bringe, sprich: zurück zu ihrem ehrenhaften Sohn.
Es war eine schlimme Zeit. Ich hatte mich selbst noch gar nicht richtig einordnen können und war hin- und hergerissen: Einerseits war ich verliebt wie noch nie zuvor, ich wandelte

manchmal auf Wolken und badete in meinem Glück. Andererseits hatte ich ein furchtbar schlechtes Gewissen, schämte mich vor mir selbst für meine Gefühle. Dabei ging es eigentlich weniger um mich selbst. Hätte ich kein Kind gehabt, so wäre das Neue einfach nur schön gewesen, ich hätte bestimmt bald allen meinen Freunden erzählt, wie glücklich ich bin. Ich hätte sicherlich auch die zu erwartenden Sanktionen gut überstanden, zumal meine Freundin sich seit ihrem vierzehnten Lebensjahr als lesbisch definierte und nun über mehr als zwanzigjährige Erfahrungen verfügte, die sie hatten stark werden lassen, was sich teilweise auf mich in rasantem Tempo übertrug.

Nein, das Problem war das Kind. Wie alle Frauen (und Männer) hatte ich verinnerlicht, daß es für die Entwicklung eines Kindes gut sei, beide Elternteile, beide Geschlechter zu erleben. Und wenn das nicht klappte, was durchaus gesellschaftsfähig geworden war, dann lebte das Kind eben nur mit einem Elternteil oder mit einem neuen Lebenspartner der Mutter oder des Vaters. Dieser mußte gegengeschlechtlich sein, weil dies »natürlich« ist. Ich hatte Angst, daß meine Tochter diskriminiert würde, in der Schule, unter den Spielgefährten – und ich hatte vor allem Angst vor möglichen Vorwürfen von ihr.

Zunächst aber stand die Bedrohung durch den Vater im Vordergrund. Für mich stand fest, daß ich mich nicht von dem Kind trennen wollte. Die Beziehung zwischen Tochter und Vater war immer distanziert gewesen. Für sie war es keine Frage, bei wem sie wohnen wollte. Sie hatte nicht einmal den Wunsch geäußert, daß wir doch lieber zusammenbleiben sollten, so wie es Scheidungskinder sonst tun. (Auch heute, fast erwachsen, sagt sie, daß ihr die Trennung von ihrem Vater nicht schwergefallen sei.)

Es war also nicht nur mein Anliegen, sondern auch das meiner Tochter, daß sie bei mir bleiben sollte. Ich wollte aber auch meine Freundin nicht verleugnen, ich wollte zu ihr stehen. Beide Wünsche waren nicht miteinander vereinbar, denn es war mir bekannt, daß die Familienrichter soziale Normen höher bewerten würden als unsere Gefühle, die sie nicht verstehen, weil sie sich Liebe nur in geordneten, in heterosexuellen Bahnen vorstellen können. »Zum Wohle des Kindes« würden sie entscheiden müssen, und dieses Wohl ist seit Jahrhunderten klar definiert. Unser Pech war,

daß wir nicht unter diese Definition fielen, wenn wir unsere Beziehungsform bekanntgaben.
Wir zogen FreundInnen zu Rate, die von unserer Liebe wußten und sie nicht nur tolerierten, sondern sich an unserem Glück mit erfreuten. Unter ihnen waren PsychologInnen und JuristInnen, die sowohl unseren psychologischen als auch unseren rechtlichen Hintergrund erfaßten. Sie alle rieten uns, unsere Beziehung zu leugnen. Wichtig sei, daß wir beide wüßten, daß wir uns lieben und daß wir dies auch am liebsten nach außen demonstrieren würden, nun aber ginge es um das Kind, das wir sonst unweigerlich verlieren würden.
Als die zuständige Sozialarbeiterin erschien, um nach der Unterbringung des Mädchens zu schauen, war sie positiv überrascht: Wir hatten ein kleines Häuschen mit Garten gemietet. Jede von uns hatte einen wunderschönen Raum, besonders von dem großen Kinderzimmer war sie angetan. In dem Gespräch mit ihr setzte ich vor allem auf diesen Eindruck und ließ – wie zufällig – einfließen, daß ich als alleinstehende Mutter natürlich nicht in der Lage sei, dem Kind solch ein schönes Zuhause zu bieten, aber zum Glück akzeptierten immer mehr Hausbesitzer Wohngemeinschaften, und wenn man sich die Miete teile, sei es erschwinglich. Ich muß so überzeugend geklungen haben, daß sie keine weiteren Fragen stellte. Bis heute weiß ich nicht, ob mein Mann seine Vermutung über mein Lesbischsein behördlich kundgetan hat oder nicht.
Damit war aber das Problem noch nicht gelöst. Da wir nicht wußten, ob mein Mann unsere Tochter aushorchen würde, mußten wir auch vor ihr Versteck spielen. Sie kriegte zwar mit, daß wir in einem Zimmer, in einem Bett schliefen, aber durch unser Verhalten und durch unsere Äußerungen betonten wir stets, daß ich mein Zimmer hatte und daß es ein Zimmer für meine Freundin gab, daß wir also nur zusätzlich zu den jeweils eigenen Räumen auch Gemeinschaftsräume hatten. Zärtlichkeiten tauschten wir nie vor ihr aus, was besonders für meine Freundin anfangs schwer zu ertragen war. Irgendwann schliff sich dieser Stil ein, doch das Gefühl der Unehrlichkeit vor dem Kind blieb bis zum Schluß.
Vater und Tochter hatten nur wenig Kontakt. Es war mir aber ein großes Anliegen, daß dieser nicht einschlief, daher arrangierte ich immer wieder Treffen; jedoch möglichst nie in unserem Haus,

sondern in seiner Wohnung. Irgendwann, als sie ungefähr sieben Jahre alt war, erklärte ich den beiden, daß ich mich nun langsam aus der Rolle der Beziehungsmanagerin herauslösen wolle und ich von ihnen erwarte, daß sie ihre Verbindung nun selbständig pflegten, was dann auch mehr schlecht als recht passierte.
Nach fast sieben Jahren gemeinsamen Lebens trennten meine Freundin und ich uns. Meine Tochter litt unbeschreiblich. Sie hatte sich inzwischen so an diese Gemeinschaft gewöhnt, es war ihr Zuhause, die beiden hatten eine Reihe von Gemeinsamkeiten entwickelt. Sie waren zusammen geritten, hatten sich zusammen um den Hund gekümmert, um den Goldhamster, um Rollschuh- und Fahrradfahrenlernen, hatten sich köstlich beim Lesen von Comics vergnügt...
Für mich hatte sich einiges ins Gegenteil gekehrt: Hatte ich erst Bedenken, das Kind mit einer Frauenbeziehung zu konfrontieren, so war es nun eine Gewissensfrage geworden, ob ich die beiden trennen dürfe.
Nach einer kurzen Zeit des Alleinlebens, die wir beide furchtbar fanden, wurde aus einer engen Freundschaft mit einer anderen Frau, die selbst gerade geschieden war und zwei Töchter hatte, eine Liebesbeziehung. Auf Drängen der Kinder zogen wir zusammen. Die Kinder blühten auf, besonders meine Tochter, hatte es doch nun ein Ende mit dem Einzelkinddasein und mit der Ruhe im Haus. Sie genoß das Leben und verarbeitete langsam die Trennung.
Meine zweite Freundin hatte ein anderes Naturell. Sie fand es geradezu gefährlich, vor den drei Mädchen ein Versteckspiel zu spielen, was mir aus der Seele sprach. Sie fühlte sich stark genug, mit den dreien über unsere Beziehungsart zu sprechen, was mich einerseits sehr erleichterte, mir andererseits angst machte. Die Kinder, zwölf, zehn und neun Jahre alt, nahmen es ganz anders auf, als ich befürchtet hatte. Sie freuten sich, deklarierten sich als Geschwister und mokierten sich darüber, daß wir nicht heiraten dürften!
Meine Tochter stellte mir aber auch die von mir ängstlich erwartete Frage, ob das vorher auch schon eine Liebesbeziehung gewesen sei und warum ich dies nie gesagt hätte. Ich erklärte ihr ganz offen, wie es gewesen war, mit welchen Ängsten ich mich gequält

hatte. Sie schien mich zu verstehen, und unser Verhältnis zueinander wurde sehr eng und vertraut.
Für mich war diese Situation ein großer Durchbruch. Es war herrlich, in den eigenen Wänden frei leben zu können, umgeben von einem vorwiegend heterosexuellen Freundeskreis, der uns als ganz normale Familie betrachtete. Es wurde alles selbstverständlich, und das übertrug sich auf die Kinder. Selbstbewußt luden sie andere in ihr Zuhause ein, und keiner fragte danach, was für eine Konstellation sie vorfanden. Da wir in einer Gegend wohnten, in der es viele Wohngemeinschaften verschiedenster Besetzungen gab, waren wir irgendwie »normal«. Selbst als die LehrerInnen der Kinder ihre Hausbesuche machten, spürte ich kein Herzklopfen mehr.
Mein Coming-out war abgeschlossen, und zwar nicht in der Art, daß ich allen Leuten auf die Nase binden muß, daß ich lesbisch bin. Es gibt auch weiterhin Kreise, vor denen wir uns in acht nehmen, aber es ist kein angstbesetztes Thema mehr.
Unglückliche Umstände führten wieder zu einer Trennung, und nun leben meine Tochter und ich allein. Sie ist mit ihren fast zwanzig Jahren selbständig geworden und leidet nicht mehr unter der Ruhe im Haus. Sie verliebt sich in Männer, aber für sie ist es selbstverständlich geworden, daß ich mit einer Frau zusammen bin, die sie im übrigen auch sehr gern mag.
Ich nenne hier nicht den Namen meiner Tochter und benutze auch einen anderen Nachnamen, weil ich auf sie und ihren Vater Rücksicht nehmen möchte. Unter diesem Versteckspiel leide ich zwar, aber ich nehme zur Kenntnis, daß es immer noch gesellschaftliche Bedingungen gibt, vor denen wir uns schützen müssen.
Ich akzeptiere mein Leben und meine Gefühle, und wenn man mich deshalb angreifen sollte, dann könnte ich dem gut standhalten. Ich möchte jedoch verhindern, daß andere, die durch meine Entscheidung und Lebensform damit in Zusammenhang gebracht werden, dem ausgesetzt sind.
Mein Wunsch ist, mit diesem Buch dazu beizutragen, daß es irgendwann einmal nicht mehr nötig sein wird, sich derartige Gedanken über Rücksichtnahmen machen zu müssen.

Lesbische Mütter

Was oder wer ist eine lesbische Mutter?

Gleich vorab: Es gibt nicht die lesbische Mutter, genausowenig wie es die deutsche, amerikanische oder sonstige Mutter oder die Frau, den Mann gibt. Aber es erscheint mir trotzdem sinnvoll, zu erklären, über wen ich hier rede.
Sogenannte »Altlesben« – das sind Frauen, die schon sehr früh ihr Lesbischsein erkannten – behaupten ja, lesbische Mütter gäbe es gar nicht. Entweder sei eine Frau lesbisch oder eben Mutter und sei somit nicht zu dem Kreis der Lesben zu zählen. Andere, und so auch ich, meinen aber sehr wohl, daß es viele Frauen gibt, die sowohl »Lesbe« als auch »Mutter« sind, und versuchen, diese beiden Lebensformen zu vereinen.
Die Mutterrolle ist klar zu definieren: Sie ergibt sich durch die Geburt oder Annahme eines Kindes, das mit der Frau, die durch diesen Akt Mutter wird, zusammenlebt und unter anderem von ihr erzogen wird. Die lesbische Lebensweise zu definieren, ist viel schwieriger – und erst recht die der lesbischen Mutter.

Definition des Begriffs »lesbisch«

Es gibt vielfältige Definitionen von Lesbischsein. Hinter der bereits zitierten Meinung einiger »Radikal-« und »Altlesben« steht mit Sicherheit eine außerordentlich enggefaßte Definition.
Untersuchungen von Kinsey sowie Masters und Johnson (die die Kinsey-Skala bezüglich der hetero- und homosexuellen Erfahrungen übernommen haben) zeigen deutlich, daß es nur wenige Männer und Frauen gibt, die ausschließlich homoerotische Beziehungen erlebt haben. Demnach ist von homosexueller Präferenz dann zu sprechen, wenn die Person vorwiegend gleichgeschlechtliche Kontakte hatte oder hat. Diese Aussage kommt der von Charlotte Wolff nahe, die davon ausging, daß jeder Mensch sowohl homo-

als auch heterosexuelle Anteile in sich trägt. Also verfügt auch eine »Altlesbe« über heterosexuelle Anteile, die sie jedoch nicht aus(ge)lebt (hat).
Da es sich nur um graduelle Unterschiede der Präferenzen handelt, ist es nicht richtig, daß nur eine geringe Anzahl von Frauen das Etikett »lesbisch« für sich beansprucht.
Im übrigen wird bei dem unterschiedlichen Umgang mit der Beziehung »Lesbe/lesbisch« folgendes deutlich: Wie viele (politische) (Selbsthilfe-)Gruppen haben sich auch die »Altlesben« oder jedenfalls jene, die sich persönlich und politisch zu ihrer Homosexualität bekennen, das Etikett selbst zu eigen gemacht – ein häufiges Mittel von Entstigmatisierungsversuchen bzw. ein Weg, sich vor Sanktionen zu schützen. Zugehörige zu diesen Gruppen bezeichnen sich nicht ohne Stolz als »Lesbe«, während sie sich von anderen abgrenzen, die diesen Titel ihrer Meinung nach nicht tragen dürfen. Verdecktlebende Frauen oder jene, die ihre homosexuellen Anteile erst kürzlich entdeckt und/oder diese nicht offen ausleben (können), empfinden diese Bezeichnung als diffamierend, sie fürchten sich vor ihr. Während die einen also Solidaritätsgefühle spüren, fühlen sich die anderen von der Welt, zu der sie gehören wollen, ausgegrenzt.

Was also bedeutet »Lesbischsein«? Die Sichtweisen darauf können nach verschiedenen Zugangsweisen geordnet werden. Es unterscheiden sich z. B. die Sicht der betroffenen Frauen und ihre Selbstdefinitionen von den Zuschreibungen anderer, die das Lesbischsein von außen betrachten. Manche Definitionen reduzieren Lesben auf ihre Sexualität, andere sind weiter gefaßt und beziehen verschiedene Beziehungsebenen in die Beschreibung mit ein.
Charlotte Wolff bezeichnet Homosexualität in ihrem Buch »Psychologie der lesbischen Liebe« als eine »emotionale Disposition, die zu engem, vertrautem Kontakt zwischen Menschen gleichen Geschlechts führt und die zu sexuellem Verhalten führen kann, aber nicht muß« (S. 11). Sie spricht, zur Vermeidung der Reduktion auf Sex, deshalb auch von »Homoemotionalität«.
Soziologische Untersuchungen beziehen sich vorwiegend auf Probandinnen, die sich selbst als Lesben bezeichnen und sich in die Feldforschungsbereiche bewußt als solche begeben. Meistens wird

dabei von sichtbaren Verhaltensweisen ausgegangen, die zur Lebensform »lesbisch« gerechnet werden (wie Barbesuche, Coming-out in Gruppen etc.). Die Stichproben sind daher nie repräsentativ, und die Übertragung der gewonnenen Informationen auf nichterfaßte, zurückgezogen lebende Lesben ist äußerst zweifelhaft.

Sexualwissenschaftliche Untersuchungen richten sich auf Art und Häufigkeit der sexuellen Kontakte mit dem eigenen Geschlecht.

Psychologische Auseinandersetzungen sind oft eingebettet in die jeweilige psychologische Theorie.

Eine eindeutige, wissenschaftlich allgemeingültige Definition, welche Frau nun lesbisch, welche bisexuell oder heterosexuell ist, gibt es nicht.

So soll hier auf Äußerungen eingegangen werden, die Frauen gemacht haben, die sich selbst als lesbisch bezeichnen. Dies ist für mich der vertretbarste Weg, denn alles andere sind Zuschreibungen (von WissenschaftlerInnen), die auch anderen Zwecken dienen als nur der Aufklärung und dem Verständnis. Es gibt keine objektive Darstellung von Lesbischsein, insbesondere nicht davon, wie die Frauen miteinander umgehen.

Im Gegensatz zu homosexuellen Männern sind Lesben stets mit geringeren Sanktionen (und somit Interessen) bedacht worden, einmal wohl wegen der Geringschätzung der weiblichen Sexualität bzw. der Frau generell, aber auch weil zu der Rolle der Frau im allgemeinen Zärtlichkeit und emotionale Nähe zu allen Menschen gerechnet werden.

Meine Tochter berichtete mir von einem Projekt, das sie in der Schule zu dem Thema »Frauen und Männer – Koedukation versus Geschlechtertrennung« gemacht haben. Es war ihr eine Studie in die Hände gekommen, in der Elternaussagen bezüglich ihrer Ängste um ihre Kinder wiedergegeben worden waren. Sie wunderte sich über folgendes: Eltern äußerten häufig Besorgnis, daß ihre Söhne schwul sein könnten, keiner der Befragten sagte etwas über das mögliche Lesbischsein der Töchter! Mich wundert dies nicht, denn mir ist klar, daß Eltern sich eher Gedanken über eine zu frühe Schwangerschaft ihrer Töchter machen als über ihre sexuellen Vorlieben und Gefühle... Erst wenn die

Töchter dann lesbisch leben, haben die Eltern doch ein Problem mit dieser Lebensform, auch wenn sie nie diesbezügliche Ängste äußerten.

Das Lesbischsein einer Frau wird nicht aus ihrem tatsächlichen sexuellen Verhalten abgeleitet, da sich dieses hinter verschlossenen Türen abspielt. Wird also eine Frau als lesbisch bezeichnet, dann entweder weil sie sich selbst so nennt oder sich entsprechend in der Öffentlichkeit gibt oder weil sie in den Augen anderer durch ihre Lebensform und Verhaltensmuster, einschließlich der Kleidung, die gängigen Vorurteile erfüllt.

Dieses Fremdurteil wird häufiger von Männern als von Frauen gefällt, weil sie vielleicht durch emanzipiertes, nicht auf Männer ausgerichtetes Verhalten schneller in ihrer eigenen Geschlechtsrolle verunsichert werden.

So liegt die Ursache der gesellschaftlichen Mißbilligung lesbischer Beziehungen wohl weniger in der homosexuellen Praxis selbst als in der »Verweigerung der heterosexuellen Rolle«, die an der Macht der Männer kratzt. (Dies bemerkte Susanne von Paczensky in ihrem Buch »Verschwiegene Liebe«, S. 25.)

Um Beschreibungen der lesbischen Lebensweise zu erhalten, die nicht von Machtinteressen beeinflußt sind, sind Aussagen von Frauen, die sich selbst als lesbisch bezeichnen, besonders wertvoll. Meine Befragung von Frauen verschiedenen Alters, verschiedener Lebensgestaltung, unterschiedlicher hetero- und homosexueller Erfahrungen brachte folgendes Ergebnis:

Die meisten fühlen sich zu Frauen einfach mehr hingezogen, sie sind gern in der Nähe von Frauen, finden mehr Verständnis und mehr Möglichkeiten der Identifizierung und Solidarität, empfinden Frauen als zärtlicher, liebevoller, einfühlsamer, geduldiger...

Diese Aussagen bezogen sich sowohl auf den allgemeinen Umgang mit anderen, z. B. in Konfliktsituationen, als auch auf den körperlichen Bereich.

Alle sagten, sie hätten bereits vor der eigenen Erkenntnis ihrer homosexuellen Präferenz mehr Vertrauen zu ihrer (»Busen«)-Freundin gehabt, sie hätten sich Frauen gegenüber freier, vertrauter gefühlt, es sei denn, diese Frauen hätten sie in den Konkurrenzkampf um Männer einbezogen.

Das Vorurteil, lesbische Frauen würden Männer völlig ablehnen, konnte ich nicht bestätigt finden. Im Gegenteil: Über die Hälfte der Befragten meinten, sie würden lieber mit Männern als mit Frauen zusammenarbeiten. Dazu muß ich sagen, daß es sich vornehmlich um akademisch vorgebildete Frauen handelte, die einen entsprechenden Beruf ausübten. Ich kann nicht beurteilen, ob es in dieser Hinsicht schichtspezifische Unterschiede gibt.
Bei manchen Begegnungen mit Lesben konnte ich allerdings, gerade in Gruppendiskussionen, radikalere Ablehnungsäußerungen hören. Diese Lesben bilden aber eine Minderheit, auch wenn sie es verstehen, ihre Meinung besonders laut und deutlich hervorzubringen.
Lesbischsein heißt also nicht Männerhaß, sondern bedeutet vielmehr, für Frauen besondere Hochachtung zu haben, von ihnen emotional angezogen zu sein, und beinhaltet die Fähigkeit zur größeren Vertrautheit mit Frauen als mit Männern.

Im Gegensatz zu anderen (lesbischen) Autorinnen möchte ich jedoch die sexuelle Komponente mit einbeziehen. Ich schließe mich zwar der Theorie von Charlotte Wolff an, nach der die Bisexualität in jedem Menschen angelegt ist. Lesbisch ist eine Frau jedoch erst dann, wenn sie über freundschaftliche, vertraute, emotionale Beziehungen hinaus auch körperliche, zärtliche Kontakte mit einer Frau pflegt oder zumindest das Bedürfnis danach verspürt; wenn es also bei Berührungen manchmal »flimmert«, und zwar mehr bei Frauen als bei Männern. In diese Definition schließe ich auch Frauen ein, die ihre homosexuellen Bedürfnisse zwar nicht ausleben, diese aber haben und spüren.
Während die meisten der Frauen, die ich anfangs fragte, wann sie ihre homosexuellen Anteile entdeckt hätten, antworteten, es sei erst dann gewesen, nachdem sie mit einer Frau geschlafen hatten, so meinten im Verlauf des Gespräches doch einige, es sei ihnen irgendwie schon früher »der Verdacht gekommen«. Manche von ihnen hatten es dann weit von sich geschoben, verdrängt, andere verspürten Angst vor diesem Gefühl und versuchten, sich zurückzunehmen. Nur wenige von ihnen fanden es spannend, diese Gefühle in sich wahrzunehmen, und drängten willentlich dahin, es endlich auch auszuleben.

Fast alle Frauen, die vorher mit Männern geschlafen hatten, stellten Vergleiche auf; sie fanden, daß die sexuelle Beziehung zu einer Frau intensiver, emotional tiefgehender sei und vor allem sehr viel zärtlicher. Vorrangig war die Aussage: Es ist insgesamt befriedigender!

Hier möchte ich eine Anmerkung machen: Diese Aussage finde ich sehr interessant, weil Lesben doch oft als »hart«, »unbefriedigt«, »cool« etc. gelten. Manchmal frage ich mich, ob nicht genau das Gegenteil der Fall ist! Vielleicht ist auch dieses Vorurteil, wie so manches andere, von Männern geprägt, die meinen, daß die äußere Schale und vor allem die Nichtverfügbarkeit für sie als Mann gleichzusetzen ist mit Gefühlsarmut.
Lesbische Frauen treten tatsächlich selbstbewußter auf, sie sind auch oft selbstbewußter. Mich wundert dies nicht, denn durch den von ihnen durchlaufenen Prozeß von der Anpassung bis zur eigenen sexuellen Identität sind sie sich selbst bewußter geworden. Dies bezieht sich jedoch vorwiegend auf die Frauen, die ich persönlich kenne oder die sich zu den Gesprächen gemeldet haben. Es ist also keine repräsentative Aussage.
Gleichzeitig habe ich aber sehr wohl vor Augen, daß die Alkoholikerinnenrate unter Lesben sehr hoch sein soll und daß sie psychiatrische Behandlungen insgesamt häufiger durchlaufen als die restliche weibliche Bevölkerung.
Unter den von mir Befragten waren nur zwei Frauen mit Suchtproblematiken oder gravierenden psychischen Einbrüchen, und beide waren nicht leibliche Mütter, sondern »Mitmütter«. Zur Zeit der Interviews fühlten sie sich clean und stabil. Ich kann also nicht beurteilen, ob die Aussagen über die Labilität von Lesben zu den Vorurteilen gehören oder ob es sich tatsächlich so verhält. Sollte es so sein, dann kann ich mir gut erklären, woran das liegt: Die Belastungen, denen lesbische Frauen in ihrer Identitätsfindung ausgesetzt sind, sind unvergleichlich größer als bei anderen Frauen. Das liegt nicht am Lesbischsein selbst oder gar in ihren Genen, davon bin ich fest überzeugt, nein, es liegt an der Umwelt, in der sie sich entwickeln und bewegen müssen.
Es beginnt bei dem Versteckspiel oder den Auseinandersetzungen

mit den Eltern, die in der Regel in der Ich-Entwicklung eines Menschen eine große Rolle spielen, und es endet noch lange nicht damit, daß die Liebesbeziehungen/Partnerschaften komplizierter sein können, so daß auch dort unter schwierigeren Bedingungen Selbsterfahrungen gemacht werden, die nicht unbedingt stärkend sind.

Offenbar sind lesbische Frauen, die auch noch die Mutterrolle innehaben, weniger gefährdet. Vielleicht liegt es daran, daß sie über die Mutterrolle selbst ein Stück mehr »Normalität« erfahren, Anerkennung bekommen. Vielleicht stärkt aber auch das Familienleben die Verantwortung für andere, denn es verlangt, das Leben zu managen, das sich in der »normalen Welt« abspielt.

Lesben ohne Kinder oder ohne feste Partnerin haben »weniger zu tun«, sie haben mehr Zeit und Energie, um sich mit sich und ihren Sehnsüchten zu beschäftigen, sie erfahren sich selbst auch weniger in vertrauten und stärkenden Interaktionen. Nach meinem Eindruck halten sie sich auch mehr in Bars oder an anderen Orten auf, bei denen Alkoholkonsum dazugehört, als dies Mütter tun oder können.

Doch ich möchte noch einmal auf das Klischee »Mannweiber« zurückkommen. Selbstbewußtsein, das nach außen getragen wird, muß nicht unbedingt tatsächlich vorhanden sein. Aber es kann! Und wenn ich mir die mir bekannten selbständigen (und durchaus auch femininen) lesbischen Frauen/Mütter vor Augen führe, freue ich mich, daß sie es geschafft haben. Sie haben offenbar ihr Leben in die Hand genommen, was sie ja auch müssen/mußten, denn Frauen/Mütter, die nicht mit einem Mann zusammenleben, werden nicht so versorgt wie die hetero lebenden verheirateten Frauen. Sie sind weniger abgesichert und müssen »ihren Mann stehen«, um für ihren Lebensunterhalt zu sorgen.

Wenn eine Frau aber für sich selbst einsteht, so erhält sie oft automatisch das Attribut »männlich«. Darüber klagen auch Frauen, die es z. B. in der Geschäfts- oder in der politischen Welt zu etwas gebracht haben. Entweder werden sie »Mannweiber« genannt, oder es wird in der Presse und anderen Medien besonders hervorgehoben, daß »sie sich den weiblichen Charme erhalten konnten«.

Mit weiblichem Charme wird in der Heterowelt offenbar etwas

anderes gemeint als in der lesbischen Welt. Denn auch meine Gesprächspartnerinnen erzählten häufig, daß sie ihre Freundinnen besonders am Anfang so »charmant« fanden.

Zurück zu den Äußerungen der Frauen über ihr Lesbischsein: In den ersten Gesprächen hörte ich von einigen, daß sie sich »zur Zeit als lesbisch« bezeichneten. Sie hielten es für möglich, nur eine »lesbische Phase« zu leben. Diese Anmerkungen wurden bei den weiteren Befragungen immer seltener. Ich deute dies so, daß ich am Anfang eine zu kleine Stichprobe ausgewählt hatte und daß sich später besonders jene Frauen zu Wort meldeten, die ihr Comingout für sich abgeschlossen hatten.
Insgesamt sieben der befragten Mütter hielten es nicht für ausgeschlossen, irgendwann wieder mit einem Mann zusammensein zu wollen oder zu können. Unter den befragten Freundinnen der Mütter waren es nur fünf, und von diesen fügten drei hinzu, daß der eigene Wunsch nach Kindern dabei wohl eine Rolle spielen könnte. Alle anderen Frauen fanden nach ihren Frauenerfahrungen Männerkontakte »ekelhaft« bis »unbefriedigend« und vor allem nicht mehr erstrebenswert.
Nicht mit aufgenommen habe ich hier Frauen, die sich selbst als »bi« einstuften, die also mal mit Männern, mal mit Frauen schlafen. Ich habe mich hier vor allem auf die Frauen konzentriert, die in die Kategorie »lesbische Mütter« bzw. deren Freundinnen gehörten.

Definition des Begriffs »Lesbische Mutter«

Im folgenden ist also die Rede von lesbischen Müttern, wenn Frauen:
- *sich emotional, sozial und körperlich vorwiegend zu Frauen hingezogen fühlen und*
- *Mütter von wenigstens einem Kind sind,*
- *diese/s Kind/er im eigenen Haushalt versorgen und*
- *diese beiden Rollen aktiv ausleben.*

Hiermit sind also alle frauenliebenden Frauen gemeint, die wenigstens ein Kind im eigenen Haushalt erziehen. Dies muß nicht notwendigerweise ein leibliches Kind sein. Das, was zählt, ist die Erzieherinnenrolle, denn was die Mutterrolle ausmacht, ist nicht unbedingt die biologische Verbundenheit, sondern die soziale Rolle. Deshalb gibt es – nach dieser Definition – eigentlich keinen Unterschied zwischen der Mutter und deren Freundin, wenn sie zusammenleben und die Erziehung gemeinsam praktizieren.

Ich werde auch auf Frauen eingehen, die nicht (mehr) mit ihren Kindern zusammenleben, entweder weil diese schon erwachsen sind oder weil sie sich von der Mutter abgewandt haben, als diese eine lesbische Beziehung einging. Diese Frauen bleiben auch weiterhin Mütter, sie haben aber ganz andere Probleme als die, die mit ihren Kindern zusammenleben, und auf diese beziehe ich mich vorrangig.

Es gibt Paare, bei denen die Kindererziehung nicht als gemeinsame Sache definiert wird. Dann ist meistens die Mutter diejenige, die für die Kinder »zuständig« ist. Das kann sich aber nur auf die Themen und Situationen beziehen, die bewußte Entscheidungen erfordern. Der Erziehungsalltag ist vielseitiger.

Ich spreche hier das an, was in der Pädagogik als »funktionale« und »intentionale« Erziehung unterschieden wird. Intentional ist das, was bewußt, gezielt angestrebt und praktiziert wird. Funktional ist alles das, was so nebenbei läuft. Dazu zählen alle Sprüche, die wir machen und die von den Kindern übernommen werden – und wir wundern uns dann darüber... Dazu gehören auch die schlechten Tischmanieren, die sie zeigen, obwohl wir ihnen doch z. B. gepredigt haben, daß sie sich nicht so tief über das Essen beugen sollen (intentional) – was wir aber vielleicht nicht bemerkt haben, ist, daß eine von uns es selbst so vormacht (funktional).

Erziehung ist vielseitig, und es gibt viele verschiedene Erziehungsfaktoren im Alltag des Kindes. Es ist klar, daß die Freundin der Mutter, die mit im Haushalt lebt, ein wesentlicher Faktor für die Erziehung ist. Sie erzieht das Kind mit und müßte deshalb ebenso unter die Definition »lesbische Mutter« fallen. Des besseren Verständnisses wegen werde ich aber die biologische Mutter in meinem Sprachgebrauch von der nicht-biologischen Mutter unterscheiden.

Lesbische »Mitmütter«

Unter diesen Begriff fallen die Frauen, die in der lesbischen Familie leben und »mit«erziehen. Sie sind nicht die leiblichen Mütter, und oft kennen sie die Kinder nicht von Anfang an. Die Kinder treten durch die Beziehung zu deren Mutter in ihr Leben, und sie tritt in das ihre. Vor allem hier in Deutschland ist das der häufigste Fall. Es gibt auch Frauenpaare, die sich bewußt gemeinsam für ein Kind oder für mehrere Kinder entscheiden (auf sie komme ich später zu sprechen). In diesem Fall erlebt die Mitmutter die Geburt mit, und Mitmutter und Kind kennen sich von Anfang an. Das scheint aber sehr selten vorzukommen. Ich selbst habe auch nur drei Paare persönlich kennengelernt. (Was prozentual gesehen offenbar recht viel ist.)

Die Rolle der Mitmutter ist nirgends beschrieben, es gibt keine klassischen Muster, keine Vorgaben – sie kommen eigentlich nicht vor, obwohl es sie gibt.

Während die »natürliche« Mutter spätestens mit der Geburt ihres Kindes in ihre Rolle hineinwächst, eine Beziehung also von Anfang an entsteht, während sie gesellschaftliche Vorgaben finden kann und automatisch als Mutter anerkannt wird, springt die Mitmutter ins kalte Wasser und findet weder Vorbilder noch Unterstützung. Es ist also viel schwieriger für sie, sich selbst zu definieren, mit ihrer Rolle klarzukommen. Oft gibt es auch Probleme, von den Kindern und erst recht in der Außenwelt anerkannt zu werden.

Immer wieder haben mir Mitmütter erzählt, daß sie keine Rechte haben, daß sie eigentlich nur Pflichten eingehen. Deutlich wurde mir das Ausmaß dieser problematischen Situation in den beiden folgenden Fällen:

Dorothea lebt mit Freundin und Tochter in einer Wohnung. Das ist noch nicht lange so, denn als die beiden Frauen sich zusammengetan hatten, erhob der Vater des – »unehelichen« – Kindes Anspruch auf Personensorge, die er auch erhielt, weil die Mutter vor Gericht keinen Hehl aus ihrem Lesbischsein machte. Vom zweiten bis vierten Lebensjahr wohnte das Kind also bei dem Vater, dann lernte er eine andere Frau kennen und bot der Mutter die Tochter wieder an – »wie ein Stück Ware, das nun nicht mehr gebraucht wurde« (Dorothea). Nun leben die drei also in einem Haushalt, die Mutter hat ihre vor einem Jahr neu aufgenommene Ausbildung noch nicht abgeschlossen, sie bekommt aber kein Geld vom Sozialamt, weil sie angegeben hat, daß sie einen gemeinsamen Haushalt mit ihrer Freundin führt. Dorothea verdient ihr Geld, indem sie Kurse an Volkshochschulen und in Kirchengemeinden gibt. Sie hat Theologie studiert und kämpft seit längerer Zeit um einen Vikariatsplatz. Wegen ihrer offenen »Lesbenpower« wird sie aber nicht vermittelt. Bei allen Gesprächen, die sie mit den zuständigen Herren ihrer Landeskirche geführt hat, hat sie ihre Fürsorgepflicht für ein Kind angegeben, aber mann lächelte müde über sie, fragte sie, ob sie ihre Aussage wirklich ernst meine…

Dorothea darf also, laut Sozialamt, die Brötchen für das Kind ihrer Freundin verdienen, der Staat (genausowenig wie die Kirche) aber sorgt nicht dafür, daß sie auch als Ernährerin der Familie anerkannt wird. Es gleicht einem Berufsverbot, dem sie als lesbische Frau unterliegt. Wäre sie die leibliche Mutter des Kindes, wäre es vielleicht einfacher (wenngleich auch hier die Kirche sicherlich so ihre Schwierigkeiten hätte: Kind ohne Vater…). Als Mitmutter, die sich voll verantwortlich fühlt, hat sie keine Rechte, sondern im Gegenteil sogar persönliche Nachteile.

Ein anderer Fall:

Angelika hat eine Tochter, die gerade ein Jahr alt war, als Anke hinzukam. Angelika studierte, Anke arbeitete als freie Journalistin vorwiegend zu Hause. Sie fand sich schnell in ihre neue Rolle hinein, versorgte die kleine Anne fünf Jahre lang wie eine Mutter. Sie spielte mit ihr, chauffierte sie zu anderen Kindern oder Gruppen, meldete sie im Kindergarten an, brachte sie hin, holte sie ab. Sie gestaltete ihre Geburtstage, begleitete sie zum Kinderarzt… Anke verdiente das Geld für die Familie, sie bezahlte die Miete, das Haushaltsgeld, sie kochte, kaufte ein.

Angelika widmete sich ihrem Studium, das mit vielen Laborarbeiten verbunden war, die nur in der fast einhundert Kilometer entfernten Stadt geleistet werden konnten, so daß sie wenig zu Hause sein konnte, während Anne wach war. So entwickelte sich zwischen Anke und Anne eine sehr enge Beziehung, während die Partnerschaft immer mehr litt.

Als Anke entdeckte, daß Angelika an der Universität eine Liebesbeziehung zu einer anderen Frau pflegte, die sie auch nicht aufgeben wollte, wuchs der Konflikt ins Unerträgliche: Eigentlich wollte sie sich von Angelika trennen, weil sie außer Wut und Enttäuschung immer mehr Ekel und Abwehr ihr gegenüber empfand. Aber da war auch Anne. Sie hatte sie inzwischen liebgewonnen, ihr Leben auf das Kind eingestellt.

Anne merkte, daß es immer häufiger zu Streitereien zwischen den beiden Frauen kam, und als sie einmal das Wort »Trennung« hörte, geriet sie in Panik. Sie lief zu Anke, klammerte sich an sie und ließ sich kaum beruhigen. Am Tag darauf kam sie zum Frühstück und stellte fest: »Wenn ihr euch trennt, dann bleibe ich bei Anke!« Anke war aber klar, daß Angelika das Kind nicht bei ihr lassen würde und daß sie keinerlei Rechte in dieser Entscheidung hatte.

Anders als bei einem Ehepaar konnte Anke weder auf Verständnis bei den Verwandten des Kindes noch in der sonstigen Umwelt hoffen, geschweige denn beim Familiengericht. Es würde nichts nützen, wenn sie nachweisen würde, daß sie das Kind vorwiegend erzogen, versorgt und finanziert hatte, da sie sich von Angelikas Bafög-Geld niemals diesen Lebensstandard hätten erlauben können. Es würde auch nicht gelingen, gegen den Willen der Mutter das Personensorgerecht zu erhalten, denn dafür hätte Angelika sich aktenkundig als erziehungsunfähig erweisen müssen.

Nun könnte der Einwand kommen, daß es einem männlichen Freund in der gleichen Lage wie Anke nicht anders ergehen würde. Nur der leibliche oder der Adoptivvater hätte Anspruch erheben können. Das stimmt aber nicht ganz: Erstens fände der Freund mehr Verständnis in seiner Umwelt. Zweitens gibt es diverse Gerichtsurteile, die (nach Anhörung des Kindes und zu dessen Wohl) dem Freund Besuchs-/Kontaktrechte einräumen. Drittens hätte sich der Freund sogar das Personensorgerecht mit der Mutter teilen können, spätestens nach einer Adoption, zu der das Paar nicht unbedingt einen Trauschein vorlegen muß. Das alles wurde Anke aber verwehrt.

Eine unverheiratete lesbische Frau kann in Deutschland kein Kind adoptieren. Mir ist lediglich bekannt, daß in Berlin schwulen Paaren aidskranke Kinder zugewiesen wurden, aber nicht zur Adoption, sondern als Pflegekinder. Diese Tatsache spricht für sich – ein Kind muß aidskrank sein, um offiziell bei Homosexuellen aufwachsen zu können! Entweder gibt man dem Kind sowieso keine Chance mehr, oder man meint, daß es für Schwule eine Strafe und Abschreckung sein könnte, wenn sie mit dem Leiden des Kindes konfrontiert werden. (Für mich wird an solchen Beispielen immer deutlicher, wer oder was in unserer Gesellschaft wirklich pervers ist.)

In dem Fall Anke / Anne stimmt die Beziehung zwischen Mitmutter und Kind. Das aber ist auch nicht immer gegeben. Gerade wenn die Kinder schon älter sind, kann es sehr lange dauern, ehe (wenn überhaupt) die Kinder die Freundin ihrer Mutter als Erzieherin anerkennen. Das ist sehr davon abhängig, wie die verschiedenen Beziehungen erlebt und verstanden werden:

1. Wie ist die Beziehung zwischen den beiden Frauen? Sieht die Mutter sich als Alleinerziehende an? Hat sie schon lange mit den Kindern allein gelebt, so daß sie sich grundsätzlich schwer darauf einstellen kann, daß nun eine weitere Person »mitmischt«, oder wünscht sie sich geradezu die Teilung der Aufgaben und Zuständigkeiten?
   Sehen sich die beiden als »Elternpaar« an, also als Familie, oder »wohnt die Freundin nur bei ihnen«?
   Wie ist die Freundin auf die Kinder eingestellt? Hat sie Erfahrungen mit Kindern, oder ist es eine ganz wesentliche Veränderung in ihrem bisher unabhängigen Leben? Kann sie auch die Einschränkungen, die Kinder mit sich bringen, akzeptieren, oder erlebt sie sie als Hemmschuh, als notwendiges Übel, das am liebsten abgestellt werden sollte?
2. Welche Erfahrungen haben die Kinder gemacht? Hat die Freundin vielleicht ihren Vater verdrängt, von dem sie sich wegen der neuen Partnerschaft der Mutter trennen mußten? Oder haben sie bisher immer nur die Mutter als einzige Ansprechpartnerin gehabt, vielleicht auch mit viel mehr Zeit, die sie nun mit der Freundin teilen müssen?
   Haben sie vielleicht schon andere PartnerInnen der Mutter erlebt, die sie wieder loslassen mußten?
3. Stimmen die Erziehungsstile und Erziehungsziele überein?

4. Erleben die Kinder durch die neue Partnerschaft Einschränkungen im Gegensatz zu vorher? (Z. B. weniger Wohnraum, weniger Geld, weniger Urlaub, weniger Gemeinschaft, weniger Unternehmungen, weniger Süßigkeiten...)

Hierzu einige Beispiele:
Regina lebte ca. fünf Jahre allein mit ihren beiden Söhnen Axel (zwölf Jahre alt) und Jens (zehn Jahre alt), als ihre Freundin Maria hinzukam. Maria kannte die beiden Jungen von klein auf, denn sie war ihre Erzieherin im Kindergarten und hatte auch die Trennung der beiden Eltern miterlebt.
Die Kinder mochten Maria immer sehr gern, aber sie ordneten sie dem Kindergarten zu. Zu Hause waren sie nur auf die Mutter fixiert. Immer wenn Maria etwas zu ihnen sagte, während Regina auch anwesend war, wandten sie sich ihrer Mutter zu und schauten, ob sie zustimmte. War Maria mit den beiden allein, konnte es ihr passieren, daß sie sich zurückzogen und abwarteten, bis Regina nach Hause kam. Es konnte auch passieren, daß sie mit Ablehnung reagierten, in der Art: Das hast du nicht zu bestimmen! So z. B. wenn es um Mithilfe im Haushalt oder ums Zimmeraufräumen ging. Wenn Maria hingegen Vorschläge für Unternehmungen machte, dann gingen die Jungen sofort darauf ein.
In dieser Familie waren die Rollen eingefahren, und die Kinder konnten sich erst langsam umstellen, nämlich erst nachdem die beiden Frauen mit den Jungen intensiv gesprochen hatten und Regina sich auch in entsprechenden Situationen zurückhielt. Für Maria selbst war die Umstellung nicht so groß: Sie war als Älteste von sieben Geschwistern aufgewachsen und hatte über zehn Jahre berufliche Erfahrungen mit Kindern.
Anders ging es Elke.
Elke hatte über zehn Jahre mit einer anderen Frau ohne Kinder zusammengelebt, sie konnte sich ihre Freizeit nach Lust und Laune einteilen, vor allem in der Zeit, als sie allein gelebt hatte. Sie hatte keine Erfahrungen mit Kindern, hatte auch nie den Wunsch verspürt, welche zu bekommen, fand sie sie doch eher »schrecklich nervend« als reizvoll. Elkes Interessen waren vorwiegend Tanzen (in Frauenbars), weite Flugreisen, Fernsehen und Lesen.

Sie lernte Monika mit ihrer fast siebenjährigen Tochter Dorle kennen, verliebte sich Hals über Kopf in die Frau, die zunächst auch ganz viel Zeit in die Beziehung investierte. Dorle merkte, daß sie häufiger zur Nachbarin, zu Schulfreundinnen oder zum Vater geschickt wurde, daß sie abends öfter als sonst einen Babysitter hatte, und litt unter dem Verlust der Mutter.

Das machte Monika ein schlechtes Gewissen. Sie meinte, es läge daran, daß sie nicht zusammenwohnten, daß so viel Zeit für Organisation draufging und daß sie, wenn sie sich eine Wohnung teilten, alles unter einen Hut bringen könnten. Elke überlegte nur kurz und willigte ein, denn sie war fasziniert von Monika, und bisher hatte sie wegen des Kindes noch nicht viele Konzessionen machen müssen.

Also suchten die beiden eine größere Wohnung und zogen zusammen. Für Elke war es von Anfang an mehr als fremd, sich auf die Bedürfnisse einer Erstkläßlerin einzustellen: Da war plötzlich ein Kind, das etwas erzählen wollte, wenn die Frauen von der Arbeit kamen. Da erschien plötzlich ein Kind samstags und sonntags im Bett, wenn sie noch schlafen wollte. Da waren plötzlich Schulferien einzuhalten und teurere Reisekosten einzuplanen, wenn sie Urlaub machen wollte. Da war Weihnachten mit Tannenbaum und Weihnachtsessen zu feiern, während sie vorher gerade dann dem kalten Wetter per Flugzeug hatte entfliehen können.

Nach und nach lernten Dorle und Elke sich kennen. Elke erzählte mir, daß es wohl Dorles fröhlichem Gemüt zu verdanken sei, daß sie sich immer mehr umstellen konnte. Das Kind sei es gewesen, das ihr ihre Fehler verziehen habe, das immer wieder auf sie zugekommen sei, das ihrem Leben einen neuen Sinn gegeben habe. Noch nie zuvor habe sie sich so bewußt erlebt wie zu der Zeit der intensiven Auseinandersetzung mit dem Kind, das versuchte, seine Rechte geltend zu machen.

Elke wurde aber auch deutlich, daß die Tochter »ältere Rechte« hatte als sie, was ihr weh tat. Auf die Problematik der Eifersucht, die hier angesprochen wird, komme ich später zu sprechen.

Haben sich diese drei miteinander entwickelt, so klappte es bei Annette, Tochter Tina (acht Jahre) und Karin nicht:

Ähnlich wie Elke liebte Karin das Leben in Frauenzusammenhängen, sie war aktiv in Frauengruppen und sehr engagiert in ihrem

Beruf, sie ging gerne aus in Frauenbars (der sogenannte »Sub«). Stets hatte sie sich von Frauen getrennt, die viel Zeit und Nähe brauchten, was sie als einschränkend und klammernd empfand. In Annette meinte sie eine unabhängigere Partnerin gefunden zu haben, denn sie erlebte sie an ihrem Arbeitsplatz als Powerfrau, kritisch, souverän – und äußerst attraktiv.

Auch Annette spürte in Karins Nähe eine immer größer werdende Spannung, sie hatte aber von Anfang an das Gefühl, daß das Thema »Kind«, das sie natürlich auch beschäftigte, nicht das von Karin sein würde. Sie erzählte deswegen fast nichts darüber, sondern konzentrierte sich auf das, was Karin interessierte, denn sie wollte ja ihre Aufmerksamkeit.

Sie trafen sich immer häufiger, vor allem während die Tochter Tina bei ihrem Vater war; das war an drei Tagen und Nächten in der Woche und in der Hälfte der Schulferien. Karin lernte Tina als ein sehr selbstbewußtes, unabhängiges Kind kennen und machte sich keine weiteren Gedanken über sie.

Als aber die Beziehung zwischen den beiden Frauen immer enger wurde, brachte Annette immer mehr von ihrer Mutterrolle ein, sie wollte mit ihrer Freundin besprechen, was sie bewegte, welche Gedanken sie über Erziehung hatte, über die zweigeteilten Lebensumstände der Tochter, über Schulangelegenheiten etc. Karin spürte Abwehr in sich, wenn das Gespräch zu konkret auf Tina bezogen wurde, sie interessierte sich höchstens für die politischen oder allgemein sozialen Komponenten. Annette wurde unzufrieden, hatte aber die Hoffnung, daß es besser gehen würde, wenn Tina öfter anwesend wäre. So arrangierte sie häufigere Treffen zwischen den beiden.

Tinas Selbstbewußtsein (oder das, was so wirkte) bekam nun auch Karin zu spüren. Das Kind wehrte sich mit Händen und Füßen gegen die Freundin der Mutter, es ignorierte sie, wenn sie da war, oder beschimpfte sie; es setzte seine Mutter unter Druck, wenn es meinte, sie widme ihm nicht genügend Zeit, und erzählte jeden Tag von einem neuen Zipperlein...

Karin wollte weiterkämpfen, sie meinte, gewinnen zu müssen, weil sie nicht einsah, daß ein achtjähriges Kind das Leben von zwei erwachsenen Frauen derartig bestimmen konnte. Annette hingegen konnte diesen Kampf nicht ertragen. Da sie ihrem Gefühl nach nicht genügend vorkam, trennte sie sich von Karin, nicht ohne Schmerz und Tränen und nicht ohne Sorge, ihre Tochter könnte durch diesen Akt gelernt haben, wie sie Partnerinnen ihrer Mutter erfolgreich vergraulen konnte.

Mitmütter müssen also in vielen verschiedenen Lebensbereichen ihre Rolle erlernen und nach Akzeptanz und Verständnis suchen. Treten Probleme auf, so sind sie diejenigen, die am wenigsten Verständnis finden.

Die Mutterrolle ist klar definiert, zu ihr zählt die Erwartung, daß sie stets für ihre Kinder da ist, daß Kinder Priorität haben. Die Mutter kann überall über ihre Kinderanliegen reden, sie kann sich austauschen, Feedback holen. Die Mitmutter hingegen hat das alles nicht. Die Mutter kann auch mal über ihre Pflichten klagen und Sehnsüchte, diesen zu entkommen, artikulieren, dafür hat man heute Verständnis (das war früher weniger möglich, weil die Mutterrolle enger gefaßt war). Die Mitmutter aber, die über die Einschränkungen, die Belastungen und möglicherweise über die Sorgen mit dem Kind spricht, kommt schnell in den Verdacht, das Kind abzulehnen, sich als Rivalin zu empfinden, zu egoistisch oder egozentrisch zu sein. Und das nicht nur außerhalb der Beziehung, sondern insbesondere innerhalb: Die Partnerinnenschaft kann erheblich darunter leiden. Die Mutter bekommt eventuell ein schlechtes Gewissen, weil sie ihre Freundin mit ihrem Kind so belastet, weil sie für die Einschränkungen verantwortlich ist. Sie empfindet sich als Schuldige oder/und als Vermittlerin und muß deshalb immer auf der Hut sein.

Oft habe ich von Müttern gehört: Ich sitze zwischen zwei Stühlen! Dieses Problem führe ich hauptsächlich auf die mangelnde Akzeptanz von lesbischen Beziehungen in unserer Gesellschaft zurück, was bedeutet, daß die Mitmutter in ihr eigentlich nicht vorkommt. Und wenn die Lebensform einer Frau nicht vorkommt, dann ist es schwer, sich zurechtzufinden.

Innenleben

Partnerschaft

Bei meinen Gesprächen mit lesbischen Frauen allgemein und mit lesbischen Müttern im besonderen ist mir aufgefallen, daß sie viel mehr über Probleme reden als andere. Zwar ist es offenbar immer so, daß wir Menschen eher über das Negative sprechen, wenn es um das geht, was uns beschäftigt, aber Mütter auf dem Spielplatz oder am Arbeitsplatz oder unter Freundinnen berichten durchaus auch Lobenswertes aus der Familie, wenn auch manchmal nur, um sich darzustellen. Sind aber lesbische Mütter zusammen, klagen sie immer über das, was sie erleben. Offenbar müssen sie besondere Probleme bewältigen. Aber natürlich gibt es auch wunderschöne Momente wie in allen Ehen, Beziehungen, Familien.
Bevor ich zu den belastenden Faktoren komme, die oft durch die Gegenwart der Kinder verursacht werden, möchte ich mich zunächst auf das konzentrieren, was die beiden Frauen betrifft.
Im Zusammensein mit lesbischen Paaren erlebe ich sehr viel Ausgelassenheit, Glücklichsein, Zeichen tiefen Vertrauens und Selbstverständlichkeiten. Da sind die frisch Verliebten, die genauso herumturteln wie Heteropaare, da sind die »alteingesessenen« Paare, die sich schon seit vielen Jahren kennen und ihr Leben aufeinander eingerichtet haben – alles nichts Besonderes! Nur muß offenbar eine Bedingung gegeben sein, um sie so zu erleben: Sie müssen unter sich oder in einem sehr vertrauten Freundeskreis sein.

Ich war einmal Gast in einer Frauenfamilie, in der ich mich sehr wohl fühlte. Die beiden Mütter mit ihren zwei Kindern waren fröhlich, offen, wir spielten, quatschten oder führten hitzige Diskussionen. Alles wirkte ungezwungen, leicht. Es war ein sehr schönes Wochenende. Am Montag darauf traf ich die beiden Frauen auf einer Tagung. Es ging um Erziehung im weitesten Sinne. Sie gingen so verkrampft miteinander um, sie verhielten sich völlig anders, so daß ich richtig erschrocken war, denn gerade der

nette Umgangsstil zu Hause hatte mir so gut gefallen. Jede erzählte über die Probleme einer Alleinerziehenden – die sie gar nicht war.
Ich fragte sie in einer Pause, warum sie sich so anders gäben, und sie meinten, daß sie – gerade als Referentinnen – dieses Versteckspiel betreiben müßten. Wir vereinbarten ein weiteres Treffen auf einer ähnlichen Tagung, zu der nur Frauen, die meisten von ihnen lesbisch, kommen sollten.
Als wir uns wiedersahen, hatten sie ihre Kinder mit, die im gleichen Ort bei der Großmutter übernachten sollten. Ich ging mit den vieren zum Essen. Es war wieder ein fröhliches, ungezwungenes, selbstverständliches Beisammensein. Sie diskutierten über den Sinn oder Unsinn, der Oma einen Blumenstrauß mitzubringen. Wir kamen auf Konventionen zu sprechen, ob sie besser eingehalten werden sollten oder nicht. Die beiden Mädchen fanden ihre Mütter spießig und sprachen über ihr ansonsten unkonventionelles Leben. Es entspann sich ein Streitgespräch zwischen allen vieren, in das eine Menge alltäglicher Probleme einfloß, über die aber sehr offen gesprochen wurde.
Wir trafen uns danach mit den anderen Frauen, die zunächst sehr fremd für die beiden waren. In den Arbeitsgruppen traten sie wieder so verschlossen auf, hielten sich an Allgemeinheiten fest. Erst als sie merkten, daß sich da mehrere lesbische Mütter zusammengetan hatten, die frei über sich redeten, tauten sie auf. Sie tauschten sich aus, aber auf ganz andere Art. Plötzlich waren da vor allem wichtige Probleme.
Abends fragte ich sie, ob sie sich auch anders erlebt hätten als in der allgemeinen Gruppe. Sie bestätigten es und meinten, daß sie sich einerseits unter Gleichen freier und lockerer bewegen könnten, eben so, wie ich sie in ihrem Zuhause erlebt hatte, daß sie andererseits unter Gleichen auch mal die Gelegenheit hätten, sich auszusprechen. Unverblümt könnten die Themen diskutiert werden, die sie mit anderen nicht besprechen könnten.
Eine der Frauen sagte auch, daß sie sich nach Tagungen oder Treffen mit Heterofrauen, denen sie nichts von sich erzähle, unheimlich verspannt und müde fühle, weil sehr viel Energie für das Versteckspiel aufgebracht werden müsse.
Bei jüngeren Lesben erlebe ich oft ein freies Miteinander in der

Öffentlichkeit, sie haben wahrscheinlich schon »bessere Zeiten« in ihrer Sozialisation erlebt als wir Älteren. Sie sind meist auch in ihren Forderungen an die Umwelt radikaler, was für alle von Nutzen sein kann. Sobald jedoch Kinder im Spiel sind, werden die Frauen vorsichtiger, und das vor allem mit Rücksicht auf diese – aber nicht nur.

Die Partnerschaft unter lesbischen Frauen ist genauso facettenreich wie unter anderen Menschen auch. Immer wieder höre ich, daß die Dauer des Zusammenseins länger sei als bei Schwulen, aber weniger dauerhaft als in Heterobeziehungen. Ich kann diese These nicht überprüfen, ich kenne nur statistische Trends zu Ehescheidungen.
Von den Frauen/Paaren, mit denen ich im Zusammenhang mit diesem Buch Kontakt hatte, waren immerhin
71 % länger als 2 Jahre,
54 % länger als 5 Jahre,
31 % länger als 10 Jahre,
12 % länger als 15 Jahre,
2 % länger als 20 Jahre
zusammen, 79 % der Befragten lebten mit der Partnerin in einem gemeinsamen Haushalt, und relativ viele Frauen kannten sich schon lange, bevor sie sich ineinander verliebten, teilweise schon aus der Kindheit. (An dieser Stelle möchte ich aber noch einmal betonen, daß es sich hierbei sicherlich nicht um eine repräsentative Stichprobe handelt.)
Eine Frau fragte mich kürzlich, ob ich meine, daß lesbische Frauen mit Kindern länger zusammenbleiben als diejenigen ohne. Ich weiß es nicht, es könnte aber durchaus sein, weil sie ihren Kindern nicht so viele Wechsel zumuten wollen und es deshalb vielleicht länger miteinander aushalten. Es kann aber genausogut sein, daß sie schneller auseinandergehen, weil sich die Mitmütter überfordert fühlen oder weil die Kinder zu sehr leiden bzw. die beiden zu sehr belasten etc.

Besonders großen Problemen sind Partnerschaften von Frauen ausgesetzt, die noch mit ihren vorherigen Beziehungen, insbesondere mit ihren Ehen, belastet sind. Die Gespräche mit diesen

Frauen oder Paaren fand ich sehr bedrückend. Ich lasse am besten einige für sich sprechen:
Inge hat drei Kinder von neun, zwölf und achtzehn Jahren, vor ca. zehn Jahren haben sie und ihr Mann ein Haus gebaut, das noch lange nicht abgezahlt ist. Inge war nie besonders erfüllt von ihrer Ehe, sie hatte schon als Jugendliche bemerkt, daß »irgendwas bei ihr nicht stimmte«, sie fühlte sich mehr zu Frauen hingezogen und entwickelte immer größere Abwehr gegen ihren Mann, insbesondere im Bett. Sie dachte sich stets andere Geschichten aus, warum es gerade nicht ging. Die Kinder hatte sie bekommen, weil sie sich Kinder wünschte und weil sie nach außen demonstrieren wollte, daß sie »normal« sei. Irgendwann kam es zu einem Zusammenbruch. Sie verbrachte längere Zeit in der Klinik, und danach machte sie eine Psychokur. Dort, bei dem Therapeuten, wurde ihr klar, daß sie sich in eine Frau verliebt hatte, die sie schon seit vielen Jahren kannte und nun wiedergetroffen hatte.
Die beiden verbrachten wunderschöne Wochen miteinander und treffen sich seitdem regelmäßig. Ihrem Mann hat sie noch nichts erzählt, lebt aber in ihren Gedanken und Gefühlen völlig mit der Freundin zusammen. Ihre Telefonrechnung ist rasant angestiegen, sie hat Angst davor, daß das verräterisch werden könnte. Ihre Freundin hat inzwischen die Scheidung eingeleitet, sie ist kinderlos und möchte, daß Inge sich auch trennt, damit sie endlich zusammensein können. Inge aber kann sich nicht vorstellen, ihre Kinder aus der vertrauten Umgebung zu nehmen, sie ist sich auch nicht sicher, ob der Älteste mitmachen würde. Sie hat keinen Beruf, alle ihre FreundInnen hat sie als Ehefrau und Mutter kennengelernt.
Ich fragte Inge, ob sie sich denn tatsächlich schon als Partnerin ihrer Freundin empfinde. Sie bejahte vehement, sie sei sehr glücklich und unglücklich zugleich, wisse nicht, wie es ausgehen werde, aber wenn man sie fragen würde, ob sie Partnerin eines Mannes oder einer Frau sei, dann würde sie immer antworten: die einer Frau! Irgendwann würden sie auch räumlich zusammenkommen, sie sei voller Hoffnung.
Viel schlimmer geht es Hanna:
Sie hat schon früh gemerkt, daß sie sich von Frauen mehr angezogen fühlt als von Männern, dennoch hat sie, als sehr religiös erzo-

gene Frau in einer Kleinstadt, geheiratet und zwei Kinder geboren. Seit Jahren gefielen ihr ganz bestimmte Typen von Frauen, sie lud sie ein, verbrachte sehr viel Zeit mit ihnen und hatte immer irgendeine »stille Liebe«, die sie verehrte, die sie mit in ihre Träume nahm.

Mit vierzig Jahren, einundzwanzig Jahren Ehe und zwei zwanzig- und siebzehnjährigen Töchtern erlebte sie zum ersten Mal, daß ihre Liebe sichtbar erwidert wurde. Hanna war überglücklich, aber auch furchtbar aufgeregt, weil nun der Tag gekommen war, auf den sie sich so lange gefreut hatte, der ihr aber die Realität deutlich machte. Ihr wurde klar, daß sie nicht mehr länger zu Hause bleiben konnte, denn viel zu lange hatte sie gegen sich selbst dort gelebt. Sie blühte auf. Viele der psychosomatischen Erscheinungsbilder hörten auf, sie war vital und stark.

Sie erzählte ihrem Mann von ihren Gefühlen, von all den Jahren, in denen sie sich selbst und ihm und allen anderen etwas vorgemacht hatte, und stellte fest, daß sie ausziehen wolle, ja müsse. Sie sprach mit ihren Kindern und erzählte ihnen das gleiche.

Dann suchte sie sich ein Zimmer am anderen Ende der Kleinstadt und bereitete den Auszug vor. Ihre Freundin wohnte ca. einhundertzwanzig Kilometer entfernt; sie trafen sich bisher außerhalb der Stadt oder in deren Wohnung.

Der Ehemann und die beiden Töchter taten sich zusammen. Es war für sie klar, daß sie sich nicht trennen würden, sie fühlten sich ebenso sicher in ihrer Meinung, daß die Mutter/die Ehefrau dringend in psychiatrische Behandlung müßte. Der Mann fühlte sich mehr als gekränkt, er schlug regelrecht um sich. In der Nachbarschaft, in der Verwandtschaft, im Freundeskreis – überall erzählte er über die »Abartigkeit« seiner Frau, oft verbunden mit der Bitte, man möge von anderer Seite aus mit ihr sprechen, um sie »zur Vernunft zu bringen«.

Die Töchter wandten sich von ihr ab. Wollte sie sie einmal in den Arm nehmen, so wie sie es jahrelang getan hatte, dann wichen sie aus. Sie fragten sie, ob so was vererbbar sei, sie beschimpften sie, daß sie sie verlassen wolle, sie machten ganz deutlich, daß sie sich furchtbar schämten und sie nun keine Mutter mehr hätten.

Hanna zog aus, sie ging aber zunächst weiter ihrer Arbeit nach – bis ihr Mann auch mit ihrem Chef, einem katholischen Pfarrer, gesprochen hatte. Dieser kam auf sie zu und fragte sie ungläubig, ob das denn alles so stimme, was ihr Mann ihm erzählt habe. Als sie nickte und versuchte, über ihre Gefühle und ihr jahreslanges Leiden zu erzählen, brach er ab. Sie sei eine prima Mitarbeiterin in den letzten fünfzehn Jahren gewesen, aber sie müsse Verständnis haben, daß eine Weiterbeschäftigung nicht möglich sei, zumal es keinerlei Zeichen ihrer Reue und der Enthaltsamkeit gäbe.

Hannas Mutter zitierte sie zu sich und beschimpfte sie in unvorstellbarer Weise, sie schmiß sie raus mit den Worten, sie solle niemandem erzählen, wer ihre Mutter sei, sie hätten nichts mehr miteinander zu tun.

Hannas Freundin kam so häufig wie möglich zu ihr, sie führten viele Gespräche, die aufbauend und stützend wirkten – bis sie auch das Zimmer aufgeben mußte, weil der Ehemann mit den Vermietern gesprochen hatte.

Hanna zog zu ihrer Freundin, die ein großes Haus geerbt und nun genügend Platz für zwei hatte. Hanna hat eine neue Arbeit gefunden und ist glücklich, wenn sie nach Hause kommt. Dieses Gefühl wird aber oft getrübt, denn sie bekommt Drohbriefe und Drohanrufe von ihrem Mann. Die Kinder erwidern ihre Briefe nicht und lassen sich am Telefon verleugnen. Am schlimmsten fand sie es, als sie hörte, daß ihre älteste Tochter für fünf Tage in der Stadt war, in der sie nun lebt, und sich in einem teuren Hotelzimmer eingemietet hatte, um einen Lehrgang zu besuchen, ihre Mutter aber nicht angerufen, geschweige denn gefragt hatte, ob sie bei ihr wohnen könne.

Die Partnerschaft der beiden Frauen unterliegt sehr großen Belastungen. Hanna hat sich jahrelange Sehnsüchte nun erfüllt, aber sie hat auch alles verloren, was jahrzehntelang zu ihr gehört hat: ihre Familie, ihre Verwandten, ihren Freundeskreis, ihr Zuhause, ihre Arbeit, ihre Nachbarschaft, ihre Gewohnheiten. Die Freundin hat eine ungeheure Bedeutung für sie, sie ist nicht nur der Lebensinhalt, sondern Stütze, Ziel und Mittel zugleich.

Es ist eigentlich keine freie Partnerschaft, auch wenn die beiden freiwillig aufeinander zugegangen sind. Was ist, wenn sie merken, daß es doch nicht so harmoniert, wie sie es sich vorgestellt haben? Sie kennen sich schließlich noch kein ganzes Jahr und leben erst seit wenigen Monaten unter einem Dach. Für die Freundin muß klar sein: Du darfst Hanna nicht verlassen, jedenfalls nicht in der nächsten (langen) Zeit, bis sie sich in ihrer neuen Welt gefunden hat, denn sonst könnte genau das eintreten, was die Familie von Hanna behauptet hat: Sie würde eventuell zu einem Fall der Psychiatrie.

Die beiden sind sich dessen bewußt, und so tastet sich Hanna nach und nach an andere Leute heran, sie nimmt Kontakt zu Lesbengruppen auf, vor allem in Kirchenkreisen. Ihre Freundin führt sie nach und nach in ihren Bekannten- und Freundeskreis ein, aber eigenständige Beziehungen haben sich noch nicht ergeben.

Für Hanna, für ihre Freundin und für ihre Beziehung ist es sehr wichtig, daß Hanna sich ein neues soziales Netz spannt, damit sie in den Schattentagen der so sehr belasteten Beziehung aufgefangen werden kann.

Bisher haben sie außer ihrer Verliebtheit die gemeinsamen äußeren Feinde, aber wenn diese Bedrohung nachläßt und der Alltag eintritt, dann könnte es sein, daß Hanna die erlebten Demütigungen und die großen Verluste erst so richtig spürt. Jede für sich und die beiden zusammen müssen sich auf diese Etappe ihres Lebens vorbereiten.

Hanna ist schon älter, ihre Kinder sind, auch wenn sie noch zu Hause wohnen, den Kinderschuhen entwachsen. Als ich damals mein erstes Büchlein geschrieben hatte, wunderte ich mich darüber, daß so viele Mütter erst im höheren Alter ihre homoerotische Seite ausgelebt haben bzw. konkrete lesbische Beziehungen eingingen.

Wir alle haben das Heterobild verinnerlicht und haben sowohl den Wunsch in uns, so »normal« wie die anderen zu sein, zu den anderen zu gehören, als auch den Drang, als Individuum zu gelten, etwas Besonderes, Einzigartiges zu sein. Die Mädchen oder jungen Frauen, die sich von Anfang an darüber im klaren sind, daß sie nur Frauen lieben können, sind offenbar sehr rar. In allen Büchern und Artikeln, in denen Schwule und Lesben über sich berichten, kommen Passagen ihres Lebens vor, in denen sie sich nach allen Kräften bemühten, »normal« zu sein. Das eigene Coming-out zu erleben, ist angstbesetzt, sind wir doch eindeutig heterosexuell sozialisiert, unsere Identität wird von klein auf dahin getrimmt,

daß die Liebe zwischen Mann und Frau die einzig natürliche und richtige Liebe ist. Es ist also logisch, daß es Schwierigkeiten bereitet, die schwule oder lesbische Orientierung anzunehmen, daß der / die Betroffene sich unzulänglich vorkommt.
Wenn die Eltern, Geschwister, Verwandten, FreundInnen, NachbarInnen, LehrerInnen, ArbeitgeberInnen im Dorf oder in der Kleinstadt (weniger in den Großstädten) massiven Druck auf die einzelne Person ausüben und dieser Bedrängung nicht mehr ausgewichen werden kann, dann können die »abweichenden«, »verbotenen«, »schlimmen« Gefühle zur Verzweiflung treiben – oder sie werden total verdrängt. Er oder sie fügt sich in das normale Schema ein, gewöhnt sich an sein / ihr Unwohlsein oder macht das jeweils Beste aus der Situation.
So kommt es sicherlich zu vielen Hochzeiten, zum Kinderkriegen, zum »normalen« sozialen Alltag. Sind die Kinder aber erst einmal aus dem Haus, werden die Frauen mehr auf sich zurückgeworfen, dann wird vielen deutlich, wie sehr sie gegen ihre Bedürfnisse gelebt haben.
Die Scheidungsrate steigt ständig an, und es sind vor allem Frauen, die die Scheidung einreichen. Nicht selten entdecken sie dann ihre homoerotischen Gefühle und beginnen, sie auszuleben.
Ein weiterer Grund für das späte »Erwachen« liegt sicher in der Identitätsentwicklung selbst. Dieser Prozeß dauert ein Leben lang an, und es gibt Phasen, in denen das Thema Sexualität besonders im Vordergrund steht. Bei manchen ist der Prozeß der Orientierung ein langsamer, mühsamer. Immer wenn sie wieder einen Schritt getan haben, erkennen sie: Ich lerne immer neue Seiten an mir kennen! Oder: Ich komme immer mehr an mich heran! So haben sie sich wahrscheinlich jahrelang in ihren heterosexuellen Beziehungen zu Hause gefühlt. Heirat und Kinder waren genau ihr Weg. Und dann entdecken sie ihre anderen Anteile und gehen in diese Richtung. Und die ist einfacher einzuschlagen, wenn die Kinder älter sind, weil sie weniger Rücksicht benötigen und weniger abhängig sind.
Offenbar bringt das Klimakterium nicht nur einen Hormonumschwung mit sich, sondern auch einen Wechsel der Einstellung zum Leben und zu dessen Gestaltung. Frauen, deren Kinder meistens in dieser Lebensphase aus den aktiven Versorgungsansprü-

chen herauswachsen, müssen sich umorientieren, denn es findet automatisch ein Rollenverlust statt, der den Alltag und die familiäre Kommunikation verändert.
Manchen wird erst dann bewußt, wie sehr sie sich an dem patriarchalischen Bild der Frau orientiert haben; sie treffen andere und lösen sich von diesen Klischees, sie entdecken andere Frauen als Verbündete, nicht mehr als Rivalinnen, und kommen so ihren Bedürfnissen näher.
Den Verlust der aktiv gelebten Mutterrolle empfinden sie nicht mehr als negativ, sondern vielmehr als positiv:
Sie fühlen sich frei, müssen weniger auf ihr soziales Image Rücksicht nehmen, können mehr auf sich selbst achten. Das kann nun leichter geschehen, losgelöst von patriarchalen Mustern, zu denen z. B. ihre angeblich schwindende körperliche Attraktivität zählt.
Diese Frauen unterliegen dann auch einer geringeren Kontrolle durch ihre Kinder. So pflegen sie häufig engste Frauenbeziehungen, was ihnen vorher nicht möglich war, berichten nach außen aber nur von der besten Freundin – oder sie haben ein so gutes Verhältnis zu ihren Kindern bzw. die nötige Portion Selbstbewußtsein, daß sie ihren Kindern von ihren Gefühlen und ihrem neuen Leben berichten können.

Gerda und Trudi sind ein gutes Beispiel:
Sie kannten sich schon sehr lange, ehe sie sich eines Tages mit Sack und Pack zusammentaten. Beide haben Kinder, die außer Haus waren. Trudis Mann war früh gestorben, Gerda trennte sich von ihrem, als der jüngste Sohn ins Studium ging. Ihr Mann hatte aber schon seit Jahren eine Beziehung zu einer viel jüngeren Frau, was Gerda brav ertragen hatte.
Die erwachsenen Kinder besuchten ihre Mütter und äußerten sich stets positiv über die Beziehung, über das neue Zuhause, zu dem sie gern zurückkamen. Als die älteste Tochter von Trudi heiratete, war es für alle Beteiligten kein Problem, daß die beiden Frauen zur Hochzeit erschienen. Nun wohnen sie oben in dem Haus, das die Tochter und ihr Mann gebaut haben. Die Enkelkinder wachsen mit drei Großmüttern auf, die gut miteinander zurechtkommen.

Nicht so problemlos verhält es sich bei zwei anderen Frauen: Ilse und Marianne kannten sich auch schon lange, bevor sie zusammenzogen, sie erklärten ihren Kindern gegenüber aber, daß sie die gemeinsame Wohnung aus finanziellen Gründen hätten. Sie haben jeweils Angst vor ihren Schwiegerkindern, weniger vor ihren eigenen Kindern. Auch ansonsten reden sie kaum über ihre Beziehung vor anderen. »Es ist halt so«, meinte Ilse, und ich hatte den Eindruck, daß sie darunter litt.

Die meisten Frauen, die ihre homoerotischen Seiten entdecken, aber dennoch in ihrer Ehe und Familie bleiben, nehmen Rücksicht auf ihre Kinder, denen sie »ein ordentliches« Zuhause bieten wollen. (Auf die Verantwortung Kindern gegenüber werde ich später eingehen.) Für viele spielt jedoch auch die Karriere des Mannes eine große Rolle. In der Regel benötigt man ca. zehn bis fünfzehn Jahre nach der Familiengründung, bis sich der Mann (oder auch die Frau, aber das kommt ja seltener vor, daß verheiratete Frauen mit Kindern Karriere machen) in seinem Beruf etabliert und den erwünschten Erfolg erreicht hat, bis die Wohnung, das Haus eingerichtet und zum größten Teil abbezahlt ist, bis alles sich zurechtgerückt hat.
Ich höre immer wieder von Frauen, daß sie ihre (ehemaligen) Männer achten, daß sie sie mögen und daß sie sie in ihrer Entwicklung durch ihre Gefühle und ihre Bedürfnisse nicht hindern wollen. Und so halten sie aus und halten aus…
Rebecca und Marianne können dies ausführlich berichten:
Sie leben beide mit ihren Männern und ihren jeweils drei Kindern in enger Nachbarschaft. Sie kennen sich seit ihrer Schulzeit, haben sich aus den Augen verloren und erst wiedergetroffen, als sie beide mit Bauplänen über die Grundstücke liefen. Zuerst haben sie »einfach nur vieles zusammen gemacht« wie Einkaufen, Kinderunternehmungen etc. Die Männer verstanden sich auch gut, und so haben sie gemeinsame Urlaube verbracht und rückten immer näher zusammen. »Irgendwann hat es dann gefunkt«, meint Marianne, »wir lagen uns plötzlich in den Armen, und es war uns klar, was wir längst füreinander fühlten!«
Die beiden genießen die gemeinsamen Zeiten, auch die Kinder fühlen sich ausgesprochen wohl, weil es so harmonisch ist.

Aber Rebecca und Marianne sehen keine Möglichkeit, in der Form zusammenzuleben, wie sie es eigentlich möchten:
Beide schätzen und mögen ihre Männer immer noch sehr gern, nur empfinden sie sich nicht mehr als die Ehefrauen, die sie einmal zu sein meinten. Sie definieren sich als die jeweilige Frau der anderen und teilen ihr Leben viel mehr miteinander als mit ihren Männern.
Sie wollen ihren Männern, beides angesehene Geschäftsleute, nicht den Ruf verderben, den Kindern nicht die Väter nehmen, vor allem aber leiden beide sehr unter dem »Ehebruch«, den sie begehen. Dabei spielt es offenbar keine Rolle, daß sie diesen mit einer Frau begehen, sondern der christlich-ethische Anspruch der lebenslangen Treue belastet ihr Gewissen.
Die beiden Frauen haben mit ihren Männern über ihre Gefühle gesprochen. »Es war einfach nötig«, stellt Rebecca fest, »sie brauchten doch eine Erklärung dafür, daß wir mit ihnen nicht mehr schlafen konnten. Sie hatten unsere Abwehr immer darauf zurückgeführt, daß wir nach den letzten Geburten (unsere Jüngsten sind bis auf einen Monat gleichaltrig) lustlos seien, was aber weiß Gott nicht der Fall war. Wir haben eben nur keine Lust mehr auf unsere Männer. Wir wollten ihnen gegenüber ehrlich sein, ihnen gleichzeitig deutlich machen, daß wir sie noch mögen, daß wir ihnen nichts vorlügen wollen, was doch noch viel verachtender wäre.«
Auf meine Frage, wie die Männer es denn aufgenommen hätten, erklärte Rebecca: »Sie waren völlig erstaunt, mochten es nicht glauben, lachten, machten Scherze, wir sollten uns mal untersuchen lassen. Dann kam so was wie: Das geht vorüber, schließlich wißt ihr ja, was ihr an uns habt! Ja, und das wissen wir tatsächlich. Wir wollen sie nicht verlieren, aber uns selbst eben auch nicht.«
Marianne erzählte weiter: »Sie haben uns dann ein Angebot gemacht, das hatte ihnen wohl ein Eheberater gesagt, an den sie sich gemeinsam gewandt hatten: Sie übernahmen für drei Wochen die Kinderversorgung und gaben uns Geld, damit wir miteinander eine Urlaubsreise ohne Kinder und Männer machen konnten. Sie verbanden damit die Hoffnung, daß wir uns spätestens dann gegenseitig auf den Geist gehen würden, merken würden, daß die Männer uns fehlten, und dann reumütig zurückkämen. Da hatten

sie sich aber geirrt. Wir hatten zwar oft ein schlechtes Gewissen, daß unsere Männer unsertwegen und der Kinder wegen ihren Urlaub spendierten, aber wir haben die Zeit auch genossen, für Gespräche, für uns selbst. Da sind wir endgültig zusammengewachsen. Nun, seitdem wir zurück sind, setzen sie uns die Pistole auf die Brust: Wir sollen wieder ›vernünftig‹ werden. Sie kapieren nicht, daß Gefühle nichts mit Vernunft zu tun haben.«
Die beiden Frauen sind ratlos. Sie wissen genau, was sie am liebsten möchten, haben aber die Mutter- und Ehefrauenrolle so stark verinnerlicht, daß sie sich eine Trennung als Weg zu sich selbst nicht vorstellen können. Genausowenig mögen sie aber an die vielen Jahre denken, die bis zum Erwachsenwerden ihrer kleinen Kinder noch vor ihnen liegen.

PsychologInnen, die in Mütterkurheimen tätig sind, berichten mir, daß auffallend viele Frauen gerade während der Kur, der Besinnungszeit, in der es nur um sie geht, sich in andere Frauen verlieben. In ihren therapeutischen Gesprächen arbeiten sie diese neuen Selbstwahrnehmungen auf (oder auch nur an – weil die Zeit zu kurz ist). Sie sind irritiert, oft aber auch sehr glücklich, wenn sie dort auf ganz andere Art und Weise als vorher mit Frauen oder gar mit einer bestimmten Frau Beziehungen knüpfen. Die meisten Frauen brauchen danach aber viele Jahre, ehe sie ihr Leben verändern und ihren eigenen Weg gehen – wenn überhaupt. Der Grund dafür liegt in der Rücksichtnahme auf Kinder und Mann, in der ökonomischen Abhängigkeit und der Angst vor dem eigenen Über-Ich.
Bei den oben genannten Beispielen wurde deutlich, daß sich das Alltagsleben von zwei Frauen mit Kind sehr von dem Leben ohne Kind unterscheiden kann. Nun könnte man sagen, das sei logisch und immer so, denn Kinder bestimmten nun einmal das Leben besonders. Das stimmt, doch gibt es wesentliche Faktoren, die nur Lesbenpaare betreffen.

Kinderwunsch

Folgt man der Theorie Erik Eriksons bezüglich der Identitätsentwicklung, so verspüren erwachsene Menschen, die sich zu einem Paar zusammengefunden haben, irgendwann den Wunsch nach einem Kind, dem Produkt ihrer Liebe. Sie haben sich demnach selbst so weit gefunden, daß sie nun Verantwortung für andere übernehmen möchten und auch können.
Prinzipiell finde ich Eriksons Ansatz interessant und gut, und deshalb diente er mir immer wieder als Unterrichtsstoff. Gerade dieser Punkt war aber auch oft Anlaß für lange Diskussionen. Im Laufe einiger Jahre habe ich verfolgen können, was Männer und Frauen zwischen fünfundzwanzig und fünfzig Jahren dazu sagen. Auch in meinen Gesprächen mit lesbischen Frauen habe ich diese These angesprochen und kann deshalb die Aussagen miteinander vergleichen:
Die meisten heterosexuellen Frauen und Männer bestätigten, daß sie, spätestens nachdem sie die Dreißig überschritten hatten, den Wunsch nach einem Kind spürten, vor allem dann, wenn sie in einer länger andauernden, relativ guten, engen Partnerschaft lebten. Manchen war es erst gar nicht so bewußt, daß es, wenn sie keine Kinder hatten, einen Zeitpunkt gab, zu dem sie sich plötzlich einen Hund oder eine Katze angeschafft hatten. Andere wurden sehr aktiv in Politik, Sport, Kultur, oder sie wechselten in einen sozialen Beruf. Nach meiner Einschätzung bestätigten ca. 90% der von mir befragten heterosexuellen Frauen und Männer Eriksons These. Die meisten hatten diese Situation auch sehr bewußt erlebt. Nur wenige meinten, Kinder gingen ihnen »auf den Geist« oder die Welt sei ihnen zu schlecht, um auch noch Kinder in diese zu setzen, oder Kinder paßten nicht in ihren Lebensplan.
Anders verhielt es sich bei den lesbischen Frauen, die ich gefragt habe: Kinderlose lesbische alleinlebende Frauen meinten vorwiegend, daß sie keine Kinderwünsche (gehabt) hätten. Nur einige

erzählten von Phasen, in denen das mal vorgekommen sei, aber das sei vorbei. Andere, jüngere, sagten, im Moment sei das kein Thema, aber sie wüßten ja nicht, was noch komme.
Kinderlose lesbische Paare mit einem gemeinsamen Haushalt berichteten Unterschiedliches. Einige meinten, daß sie es ganz schön gefunden hätten, aber es läge nun mal nicht in der Natur der Beziehung. Auffallend viele von ihnen hatten übrigens Katzen in ihrem Haushalt.
Andere fanden meine Frage ziemlich »blöd«. Das sei solch ein Heterogefasel, diese Entwicklungstheorie, das könne auch nur von einem Mann geschrieben worden sein, und die Lesben, die diesen Wunsch hätten, seien sicherlich auch diejenigen, die nach der Anerkennung einer Ehe von gleichgeschlechtlichen PartnerInnen schrien. Sie hielten nichts von der Imitation der oft scheiternden und Frauen ausbeutenden Heteroehe und fühlten sich bei der Frage auf das klassische Frauenbild reduziert: Kinderkriegen, Küche...
Ein Teil der Paare erzählte, daß sie diesen Wunsch auch bei sich kennengelernt hätten, die Erfüllung durch Insemination oder einen »Leihvater« hätten sie dann aber nicht weiter verfolgt. Wieder andere meinten, diese Idee sei ihnen nie gekommen, sie wüßten eigentlich auch nicht, warum, wahrscheinlich passe es nicht in das aktive Leben, das sie führten.
Im Gegensatz zu den Müttern sprachen mehrere Mitmütter von sich aus das Thema »Kinderwunsch« an. Auffallend waren die konträren Aussagen: Die einen wollten niemals Kinder haben, während bei den anderen der Wunsch mehr oder weniger intensiv erlebt worden war. Diejenigen, die unter der Kinderlosigkeit gelitten hatten, brachten ihre Freude zum Ausdruck, daß sie nun diesen Wunsch – über ihre Partnerin – ausleben könnten.
Auch diese Aussagen sind nicht repräsentativ; bei den nicht speziell dazu interviewten Frauen sind die Aussagen nicht einmal empirisch erfaßt. Dennoch wage ich einen Unterschied zwischen Lesben und Heterofrauen festzustellen: Zu einem unbestimmten Prozentsatz scheinen sich heterosexuelle Frauen häufiger mit dem Thema »Kinderwunsch« auseinanderzusetzen als lesbische.
In diesem Zusammenhang möchte ich auf einen absurden psychoanalytischen Erklärungsansatz hinweisen, der davon ausgeht, Les-

ben hätten eine infantile sexuelle Identität. Sie seien immer auf der Suche nach ihrer Mutter, ihrem ersten Liebesobjekt (ähnlich wie die häufig zu hörende Erklärung des Ödipuskomplexes im Zusammenhang mit Schwulen). Und da Erikson diesen »natürlichen« Kinderwunsch als Zeichen einer gewissen Reife interpretiere, folge daraus, daß Lesben diese nicht erreicht hätten und sich deshalb auch seltener Kinder wünschten.
Ich glaube, daß Frauen, die ihre homoerotischen Gefühle bewußt ausleben, sich in die Frage des Kinderwunsches von vornherein nicht allzusehr vertiefen, daß sie ihn entweder verdrängen, weil er nur schwer zu erfüllen ist, oder daß sie rationalisieren. Hinzu kommt, daß eine Frau natürlich nicht unbedingt lesbisch sein muß, um sich für ein kinderloses Leben zu entscheiden, welche Gründe sie auch dafür haben mag, sei es z. B. der verseuchten Erde oder ihrer beruflichen Karriere wegen.
In Heterobeziehungen können sich die Paare bewußt mit der Frage des Nachwuchses auseinandersetzen und sich »Wunschkinder« anschaffen. Es ist dann ihre gemeinsame Sache, und das Kind stammt von ihnen beiden. Zwei Frauen aber brauchen immer eine dritte Person oder einen Teil davon, nämlich den männlichen Samen, um sich ein Kind anzuschaffen. Es kann niemals von ihnen beiden sein, und so entstehen von Anfang an Ungleichheiten in der Beziehung zu dem Kind. Es ist dann eine Frage der Verbindung und der Vereinbarungen, wie stark beide die Verantwortung für das Kind aufteilen oder sie zur gemeinsamen Sache erklären.
Juristische Rechte hat die Mitmutter nicht, selbst dann nicht, wenn sie sich ganz bewußt für das Kind mit entschieden hat, wenn sie öffentlich die »Mutterschaft« anerkennt und nachweislich das Kind erzieht und finanziell unterstützt. Die Mitmutter hat entsprechend auch keine Pflichten, wie die lesbische Mutter Martina-Luise Langhammer in der Fernsehsendung »Hans Meiser« im Frühjahr 1994 an ihrer Lebensgeschichte deutlich machte. Sie hatte ihr Kind zusammen mit ihrer damaligen Lebensgefährtin »gezeugt«, die zwei Jahre nach der Geburt jedoch die Beziehung löste. Im Gegensatz zu einem männlichen Erzeuger muß sie weder Unterhalt bezahlen, noch hat sie sonstige Verpflichtungen ihrem einstmaligen Wunschkind gegenüber. Ihr Fall wurde etwas später im »Spiegel« aufgegriffen, der in einem Artikel über lesbische

Mütter berichtete, lesbische Frauen würden immer kinderfreundlicher und strebten – nicht weniger als Heterofrauen – nach Mutterglück, das sie sich über unterschiedliche Wege verschafften: »Die Sehnsucht nach dem Kind wird so nachhaltig geäußert, daß sich in Frankfurt künftig eine Partneragentur für Lesben und Schwule um Querverbindungen ihrer Kundschaft kümmern wird. Einziges Ziel: Baby, Baby, Baby.«* In anderen Zeitungen wurden die Entwicklungen in den USA, in den Niederlanden und in England beschrieben. Nach diesen Darstellungen ist ein Wandel in der Einstellung gegenüber gemeinsamen Kindern festzustellen.
Die rechtliche Situation ist in den einzelnen Ländern unterschiedlich. In Deutschland tut man sich sehr schwer mit der Legalität von Inseminationen, nur verheirateten oder zumindest langjährig zusammenlebenden heterosexuellen Beziehungspartnern ist der Zugang erlaubt. Diese Tatsache ist sicherlich im Zusammenhang mit einer generellen Vorsicht im Umgang mit der Genforschung und allen damit verbundenen Manipulationsmöglichkeiten zu sehen. Dies beruht auf der speziellen Geschichte Deutschlands, da im Nationalsozialismus eugenische Vorstellungen zu über 400000 Zwangssterilisationen führten und die theoretischen Grundlagen von medizinischen Versuchen, Qualen, Folter und der Ermordung von über 200000 Menschen lieferten. Diese aus der Geschichte begründete Sensibilität gegenüber der neuen Eugenik und die daran geknüpfte ethische Argumentation ist prinzipiell sehr begrüßenswert. Allerdings ist daraus nicht verständlich, warum lesbische Frauen von legalen Inseminationsmöglichkeiten ausgeschlossen werden. Der Grund dafür liegt eher in der Geringschätzung homosexueller Lebensformen bzw. in dem Versuch, heterosexuelle Partnerschaften als einzige Familienart weiter zu unterstützen.
Andere Länder sind von dieser historischen Verantwortung offenbar weniger betroffen. Deshalb tun sich z. B. die Briten, die Amerikaner und andere leichter mit den in diesem Zusammenhang stehenden Fragen. Hinzu kommt, daß nach deutscher Rechtsprechung jedes Kind ein Recht darauf hat, den Namen seiner Erzeu-

* Der Spiegel, Nr. 26/1994, Kennwort »Sämann«, S. 109

gerInnen zu erfahren, was z. B. bei der Benutzung von Samenbanken problematisch ist.
Im Gegensatz also zu den USA, wo es unter den zahlreichen Samenbanken auch einige gibt, die von Frauen gegründet wurden, von Frauen geleitet werden und nur für Frauen zur Verfügung stehen, greifen hier in Deutschland lesbische Frauen eher zur Privatinitiative. Nach meiner Kenntnis scheint der häufigste Weg der folgende zu sein:
Das Frauenpaar entscheidet, daß eine der Frauen das Kind bekommt. Sie nehmen zusammen Kontakt zu einem Mann auf, der entweder aus der Familie der anderen Frau kommt oder schwul ist oder aus anderen Gründen ihren Kriterien entspricht. Meistens vereinbaren sie mit dem Mann, daß er weder Pflichten noch Rechte gegenüber dem Kind haben wird. Die Frauen berechnen den Rhythmus der zu schwängernden Frau, und die Freundin spritzt ihr an den passenden Tagen den Samen ein. Diese private Lösung hat im Gegensatz zur Befruchtung durch eine Samenbank den Vorteil, daß der »Zeugungsakt« nicht in einer medizinisch kühlen Atmosphäre stattfindet, sondern die Frauen dafür angenehme Rahmenbedingungen schaffen können.
Eine andere Möglichkeit ist, daß die potentielle Mutter eine (kurzfristige) Beziehung mit einem Mann eingeht, um sich schwängern zu lassen. Nachdem es »geklappt« hat, trennt sie sich schnell von ihm und erzählt ihm nichts von seiner Vaterschaft.
In Holland sei das alles einfacher, wenn auch teuer, erzählte mir Mareike, eine der von mir interviewten Frauen: Müssen die Frauen bei der oben beschriebenen Methode oft mehrere Anläufe nehmen, bis es wirklich klappt, können sie, wie es nur ein verheiratetes Paar in Deutschland kann, z. B. in Amsterdam in eine Klinik gehen, in der sie medizinisch begleitet werden und in der die Fruchtbarkeit der Frau genau untersucht wird. Die »Treffsicherheit« liege, so Mareike, bei 80 %.

Mareike und Rena haben so ihre Tochter bekommen. Sie haben ein Gespräch mit einem Arzt in der Klinik geführt, Mareike wurde über einen bestimmten Zeitraum hin untersucht, und Rena begleitete sie zu allen Terminen. Sie haben Wünsche äußern können, der Samen sollte von einem Mann stammen, der nicht nur gesund war, sondern der im Aussehen Rena sehr ähnelte (Haarfarbe, Augenfarbe etc.). Bei dem Prozeß der Insemination war Rena nicht nur dabei, sondern sie führte ihn unter Anleitung des Arztes durch. Sie ging mit zu den Schwangerschaftsuntersuchungen, zum Turnen und zum Babywickelkursus und war natürlich auch während der Entbindung bei Mareike.

»Es war ein wunderschönes Erlebnis, als unsere kleine Laura zur Welt kam, und sie ist vollständig unser gemeinsames Kind. Natürlich streiten wir uns manchmal darüber, wie wir sie in Einzelheiten erziehen, aber das ist so wie bei anderen Paaren auch. Wenn Laura, die nun fast drei Jahre alt ist, ihre Trotzanfälle bekommt, dann meint Mareike, es käme der typische Anteil von mir zum Vorschein, ist sie die niedliche kleine Laura, dann ist sie ganz die Mutter...«

Auf meine Frage, ob sich ihre Partnerschaft, die Einstellung zueinander verändert habe, seitdem Laura geboren worden ist, und wenn ja, wie, antworteten beide: »Ja, zum Positiven!« Die beiden hatten sich einige Jahre mit dem Thema Kind auseinandergesetzt, vor allem auch mit der Frage, was sich zwischen ihnen und mit ihnen verändern könnte. Mehrmals haben sie überprüft, ob es wirklich nicht nur eine Laune war. Sie sind beide übereingekommen, daß sie wie alle Paare in vielen Dingen unterschiedlich sind, aber in dem wesentlichen Punkt nicht: Beide wollten als anerkannte Familie leben. Beiden war ein gemütliches gemeinsames Zuhause wichtig, und sie fürchteten sich keineswegs vor den Einengungen durch ein Kind in den kommenden fünfzehn bis zwanzig Jahren.

Diese starke Reflexion über sich und über das gewünschte Kind konnte ich bei allen Paaren bemerken, die sich gemeinsam für »ihr« Kind entschieden hatten. Sie alle empfanden ihre Partnerschaft als erfüllter und verbindlicher und hatten weniger Probleme als andere Lesbenpaare, von denen ich später berichten werde.

Über 90% der von mir befragten Paare konnten aber die Entscheidung für oder gegen ein Kind nicht gemeinsam fällen, da die eine Frau die Kinder in die »Ehe mit eingebracht« hatte, und fast 90% der kinderlosen Mitmütter hatten vorher nicht mit Kindern zusammengelebt. Sie mußten also eine andere Form von Partnerschaft aufbauen, als sie es gewohnt waren.

Der oben geschilderte Fall von Annette und Karin zeigt deutlich, wie schwierig es ist, bei unterschiedlichen Einstellungen Kindern gegenüber eine beidseitig befriedigende Partnerschaft zu leben. Bei den beiden lag es daran, daß Karin sich nicht auf das Kind einstellen wollte oder konnte und somit auch nicht auf ihre Partnerin Annette, denn zu ihr gehörten Kind und Mutterrolle. Wesentliche Teile von ihr oder aus ihrem Leben fanden in der Partnerschaft keinen Platz.

Wie bereits weiter oben beschrieben, hörte ich oft sowohl von den Müttern als auch von deren Freundinnen, daß es große Probleme gibt, wenn sich das Leben einer Frau durch das Zusammensein mit einer anderen Frau, die Kinder hat, so gravierend verändert. Frauen, die keine Kinder haben, sind in ihrer Freizeit unabhängiger, sie haben einfach mehr Zeit für sich. Gerade die lesbischen Frauen, die allein leben und Geselligkeit lieben, tauchen nach der Arbeit gern in die ungezwungene Atmosphäre der Lesbenwelt ein, in den Frauenbars oder anderen Lesbentreffs. Dort können sie dem Druck der vorwiegend heterosexuell bestimmten Arbeitswelt entweichen. Sie haben oft einen größeren Freundeskreis, in der Regel ohne Kinder, so daß sie ihre Zeit frei gestalten können. Oder aber sie leben zurückgezogen, können lesen, fernsehen, ihren Hobbys nachgehen, ohne auf jemanden Rücksicht nehmen zu müssen. Auf jeden Fall können sie nach der Arbeit in »ihre Welt« eintauchen.

Lesbische Mütter aber leben auch privat in der »normalen« Welt, sie können sie nach ihrer Arbeit nicht so einfach ausschließen, denn ihre Kinder stehen mitten drin, und ihre Mutterrolle verlangt, daß sie sich ihr stellen.

Sind Kinder im Haushalt, ist es fast unmöglich, die Zeit nach der Arbeit als »Freizeit« zu erleben, es sei denn, das Zusammensein mit Kindern wird als Freizeit und Hobby empfunden. Das kann ich mir allerdings weniger vorstellen, denn dazu gehören ja nicht nur Spiele, Ausflüge und Gespräche, sondern auch Pflichten wie die Auseinandersetzung mit Problemen im Kindergarten, Schulelternabende, Sorge für Kleidung und Essen etc.

Silke beschrieb den von ihr erlebten Unterschied sehr anschaulich:

»Ich habe fast vierzehn Jahre mit meiner Freundin Agnes zusam-

mengelebt. Wir hatten viele Hobbys, die wir entweder zusammen oder jede für sich gepflegt haben. Oft hatten wir das Gefühl, daß der Tag nicht ausreichte, die Wochenenden waren viel zu kurz. Jetzt aber lebe ich mit Frau und Kind zusammen, meine Hobbys kann ich mir abschminken, meine Interessen haben sich verlagert, und so komme ich nur noch zu einigen Veranstaltungen oder Gruppen aus meiner früheren Zeit.
Erst jetzt wird mir deutlich, wie ich früher gelebt habe: Kam ich vom Dienst, legte ich erst einmal die Beine hoch, las die Zeitung, machte mir einen Kaffee, schlief ein Stündchen oder sah fern. Dann kam Agnes nach Hause, auch sie mußte erst einmal verschnaufen, wollte meistens gern ein paar Minuten allein sein. Dann badete sie oder nahm eine Dusche. Hatten wir keine Lust zum Einkaufen, gingen wir eben abends essen oder knabberten ein trockenes Knäckebrot oder aßen, was sich noch so fand. Das machte nichts, es war ja unsere freie Entscheidung. Nach einer Weile tauten wir wieder auf und unternahmen etwas; die Abende wurden wegen unserer vielen Interessen meistens lang. Morgens standen wir beide erst relativ spät auf, so daß wir oft, ohne etwas zu essen, an unsere Arbeitsstellen stürzten.
Das Schönste war, daß wir unseren Gefühlen spontan freien Lauf lassen konnten. Wenn uns danach war, stiegen wir zusammen in die Badewanne oder legten uns hin. Es war alles nur von meiner, ihrer, unserer Lust abhängig. Und wenn eine von uns nicht gut drauf war, dann verzog sie sich, das war o. k., es mußte nicht viel erklärt werden.
Nun aber sieht das Leben ganz anders aus: Morgens noch gemütlich im Bett herumlümmeln, um dann in letzter Sekunde von der Dusche ins Auto zu springen, das geht nicht. Meine Freundin wird entweder um halb sieben vom Wecker oder von ihrem Kind aus dem Bett geholt, und da ist nichts mit gemütlichem Schmusen. Dann macht eine von uns Frühstück, die andere wäscht das Kind und kleidet es an, und wir frühstücken mit ihm, weil es nicht in Hetze nur mit einem Stück Knäckebrot abgespeist werden kann. Nach der Arbeit ist vieles zu tun, was ohne Plan nicht läuft: Kind vom Kindergarten abholen, einkaufen, jeden Tag eine Waschmaschinenfüllung Wäsche aufhängen, bügeln, flicken. Da können wir nicht sagen: Ach, egal, mache ich morgen!

Ich kann mich auch nicht mehr einfach hinlegen und meine Zeitung lesen, während meine Freundin ihren Mutterpflichten nachgeht. Dann käme ich mir vor wie so ein Vaterpascha: Muttern schuftet, Papa liegt mit Zeitung und Bierbuddel, auf seine Filzpantoffeln wartend, vor der Glotze! Nein, ich habe es ja gewußt, auf was ich mich einlasse, oder, besser: Ich habe es nicht gewußt, was es bedeutet, ich habe nur das Kind gekannt und mich entschieden, nun auch mit ihm in einer Familie zu leben. Mir ist auch klar, daß meine Freundin und ich mehr Zeit füreinander haben, wenn ich Aufgaben mit übernehme. Aber irgendwie gibt's nicht viel davon. Ist der Kleine abends endlich im Bett, dann ist es acht Uhr, die interessanten Veranstaltungen haben begonnen, wir sind erschöpft und haben keine Lust mehr, irgendwas zu unternehmen. Selbst wenn wir später noch loskommen würden, dann müßten wir doch bald wieder zu Hause sein, weil wir um das frühe Aufstehen nicht herumkommen – und das nicht nur in der Woche, sondern auch am Wochenende.
Ich habe durch die Existenz des Kindes einfach viel weniger von meiner Partnerin als früher. Das klingt nun so jammervoll, ist es aber nicht, denn es ist alles nur ganz anders. Ich will nicht sagen, daß mir diese Art von Leben nicht viel gäbe, aber manchmal möchte ich meine Freundin auch für mich allein haben oder sie einfach relaxter erleben. Manchmal schwärmen wir jetzt schon von der Zeit, wenn der Kleine groß und selbständig ist, aber dann befällt mich auch die Angst, ob wir uns dann nicht so wie ein altes Ehepaar auseinandergelebt haben werden, weil allzulange unsere Konzentration dem Kind und seinen Bedingungen galt. Vielleicht kommt ja auch eine Zeit, in der ich unter diesen Einschränkungen leide, denn wir sind erst ein halbes Jahr zusammen...«
Hier spricht Silke ein Thema an, das ich in vielen Gesprächen hörte: die Problematik Eifersucht.

Eifersucht

Silke sagte, daß sie sich wünschte, ihre Freundin ganz für sich allein haben zu können. Das ist noch sehr vorsichtig ausgedrückt. Andere Mitmütter schildern ihre Gefühle diesbezüglich anders. Hierzu zunächst wieder ein Beispiel:

Caroline und ihre fünfjährige Tochter Nina zogen mit Esther zusammen, bald nachdem sie sie kennengelernt hatten. Esther hatte vorher Kinder nur von weitem gesehen, nie darüber nachgedacht, was es bedeuten könnte, mit ihnen zusammenzuleben, Verantwortung für sie zu übernehmen. Sie selbst hatte keine schöne Kindheit. Ihre Mutter war gestorben, als sie drei Jahre alt war; sie wurde von einer Oma zur anderen geschoben und fühlte sich eher abgeschoben und überflüssig. Strenge und Geldsorgen oder zumindest äußerste Sparsamkeit waren das, was sie aus ihrer Kindheit vorwiegend erinnerte. Schon mit dreizehn Jahren ging sie aus dem Haus, wohnte im Wohnheim und haßte alle, die eine, jedenfalls nach außen hin, harmonisch wirkende, intakte Familie hatten. Ihre erste Liebe, ihre ersten guten Gefühle erlebte sie mit achtzehn, als sie sich in eine Frau verliebt hatte, nachdem erste Männerbeziehungen schiefgegangen waren.

Esther hatte aus diesem Grund Schwierigkeiten, Gefühle zu zeigen, erst mühsam lernte sie es ihrer Freundin gegenüber, mit der sie mehr als fünfzehn Jahre lang zusammen war.

Als sie Caroline kennenlernte, veränderte sich schlagartig etwas für sie: Diese Frau hatte nicht uneingeschränkt Zeit für sie. Sie mußte nach der Arbeit nach Hause, ihr Kind versorgen, einen Babysitter suchen, wenn sie etwas unternehmen wollten. Caroline schaffte es meistens, und so konnten sie immerhin abends und bis in die frühen Morgenstunden zusammensein, aber sie sagte auch schon mal ab. Die kleine Nina wirkte unkompliziert, und Esther fand sie ganz pfiffig. So entschieden sich die drei fürs Zusammenziehen, damit alles einfacher werden konnte.

Esther bekam von nun an viel mehr mit, was eine Mutter so alles mit einem Kind machen kann und muß. Dazu zählten z. B. die Zubettgehzeremonien, das Kuscheln beim Abtrocknen nach dem Baden, das Auf-dem-Schoß-Sitzen und das Bilderbücher-Begukken, das liebevolle Trösten, wenn die Kleine hingefallen war etc. Esther merkte, daß es ihr schwerfiel, dem zuzusehen.
Sie wurde immer eifersüchtiger, mochte es aber nicht sagen, denn vom Kopf her war ihr klar, daß ein Kind das brauchte. Ihre Gefühle aber kamen anders zutage: Sie stichelte, oder sie schloß die Tür, machte die Musik lauter, wenn Nina rief, so daß Caroline es nicht hören konnte. Sie übernahm einen Teil der Pflichten, nur damit die beiden nicht so viel beieinander waren, nicht aber, weil es ihr ein Bedürfnis war, das Kind zu versorgen.
Die Werte und Sprüche ihrer eigenen Kindheitsjahre kamen zum Vorschein. So beschwerte sie sich immer häufiger darüber, daß Nina so verwöhnt würde. Dabei ging sie so weit, daß sie sich auch beklagte, wenn Caroline ihr dringend nötige Kleidung kaufte oder ihr ein Eis spendierte.
Caroline merkte es recht bald und wußte nicht, wie sie es ansprechen sollte, denn sie wollte beiden gerecht werden und fürchtete Abwehr von Esther, die ihre Gefühle sicherlich nicht so einfach zugeben würde. So nutzte sie jede freie Minute, die sie mit Nina allein verbringen konnte, und förderte gleichzeitig alles, was Esther und das Kind zusammen mit Spaß machten. Esther berichtete jedesmal, wenn sie mit Nina allein gewesen war, wie gut sie miteinander auskämen, sie sei ein ganz tolles Kind, aber irgendwie sei es anders, wenn die Mutter dabei sei.
Die beiden Frauen überlegten, ob Nina sie gegeneinander ausspielte, konnten es aber nicht herausfinden. Irgendwann, als sie es nicht mehr aushielt, sprach Caroline Esther darauf an, ob es sich nicht um Eifersucht handeln könnte, was sofort abgetan wurde. Das sei nicht so, vielmehr hänge Caroline mit einer Affenliebe an dem Kind, und das könne gar nicht gut sein, für keine der beiden. Esther wollte gern öfter mit Caroline etwas allein unternehmen, am liebsten auch Urlaub allein mit ihr machen. Caroline hingegen lag es am Herzen, mit beiden zusammensein zu können, und sie setzte sich in den ersten Jahren auch mit dem Argument durch, daß Nina noch zu klein für Gruppenreisen sei.

Esther wurde immer unglücklicher, sie litt unter sich selbst, aber auch unter dem, was sie zwischen Mutter und Kind erlebte. Caroline versuchte, sich dem zu entziehen, auch sie konnte kaum noch genießen, mit Nina zusammenzusein, wenn Esther in der Nähe war. Sie fürchtete auch das Umklammertwerden abends, wenn die Tochter im Bett war. Doch irgendwann merkte sie, daß sie nicht mehr zu sich selbst fand, daß sie nie wirklich Zeit für sich hatte. So erfand sie immer wieder irgendwelche Tätigkeiten, die sie ohne Esther ausführen mußte, nur um mal allein sein zu können. Nach und nach verfestigten sich diese Verhaltensweisen, und die Eifersucht dehnte sich sogar auf andere Personen aus, die Caroline traf.

Irgendwann kam es dann zum Eklat: Eine gute Freundin von Esther war für ein paar Tage zu Besuch. Sie beobachtete die drei und wagte es, die beiden Frauen auf ihre Beobachtungen anzusprechen.

Esther gab zu, eifersüchtig zu sein, ohne es eigentlich zu wollen. Das Gefühl könne sie nicht einfach wegwischen, es komme einfach so hoch. Caroline erklärte, daß sie sich zwischen den beiden Stühlen sehr unwohl fühle. Es sei doch eine andere Liebe zu einem Kind als zu einer Erwachsenen, und sie könne es eigentlich in sich selbst gut vereinen, aber die ständige Eifersucht bringe sie zur Verzweiflung.

Die Freundin meinte, ob Caroline sich nicht endlich entscheiden könne, und Esther bestätigte diesen Wunsch. Caroline sah sich nicht dazu in der Lage, denn es sei keine Entscheidung zwischen zwei Personen zu fällen. Jede habe ihren Platz, ihre Daseinsberechtigung. Beide seien ihr wichtig. Esther bedrängte sie aber; sie wollte hören, daß sie für ihre Freundin die wichtigere Person sei.

Caroline stellte fest, daß sie sich doch vor der Geburt von Nina für sie entschieden habe, nämlich dafür, daß sie für das Kind da sein wolle. Es sei nun neun Jahre alt und brauche sie noch. Die Entscheidung sei im Prinzip einseitig gewesen, Nina hätte nicht entscheiden können, ob sie sie als Mutter haben wolle. Anders sei es mit Esther, das sei eine beidseitige Entscheidung gewesen von zwei erwachsenen Menschen, die miteinander leben wollten.

Esther war betroffen, denn sie interpretierte diese Aussage gegen

sich und für Nina. Sie wollte auch so bedingungslos angenommen sein wie die Tochter.
Von diesem Tag an wuchs die Eifersucht ins Unermeßliche. Esther begann das Kind zu schlagen oder anzuschreien, sie lehnte es ab, für Nina etwas zu essen zu machen, kümmerte sich nicht um sie, forderte dafür immer mehr Aufmerksamkeit von Caroline. Jeden zweiten Tag hatte sie andere Wehwehchen, die sie leidend zum Ausdruck brachte, und erhoffte sich uneingeschränkte Zuwendung und Pflege von ihrer Freundin. Caroline spielte das Spiel zunächst mit, denn sie wollte Esther zeigen, daß sie sie liebte, daß sie sie nicht missen wollte, aber es schlich sich immer mehr das Gefühl bei ihr ein, daß sie es weniger aus Liebe denn aus Angst vor Trennung tat. Teilweise hatte sie auch das Bedürfnis, das, was man Esther in ihrer Kindheit angetan hatte, wiedergutzumachen.
Als Nina dann plötzlich schwer krank und Esthers Eifersucht unbändig wurde, hielt Caroline den Konflikt nicht mehr aus. Sie trennte sich von Esther, machte ihr deutlich, daß sie nun zu weit gegangen war. Esther litt furchtbar, sie fühlte sich als doppelte Verliererin. Sie hatte aber gute Freunde, die sie berieten und es schafften, sie zu einer Therapie zu bewegen. Esther arbeitete, soweit es ging, ihre Kindheit auf.
Heute leben die drei wieder zusammen. Nina ist bald erwachsen, so daß sie wenig Anlaß zur Eifersucht gibt. Aber immer noch müssen die beiden Frauen sich mit diesem Thema auseinandersetzen. Sie haben aber, mit therapeutischer Hilfe, einen Weg gefunden, wie sie mit aufkommender Eifersucht besser umgehen können.

Bei dieser Fallgeschichte wurde die Problematik Eifersucht am eindringlichsten thematisiert. In verschiedenen Abstufungen wurde die Eifersucht der Mitmutter auf dic Kinder aber von den meisten Paaren oder Frauen angesprochen.
Besondere Probleme ergeben sich oft rund um den Bereich Schlafzimmer. Immer wieder wurde dieses Thema zur Sprache gebracht, als Beispiel zitiere ich die Schilderung von Gundula:
»Wenn ich schon den Tag über viel Rücksicht nehme, so muß es aber wenigstens eine Ecke in unserer Wohnung geben, die für das Kind tabu ist, die nur uns beiden gehört. Wenn der Lütte dann morgens oder nachts ankommt, könnte ich an die Decke gehen. Er

meidet ja wenigstens mein Bett, aber wenn er sich bei meiner Freundin anschmiegt, sich immer mehr ausbreitet und möglicherweise auch noch die ganze Nacht bleibt, weil er sonst immer hin- und hergetragen werden müßte, dann könnte ich ausziehen!«
Allerdings kann Eifersucht natürlich nicht als typisches Lesbenthema betrachtet werden. Auch bei vielen Heteropaaren, die ich in Elternschulen bzw. Familienbildungsstätten erlebt habe, kommt immer wieder dieses Thema auf den Tisch. Ich habe Familien auseinanderbrechen sehen, weil Väter nicht ständig das Bett mit Kindern teilen wollten.
Die Eifersucht kann vielleicht mit tiefenpsychologischen Theorien über erste Objektbeziehungen erklärt werden. Demnach ist die Mutter immer die erste Bezugsperson, die von dem Kind libidinös besetzt wird. Die Ablösung von ihr ist für jeden mehr oder weniger schmerzhaft. Dieser Verlustschmerz, der im Unbewußten gespeichert wird, kann, abhängig davon, wie intensiv er erlebt wurde, auch im Erwachsenenalter in Form von Assoziationen wieder aufkommen. D. h., daß wir in (individuell) bestimmten Situationen etwas assoziieren, was unsere positiven oder negativen Gefühle aus der (frühen) Kindheit wieder präsentiert, ohne daß uns dies bewußt ist.

Ob diese Erklärung zutrifft oder nicht, Eifersucht ist jedenfalls ein wichtiges Thema in lesbischen Partnerschaften. Viele Frauen berichteten mir ihre diesbezüglichen Erfahrungen:
Britta meinte, sie habe Eifersucht bei sich nie entdecken können, weder in ihrer Ehe noch in ihren Frauenbeziehungen. Aber seitdem sie mit Bärbel und deren Sohn Tobias zusammen sei, erwische sie sich bei diesem Gefühl.
»Vielleicht«, so erklärte sie, »hat es damit zu tun, daß wir durch den Knaben sehr viel weniger Zeit füreinander haben. Ich vermisse vor allem die Muße zu zweit, das Ungeteilte. Das ist nicht mehr da, wir müssen immer in der Dreierkategorie denken. Das ist mir im Prinzip nicht so bewußt, aber ich erwische mich dabei, daß es mich ärgert, wenn ich z. B. Bärbel leckere Pralinen oder andere Süßigkeiten von der Dienstreise mitbringe, weil ich weiß, daß sie das gern mag, und Tobias, sobald er seine Gummibären oder seine Schokolade aufgegessen hat, sich auf Bärbels Sachen stürzt. Dann

möchte ich sie ihm entreißen. Ich sage das auch, aber argumentiere damit, daß er doch schon etwas hatte. Wenn aber Bärbel ihm den Pralinenkasten anbietet, dann ist da ein Stich in meiner Brust, den ich verschweige. Ich komme mir selbst so albern vor, doch diese Nebensächlichkeiten sind offenbar Indiz für ganz andere, mir nicht so bewußte Eifersuchtsgefühle.«

Auch Christiane bestätigte in einem Gespräch diese inneren Konflikte. Sie berichtete von ihrem langjährigen Wohngemeinschaftsleben, in dem sie es als selbstverständlich erlebt hatte, daß sie mit anderen teilte. Seitdem sie aber mit Hanne zusammen ist (nur an den Wochenenden, weil ihr Arbeitsplatz über hundert Kilometer entfernt liegt), spürt sie Wut, wenn die beiden Kinder von Hanne wie selbstverständlich in ihren Büchern schmökern, die sie im Wohnzimmer hat liegen lassen.

»Ich kann mir zehnmal sagen, daß die beiden dort zu Hause sind, daß sie es gewohnt sind, an alles, was nicht gerade in Hannes Zimmer aufbewahrt wird, rangehen zu dürfen. Ich mag es trotzdem nicht.

Ich will auch bewußt nicht alles mit den Kindern teilen. Ich weiß, daß sie eine wichtige Rolle in Hannes Leben spielen, daß wir auf sie Rücksicht nehmen müssen, es sind auch tolle Kerle, aber ...«

Eine Mutter, Ursula, klagte über die Eifersucht ihrer Freundin Maria, mit der sie jedoch nicht zusammenlebt:

»Meine Tochter Nele ist vierzehn Jahre alt und eigentlich sehr selbständig. Es gibt aber immer mal Zeiten, in denen sie mich sehr braucht. Sie muß dann über die Schule, über ihre Freundschaften, über ihren Kummer und anderes reden. Das ist wegen meiner Berufstätigkeit manchmal schwierig. Ich komme eben erst ein paar Stunden später als sie nach Hause, und sie wartet dann schon. Meine Freundin ist Lehrerin, auch sie kommt früher nach Hause als ich. Nicht selten kommt es vor, daß beiden etwas auf der Seele brennt, das sie mir gegenüber loswerden wollen. Die eine am Telefon, die andere hier im Wohnzimmer. Dann weiß ich nicht, wem ich zuerst mein Ohr leihen soll. Sage ich zu Nele: Warte mal!, sehe ich, wie sie sich zurückzieht und schweigsamer wird. Und dabei freue ich mich, daß sie überhaupt so offen und redselig ist. Sage ich zu Maria: Du, warte mal, ich rufe nachher zurück, oder: Laß uns nachher darüber reden, wenn wir uns treffen!, dann mault sie. Ich

will aber nicht, daß die eine von der anderen denkt, sie nehme ihr was weg, und mache dann so manchen Seiltanz.
Nele empfinde ich dabei eigentlich als rücksichtsvoller, vielleicht auch, weil sie weiß, daß ich anschließend auch für sie da bin. Maria hingegen weiß theoretisch, daß es Quatsch ist, auf Nele eifersüchtig zu sein, aber in der konkreten Situation fühlt sie nur sich, denn sie hat bisher stets Erfahrungen gemacht, in denen sie die einzige war, für die man Zeit haben mußte: als Einzelkind zu Hause und in ihren beiden Beziehungen vor uns, in denen es keine Kinder gab. Zum Glück erlebt sie als Lehrerin, daß Vierzehnjährige noch ihre Mütter brauchen. Bei einem befreundeten Paar ist das ganz anders: Da meint der Freund der Mutter eines gleichaltrigen Mädchens, daß sie längst flügge sein müsse, und er lästert pausenlos über die ›Affenliebe‹ von Mutter und Kind.«
In den überwiegenden Fällen waren es die Mitmütter, die eifersüchtig waren, aber es kam auch vor, daß Mütter auf ihre Kinder eifersüchtig waren.
Darüber berichtete Renate, die einen zwölfjährigen Sohn, Ralf, hat und mit Doris und ihm eine Wohnung teilt. Doris und Ralf haben einen sehr guten Draht zueinander, sie teilen viele Interessen und leben diese auch aus. So haben sie sich zusammen einen Werkkeller eingerichtet, in dem sie Holzarbeiten machen, Fahrräder flicken, Fotos entwickeln etc.
Eigentlich ist Renate glücklich darüber, daß die beiden sich gut verstehen, aber sie leidet auch darunter, daß sie oft ausgeschlossen ist. »Ich liebe hauptsächlich das Weiche, Knuddelige, Feinsinnige an Doris, aber auch das Praktische, das Zupacken. Sie ist eine so patente, warmherzige Frau. Wenn ich sie aber mit meinem Herrn Sohn in den Keller marschieren sehe oder wenn ich sie am Eßtisch über Drachenkonstruktionen reden höre, dann habe ich das Gefühl, mit zwei Männern an einem Tisch zu sitzen. Und das sag ich ihnen dann auch, worüber sie herzlich lachen. Es ist aber noch mehr, was mich stört. Ich spüre in mir so einen Widerstand: Das ist doch eigentlich mein Sohn, mit dem habe ich fast zehn Jahre lang allein gelebt. Ich war immer für ihn da, und ich habe mein Leben auf ihn eingestellt. Nun bin ich irgendwie nicht mehr so wichtig für ihn. Das tut weh.«
Hier wird das Problem angesprochen, daß Mütter auch loslassen

müssen. Anders als für die Mitmütter, die auch das Mütterliche an ihren Freundinnen für sich in Anspruch nehmen möchten, ist für manche Mutter offenbar der drohende Rollenverlust das Schwierigste. Eifersucht anderen Frauen gegenüber ist nach meinen Beobachtungen aber wiederum für die Mütter häufiger Thema als für deren Freundinnen.

Monika, die mit Dorle und Elke zusammenlebt, scheint für viele andere Frauen zu sprechen:

»Elke erlebt so viele Einschränkungen durch das Kind und durch mich als Mutter. Und so beschleicht mich manchmal die Angst, daß sie es satt haben und sich eine Frau ohne Kind suchen könnte. Sie weiß ganz genau, daß sie sich auf meine Treue verlassen kann, denn ich bin oft so zu, mit all dem, was mich so beschäftigt. Ich bin meistens randvoll mit dem, was zu Hause anliegt, und hätte gar keine Lust, mich auf was anderes einzulassen. Anders bei Elke. Wenn wir mal zum Tanzen gehen oder mit anderen Lesben zusammen sind, dann habe ich immer das Gefühl, sie schiele zu irgendeiner hin. Sie zieht mich dann auch auf, indem sie ausmalt, wie sie die eine oder andere Frau anmachen könnte. Manchmal fordert sie auch andere zum Tanzen auf, und ich komme in Panik, daß sie auf sie abfahren könnte.«

Hanne berichtete Ähnliches:

»Für mich ist es nicht das Problem, daß wir so weit auseinander wohnen und uns nur am Wochenende sehen. Wir telefonieren oft, und ich merke, daß Christiane viel am Abend zu Hause ist und alles wegarbeitet, damit sie am Freitag kommen kann. Aber sie hat einige attraktive Kolleginnen ohne Kinder... Wenn sie mit denen auf Geschäftsreise ist oder gar nur mit einer von denen, dann komme ich aus dem Schwitzen nicht heraus. Wenn sie dann nach Hamburg kommt, dann gucke ich sie mir immer ganz kritisch und genau an. Christiane sagt zwar immer, daß keine Gefahr bestehe, aber man kann ja nie wissen.«

Noch schwieriger ist es für Frauen, die mit einer Partnerin zusammen sind, die nicht ausschließen kann, auch mal wieder eine Beziehung zu einem Mann einzugehen. Immer wieder höre ich von lesbischen Frauen, daß sie es viel schlimmer fänden, ihre Freundin an einen Mann zu verlieren als an eine andere Frau.

»Damit wird die ganze Beziehungsform in Frage gestellt, nicht nur ich oder wir, nein, ich hätte dann das Gefühl, daß sie es mit mir nicht so ernst gemeint hat, daß diese Art von Beziehung nichts für sie gewesen ist, daß alles eher einseitig war. Für mich ist eine Frauenbeziehung mehr, als nur gerade mal in eine Frau verliebt zu sein. Das muß eine Entscheidung sein. Alles andere ist Verrat und furchtbar verletzend.«

So wie es hier Hildegard formuliert, hörte ich es immer wieder, und ich empfand auch selbst diese Verletzung, als meine frühere Freundin sich nach unserer Trennung wieder mit einem Mann zusammentat.

Kirsten hat solch ein Erlebnis offenbar aber noch stärker verletzt:

»Für meine Freundin Marlene war ich die erste Frau, sie fand es aufregend und spannend, erzählte jedem, wieviel zärtlicher und schöner es mit einer Frau sei als mit Männern. Und es war auch schön mit ihr im Bett. Nur manchmal, wenn sie sich z. B. auf mich drauf legte oder ich mich auf sie, dann bemerkte sie so nebenbei, daß das ja nicht so ginge. Das machte mich schon unsicher. Und wenn wir mit anderen zusammen waren und sie sich so weibchenhaft mit Männern unterhielt, dann bekam ich schon Angst. An sich fühlte ich mich nie defizitär, hatte ganz erfüllte Liebschaften mit ›gestandenen Lesben‹, fand den Vater meines Kindes, den einzigen Mann, den ich je im Bett hatte, wenig attraktiv. Aber nun merkte ich, daß ich mir wünschte, ein Mann zu sein, damit sie mich wirklich annehmen könnte. Ich sagte es ihr, machte Heulszenen und rang ihr das Versprechen ab, nie wieder mit einem Mann zu schlafen. Sie lachte und meinte, sie treibe doch nur Spielchen. Sie finde es toll mit mir. Sie sei rundherum erfüllt.

Sie wurde in einer Lesbengruppe sehr aktiv, wollte dazu beitragen, daß sich eine Gruppe lesbischer Mütter bildete. Dann aber kam es zum Knatsch zwischen uns, sie lernte einen netten Arbeitskollegen kennen und vergaß alles, was sie mir einmal gesagt hatte. Ich war fertig mit der Welt, nicht nur wegen des Verlassenwerdens. Ich kann verstehen, warum in Kontaktanzeigen in der ›EMMA‹ und in anderen Zeitschriften so oft ›bi zwecklos‹ steht.«

Zusammengefaßt möchte ich festhalten:
Eifersucht ist kein spezielles Lesbenthema, sondern ein Phänomen, das viele Menschen kennen, erleben oder ertragen müssen. Aber es scheint spezifische Eifersuchtsanlässe und -arten bei lesbischen Frauen zu geben, und die Frauen, die mit Müttern zusammen sind, sind offenbar häufiger auf Kinder eifersüchtig als andere. Die Partnerschaft unterliegt deswegen besonderen Belastungen, insbesondere für die Mütter, die beiden gerecht werden wollen.
Die meisten der Frauen, mit denen ich gesprochen habe, haben wenigstens eine Zeitlang mit ihrem männlichen Partner und dem Kind oder den Kindern zusammengelebt, zumindest haben sie ihr Leben mit dem Kind geteilt. Sie können mit sich und der Zeit, die sie für sich selbst abzweigen, vielleicht anders, ökonomischer umgehen als Frauen, die sich bisher nur auf sich und einen anderen erwachsenen Menschen einstellen mußten.
Mütter sind es gewohnt zu teilen, kinderlose Frauen müssen dies wahrscheinlich seltener. Vielleicht ist das der Hauptgrund, warum die Mitmütter mehr unter ihrer Eifersucht leiden als die Mütter. Zum Problem kann es aber für beide werden.
Natürlich könnte jetzt der Einwand kommen, daß das kein lesbenspezifisches Thema sei, denn schließlich sei es das gleiche bei Mann und Frau. Das ist sicher teilweise richtig, denn die Männer kümmern sich ja in der Regel auch weniger um die Kinder. Aber wenn ein Mann auf seine »Stiefkinder« eifersüchtig ist, dann wird es vielleicht noch als normal angesehen oder zumindest entschuldigt, zumal wenn er vorher nicht mit Kindern zusammengelebt hat. Frauen wird aber generell unterstellt, daß sie »von Natur aus« besser mit Kindern umgehen können und ihr Leben auf diese einstellen. Daher werden die oben geschilderten Frauenprobleme gesellschaftlich weniger zugelassen und nicht genügend ernstgenommen.

Partnerschaft in zwei Haushalten

Auch wenn sich gerade lesbische Mütter oft häuslich zusammentun, so ist es nicht selbstverständlich, daß alle mit ihren Partnerinnen ein Zuhause teilen. Dennoch bleiben lesbische Frauen, die Kinder haben, lesbische Mütter, und die Freundinnen erleben sie auch in dieser Rolle. Die Partnerschaften unterliegen zum Teil den gleichen Bedingungen, die ich vorher angesprochen habe, aber es kommen noch einige hinzu.

Friederike, Mutter der siebenjährigen Paula, erzählte:

»Ich fühle mich ständig in Hektik. Ich muß Paula gerecht werden, aber auch meiner Freundin Svenja. Da ist der Haushalt, das Kind, all die Aufgaben, die sich so daran knüpfen. Manchmal möchte ich dann einfach die Beine hochlegen, Pause machen oder Feierabend haben. Aber dann kommt Svenja, und sie fordert meine Aufmerksamkeit. Oder ich gehe zu ihr. Es ist immer wie eine Verabredung, nicht so natürlich, nicht selbstverständlich. Na, selbstverständlich ist es schon, aber es ist so ein Aufwand. Ist sie bei uns, dann ist es klar, daß ich den Kaffee koche, das Bier aus dem Kühlschrank hole, daß ich eben zuständig bin. Svenja ist dann ein bißchen wie ein Gast. Gut, wenn wir zusammen gegessen haben, dann trocknet sie mit ab, weiß auch, wo das Geschirr hinkommt. Aber es ist nicht so eine gemeinsame Sache. Vieles muß organisiert werden. Z. B. wenn wir verreisen. Dann müssen Zettel her – einer für sie, einer für mich –, auf denen notiert wird, was wer mitnimmt. Sonst passiert es, daß etwas fehlt oder doppelt da ist.

Oder die Frage: Gehen wir zu mir oder zu dir? Natürlich sind wir mehr bei mir, weil ja Paula da ist und ich sie nicht soviel aus ihrem Zuhause wegnehmen möchte. Aber das ist Svenja auch nicht unbedingt recht. Sie will, daß wir uns bei ihr auch wohl fühlen, jedenfalls ich. Oft hat sie auch nicht im Blick, daß ich ein Kind habe; sie macht Vorschläge, die ich abschlagen muß. Erst dann fällt ihr Paula ein. Gut, sie nimmt Rücksicht, ist auch o. k., aber wenn wir zusammenleben würden, wäre das kein Thema, das wäre klarer. Sie hätte die Bedingungen vor Augen. Ja, und dann ist es auch so, daß ich manchmal einfach vergesse, ihr etwas mitzuteilen, weil sie eben in dem Moment nicht da ist und weil, wenn wir uns treffen, schon wieder so viel anderes passiert ist. So hatten sich meine Eltern vor einer Woche am Telefon für gestern angesagt. Als Svenja am Abend vorher kam, erzählte sie, daß sie Theaterkarten für den nächsten Tag bekommen habe. Mir fielen siedendheiß meine alten Herrschaften ein, und ich mußte absagen. Wäre Svenja hier zu Hause, hätte sie entweder das Telefonat gleich mitgekriegt, oder aber ich hätte es ihr mit größerer Sicherheit erzählt, weil der Besuch sie dann auch betroffen hätte. So hatte ich es vergessen, und wir hatten Frust.«

Svenja berichtete in einem Einzelgespräch:

»Manchmal wünschte ich mir, daß wir zusammenwohnen würden, denn dann wäre vieles einfacher. Ich könnte Friederike entlasten, und jede könnte etwas für sich tun, ohne weit weg von der anderen zu sein. Aber es wäre auch für mich eine große Umstellung. Ich lebe seit meinem Auszug von meinen Eltern allein, habe alles auf meinen Rhythmus eingestellt. Und dazu gehören auch Verabredungen oder ganz selbstverständliche Treffen. Früher mit meinem Freund, dann mit einer anderen Freundin und jetzt mit Friederike. Auf ein Kind mußte ich nie Rücksicht nehmen. So konnten wir früher einfach in der jeweiligen Situation entscheiden, ob der Freund oder die Freundin hier schlafen oder nach Hause fahren sollte. Das geht jetzt nur, wenn ich dort bleibe, sie aber muß immer wieder nach Hause. Ich glaube, daß Friederike dadurch ein geringeres Zusammengehörigkeitsgefühl hat und sich mehr wünscht. Für mich ist es so aber nicht. Ich kenne es doch nicht anders. Ich brauche viel Zeit für mich selbst, muß für mich sein können, ohne daß da jemand mit in der Wohnung ist. Es geht nicht darum, daß ich sie nicht ertragen könnte oder die beiden nicht mögen würde. Es ist einfach Gewohnheit. Friederike ist es hingegen gewohnt, daß da immer jemand ist, und sie schafft es, auch Zeit für sich selbst abzuknapsen. Ich bin aber total auf sie bezogen, wenn wir zusammen sind, finde keine Möglichkeit, mich auch mal auf mich zu besinnen. Das ist nicht ihr Problem, das ist meine Art. Wenn ich dann nach Hause komme, freue ich mich, auch mal wie-

der allein sein zu können, doch schon bald habe ich wieder Sehnsucht nach ihr, vermisse sie oder will ihr was mitteilen. So komme ich auf eine hohe Telefonrechnung.«
Die beiden betonten, daß sie sich als Paar verstehen und fühlen. Sie ziehen nicht zusammen, weil Svenja als Diakonin in einer Dienstwohnung neben dem Pastorat wohnt und weil sie nicht das Risiko eingehen will, daß der »Dienstherr Kirche« ihr wegen »falscher Lebensweise« kündigt. Aber Svenja will ihre gewohnte Art zu leben auch nicht aufgeben. Friederike äußerte keine Wünsche, sie beschrieb nur, wie schwierig es sei, wies aber auch darauf hin, daß es so für das Kind vielleicht einfacher sei, denn es müsse nichts erklären, wenn andere Kinder zu Besuch kämen. So habe ihre Mutter einfach nur Besuch, wenn Svenja da ist.

Auffallend ist, daß sich, wie auch in diesem Fall, die Mütter oft überanstrengt fühlen, während die Freundinnen ihren Freiraum genießen können. Oder anders gesagt: Die Mütter haben ihre doppelten »Verpflichtungen«, die sie sehr stressen. Die Freundinnen haben in ihrem Heim niemanden, der etwas von ihnen erwartet. Sie können sich zurückziehen und ihren Gewohnheiten nachgehen.
Mütter sind es jedoch auch gewohnt, neben Beruf, Kindern und Haushalt Zeit für sich zu finden, auch wenn es nur sehr wenig ist. Sie scheinen genügsamer zu sein, oder sie sind einfach flexibler. Auf jeden Fall ist die Belastung für Lesben mit Kindern immer eine größere, wie allgemein für Mütter in unserer Gesellschaft.
Für die Freundin, die es nicht gewohnt ist, auf Kinder Rücksicht nehmen zu müssen, in deren Leben Kinder vorher einfach keine Rolle gespielt haben, ist es eine große Umstellung, jemanden zu lieben, die sich ihre Zeit entsprechend einteilen muß. Leben die beiden zusammen, lernt die Freundin ihre neue Rolle (wie schwierig das sein kann, habe ich beschrieben), sie wächst in ihre neue Welt hinein. Leben sie aber nicht zusammen, so bleibt ihr die Welt der anderen immer ein Stück weit fremd. Die Partnerschaft muß zwangsläufig eine andere sein. Dennoch beschreiben die Frauen, die so leben, ein Zusammengehörigkeitsgefühl, das eine große Rolle spielt, und zwar drückt sich das in ihren Gefühlen, nicht aber in ihren Bedürfnissen aus:

Da ist z. B. Beate, Mutter von Florian. Sie hat früher mit ihrer Freundin zusammengelebt. Jetzt hat sie seit einigen Jahren eine enge Beziehung zu Renate, die vier Häuser weiter wohnt. Sie sagt: »Es ist jetzt viel leichter für mich als vorher. Mein Status ist geklärt: Ich bin alleinerziehende Mutter, so wie viele tausend Frauen auch. Der Vermieter weiß das, meine Eltern wissen das, in der Schule ist es bekannt und am Arbeitsplatz. Ich habe Freunde und Freundinnen, und eine davon ist eine ganz besondere, aber das haben andere Frauen auch. Über Freunde brauche ich keine Auskunft zu geben.

Durch diese soziale Anpassung bin ich freier in unserer Beziehung. Ich habe weniger Angst und kann die Zeit mit Renate genießen. Florian kann zwischen den Wohnungen hin- und herlaufen, er weiß, daß ich entweder dort oder hier bin. Hier ist sein Zuhause, aber drüben fühlt er sich auch wohl.

Etwas ganz Wichtiges dabei ist, daß ich keine besondere Angst vor Trennung haben muß. Das klingt jetzt merkwürdig, denn ich liebe Renate, und es ist wirklich keine Trennung angesagt. Aber ich habe ja Erfahrungen, die doch jederzeit wieder auf mich zukommen können, man weiß ja nie. Als ich mit meiner früheren Freundin und mit Florian in einer Wohnung wohnte, da war alles aufeinander eingespielt. Wir gehörten zusammen. Florian war vier Jahre alt, als die Freundin plötzlich auszog, weil sie eine andere Frau kennengelernt hatte, die keine Kinder hatte und die ihr ein wunderschönes Haus bieten konnte. Das war eine sehr harte Zeit für mich, nicht nur, weil ich meine Partnerin verloren hatte, sondern weil ich die Veränderung dem Vermieter melden mußte, weil ich mich vor anderen erklären mußte und weil Florian total verunsichert war. Etwas, das in mir rumorte, mich zermürbte, durfte nicht nach außen, ich mußte aber alles irgendwie erklären, also ging das Doppelleben selbst im Schmerz weiter.

Das Problem werde ich nicht wieder haben. Ich kann mich, falls es wieder passieren sollte, in mein Schneckenhaus zurückziehen und bin höchstens Florian Rechenschaft schuldig.«

Hier wird deutlich, wie stark die lesbische Partnerschaft von der sozialen Umwelt abhängig ist. Und wenn noch Kinder dazukommen, dann wird sie zu einem noch größeren Faktor. Nicht alle

Paare haben das Bedürfnis, auch zusammenzuleben. Aber wenn sie es haben, dann kommen Ängste vor sozialen Sanktionen auf, die andere (Hetero-)Paare nicht zu haben brauchen.
Ich habe einige Frauen kennengelernt, die sehr ungern getrennt leben, deren Partnerschaft darunter leidet. Sehr häufig wird auf die Kinder Rücksicht genommen, aber auch auf den Arbeitgeber. Bei diesen Paaren entsteht leicht das Gefühl, ihre Beziehungsform sei »schlecht«, sie haben die gesellschaftlichen Normen auch selbst verinnerlicht und tun sich schwer mit einem selbstbewußten Umgang mit ihrer Beziehung. Eine Partnerschaft muß unter solchen Belastungen zwangsläufig leiden.
Partnerschaft bedeutet für mich, Liebe zu leben, also nicht nur mal ein paar fröhliche Urlaubswochen, ein unternehmungsvolles Wochenende, nette Telefonate. Es ist mehr: Austausch von Gedanken, gemeinsames Lösen von Problemen, gemeinsame Perspektiven entwickeln..., kurz: an dem Leben der anderen teilnehmen. Das geht natürlich auch, wenn man nicht zusammenwohnt. Aber es ist schwieriger.

Doris beschreibt das so:
»Als wir noch nicht zusammengezogen waren, da gab es ›ich‹, ›du‹, ›wir‹ und ›ich‹, ›du‹, ›wir‹ und ›ihr‹, es gab ›bei mir‹ und ›bei uns‹ und ›bei euch‹. Es war viel Trennendes dabei. Bei Streit hatte immer eine Hausrecht, was sie zwar nicht so explizit gesagt hat, aber es war vom Gefühl her da. Eine konnte immer abhauen, vor allem ich, denn ich mußte ja nicht meine Kinder nehmen und flüchten.
Jetzt wohnen wir zusammen. Es gibt nach wie vor ›ich‹ und ›du‹, und es gibt ›wir‹ und ›ihr‹ in verschiedenen Kombinationen. Mal sind die Kinder und ich ein ›Wir‹, wenn wir eine andere Meinung oder ein anderes Anliegen als meine Freundin haben, mal bedeutet das ›Wir‹, daß die Kinder sich abgrenzen, oder mal steht das ›Wir‹ für das Wort von mir und meiner Freundin. Ich vergleiche es mit einem Kreis, in dem sich verschiedene Paare mal verbinden, mal auseinandergehen, aber der Rahmen, der Kreis hält uns zusammen, er ist unser gemeinsames Tummelfeld, auf dem jede und jeder Daseinsberechtigung hat.
Es gibt kein Flüchten mehr, denn flüchten kann man eigentlich doch nur dorthin, wo man hingehört. Ich gehöre nun hierher, die

anderen auch. Das bedeutet, auch in schwierigen Situationen standzuhalten. Das hat mich viel konfliktfähiger gemacht. Ich habe mich besser kennengelernt, und meine Freundin auch. Ich weiß jetzt so ungefähr, wie sie sich in bestimmten Situationen verhält, und sie weiß es von mir. Ich weiß, was im Alltag so anliegt, und kann Reaktionen besser einschätzen. Vorher war viel Unwissen dabei. Zwar hat sie mir oft erklärt, was so um sie herum geschieht, was sie bewegt, was sie tun muß oder getan hat, was sie fertigmacht oder freut. Nun aber kriege ich es weitestgehend mit. Da wächst das Verständnis. Außerdem kann ich ihr einiges abnehmen, und wir haben viel mehr Zeit füreinander. Das Partnerschaftsgefühl hat eine ganz andere Qualität bekommen. Wir gehören wirklich zusammen. Es gibt nicht mehr: Das geht dich oder mich nichts an!

Gleichzeitig komme ich mehr zu mir selbst. So paradox das klingen mag. Aber wir haben nicht mehr die weiten Wege zueinander, wir brauchen nicht mehr Verabredungen und Arrangements bezüglich der Kinder zu treffen, wir haben eine geringere Telefonrechnung, weniger Spritverbrauch, geringere Miete für jede einzelne etc.

Das klingt profan, aber Zeit und Geld sind doch wichtige Lebensfaktoren. Sind sie zu knapp, macht dies Sorgen und spielt in die Beziehung hinein. Nun haben wir andere Sorgen, aber irgendwie lassen sie sich besser bewältigen.«

Trennung

In dem vorherigen Kapitel wurde das Thema Trennung angesprochen. Es mag seltsam anmuten, in einem Buch, in dem es um das Leben lesbischer Mütter mit deren Kindern und Freundinnen geht, über das Ende der Beziehungen zu schreiben. Aber wie die Erfahrungen zeigen, sind Trennungen immer möglich und müssen daher mitbedacht werden.

Für jedes Paar ist die Zeit vor, während und nach einer Trennung sehr schwierig. Für beide ist es meistens ein schmerzhafter Akt, auch für die Person, die die Hauptentscheidung getroffen hat. Jede hat sich etwas anderes von der Beziehung erhofft, es waren unterschiedliche Bemühungen da, das Miteinander hinzubekommen, und so ist für jede einzeln und für beide zusammen ein Mißerfolg zu verzeichnen.

Dieses miese Gefühl ist da, auch wenn wir immer wieder versuchen, es zu vertuschen, indem wir Schuldzuweisungen hin und her schieben, indem wir uns in andere, ablenkende Aktivitäten begeben, die Vorteile der neuen Situation betonen, und auch wenn wir tief durchatmen können, was vorher vor lauter Beklemmung nicht ging.

Dieser schmerzhafte Prozeß kommt in allen Beziehungsformen vor, bei Heteropaaren, bei Schwulenpaaren und bei Lesbenpaaren. Und für jeden und jede gilt, daß er oder sie Zeit zum Trauern braucht.

Bei einer Trennung erleidet jeder Mensch einen mehr oder weniger stark empfundenen Verlust: den des anderen Menschen, den der Gewohnheiten, den der Hoffnung und vielleicht auch den Verlust von Träumen.

An dieser Stelle sollen nun aber die besonderen Umstände von lesbischen Müttern betrachtet werden.

Carmen traf ich zum ersten Mal, als sie noch mit ihrer Freundin Cäcilie zusammenlebte. Sie berichtete damals:

»Wir leben uns immer mehr auseinander. Cäci geht ihre eigenen Wege, sie nimmt keine Rücksicht auf mich oder auf meine zehnjährige Tochter Nadine. Ich kriege immer mehr Wut auf sie, weil ich nicht berechnen kann, ob sie zu Hause ist oder nicht, ob sie eingekauft hat oder nicht, ob sie was mit uns zusammen machen oder ihre Ruhe haben will. Große Unsicherheit liegt in der Luft, über die wir aber nicht mehr reden können. Sind wir zusammen, dann ist die Stimmung gereizt, es kommt aber nicht zu Aussprachen. Das liegt wahrscheinlich mehr an mir. Wenn wir uns gestritten hatten, dann bekam Nadine immer große Augen. Sie verkroch sich, litt. Wahrscheinlich assoziiert sie das ganze Drama mit Vorfällen, die fünf Jahre zurückliegen, da habe ich mich von ihrem Vater getrennt.

Auch da gab es Streit, laute Worte und dann die Trennung. Bei jedem lauten Knatsch hat sie jetzt offenbar das Gefühl, daß es wieder auseinandergeht. Am Anfang hat sie auch darüber gesprochen, und ich konnte sie beruhigen, daß Auseinandersetzungen dazugehören, daß sie aber nicht gleich bedeuten müssen, daß man sich trennt. Nun aber bin ich selbst unsicher. Ich glaube, daß wir auseinandergehen werden, ich kann also Nadine nicht beruhigen, sondern es wird das auf sie zukommen, was sie befürchtet. Also halte ich meinen Mund und beschwöre solche Situationen nicht herauf.«

Auf meine Frage, was denn eine mögliche Trennung für sie selbst bedeuten würde, meinte sie:

»Ich kann es gar nicht sagen. Ich selbst komme irgendwie gar nicht in mir vor. Es dreht sich alles um das Kind, um die Wohnung, um all die Veränderungen, die mir dann bevorstehen. Ich komme gar nicht dazu, mal für mich zu fühlen, ob ich Cäci noch liebe, ob ich weitere Versuche wirklich will. Ich spüre nur, daß eine Trennung eine Katastrophe für Nadine wird.«

Ich fragte sie, warum sie nicht offen mit Nadine darüber reden könne, weil ich mir vorstellte, daß es leichter für alle Beteiligten sei, wenn sie wenigstens in etwa Bescheid wüßten. Carmen antwortete:

»Ich will ja keine Trennung, und wenn ich darüber schon mit Nadine rede, dann wird es vielleicht zur Tatsache, dann rede ich etwas herbei. Ich habe noch Hoffnungen, denn wir haben uns schon öfter eine Zeitlang schlecht miteinander gefühlt, und dann ging es weiter, und das nicht schlecht.

Ich habe vor allem Angst vor der Frage meiner Tochter: Warum bist du eigentlich noch mit Cäci zusammen, wenn ihr euch doch immer nur streitet?

Sie weiß ja nichts von unserer lesbischen Beziehung. Sie weiß nur, daß wir uns mögen und gern zusammen sind, daß wir uns deshalb und wegen der geringeren Kosten eine Wohnung teilen. Als ich mich von meinem Mann trennte, erklärte ich Nadine, daß ich ihn nicht mehr liebte, daß ich mein Leben nicht mit jemandem teilen wolle, mit dem ich mich nicht mehr verstünde. Irgendwann nun fragte mich Nadine, warum ich denn mein Leben mit Cäci teile, wenn wir uns streiten. Ich konnte ihr nicht antworten, daß ich meine Freundin trotz der Reibereien liebte, sondern habe angefangen, Nadine zu beruhigen, nach dem Motto ›Das geht ja wieder vorbei!‹ oder ›Ich nehme dies nicht so ernst!‹. Nun habe ich Angst, daß sie die Frage wieder stellen könnte...«

Einige Zeit später traf ich Carmen wieder. Cäci war ausgezogen, die Wohnung war für Carmen und das Kind zu groß und zu teuer. Nadine schien nicht unter der Trennung von Cäci zu leiden, aber sie wollte nicht wegziehen. Carmen war verzweifelt, denn sie merkte nun, daß sie doch noch an Cäci hing, daß sie keine Erleichterung durch den Auszug spürte, sondern ein starkes Gefühl von Verlassensein. Das aber konnte sie nicht aussprechen, denn dann hätte Nadine von der Liebesbeziehung erfahren. So hielt sie sich an den Äußerlichkeiten auf, schimpfte über Cäci und die Folgen ihres Auszuges, schimpfte über den Wohnungsmarkt und über alles mögliche, sagte nur nichts über sich selbst.

Carmen hatte wenige Freunde und Freundinnen, der Kontakt zu ihren Eltern war nach ihrer Scheidung sehr locker geworden, denn auch ihnen wollte sie nichts von ihren lesbischen Gefühlen erzählen. In der Schule, in der sie als Lehrerin arbeitete, hatte sie auch nicht über ihre Beziehung sprechen können, persönliche Kontakte zu KollegInnen waren eingefroren, weil sie nicht wußte, wie sie das Zusammenleben mit Cäci darstellen sollte, ohne sich zu offenbaren oder ohne zu lügen.

Nadine klagte über eine total überreizte Mutter. Carmen kam nicht zurecht mit all den Gefühlen, mit dem Versteckspiel und den äußeren Ansprüchen. Nadine nahm immer mehr Kontakt zu ihrem Vater auf und äußerte den Wunsch, zu ihm zu ziehen, weil sie mit ihrer Mutter nicht zurechtkam. Das war besonders schlimm für Carmen, sie fühlte sich als Versagerin, sah die Schuld nun nur bei sich, machte sich Vorwürfe, was sie ihrer Tochter mit dieser Beziehung angetan habe, verfluchte den Tag, an dem sie sich mit Cäci zusammengetan hatte. Sie riß sich zusammen, suchte eine andere Wohnung, spielte Nadine etwas vor, unternahm sehr viel mit ihr, versuchte das Zusammensein von Vater und Tochter zu unterbinden. Das ging eine kurze Weile gut. Dann wurde Carmen schwer krank, sie mußte wochenlang ins Krankenhaus, mehrere Operationen über sich ergehen lassen; es folgte eine achtwöchige Kur. Nadine war in der Zeit bei ihrem Vater.
In den Gesprächen mit der Kurpsychologin konnte Carmen vieles aufarbeiten, indem sie zum ersten Mal einer außenstehenden Person etwas über das Geschehene und vor allem über ihre Gefühle berichten konnte. Es ging ihr besser. Heute wohnt sie mit ihrer Tochter wieder zusammen, allein. Sie hat eine neue Freundin, die sie ein Jahr nach der Trennung kennengelernt hat, aber sie leidet noch an ihren alten Wunden.
Bei Carmen war das Hauptproblem, daß sie mit ihrer Tochter nicht frei sprechen konnte. Sie hatte ihr etwas vorgespielt und mußte dann auch, als es zu Ende ging, weiter daran festhalten. Das verlangte Selbstverleugnung. Ob die Krankheit damit zusammenhing, darüber kann nur spekuliert werden. Über psychosomatische Zusammenhänge wird immer mehr berichtet. Wenn man dem Ansatz folgt, daß sich psychische Leiden im Körper ausdrücken, dann kann man gerade in diesem Fall annehmen, daß sogar die Art des körperlichen Leidens das Versteckspiel unterstützte. Carmen hatte nämlich keine psychischen Störungen, sie war nicht depressiv, sie hatte kein Magengeschwür oder ähnliches, was jeder in einen Zusammenhang mit der Trennung hätte bringen können – und wodurch die Tragweite der Beziehung offensichtlich geworden wäre. Sie hatte mehrere schwere Bandscheibenoperationen, litt also an einer Krankheit, bei der nicht immer psychische Ursachen vermutet werden.

Folgt man Dethlefsen (»Schicksal als Chance« und »Krankheit als Weg«) oder anderen AutorInnen, die sich mit der Bedeutung von somatischen Beschwerden auseinandergesetzt haben, dann wird deutlich, daß Carmen sich zuviel aufgelastet hat oder, wertfreier ausgedrückt: Es lastete zuviel auf ihr, das sie nicht bewältigen konnte. Die Krankheit ermöglichte ihr eine (Zwangs-)Pause von allem, sie mußte sich mit sich selbst beschäftigen. Sie fand dadurch einen Weg, sich einer anderen Person gegenüber zu öffnen, um so ihre Gefühle zu klären und zu verarbeiten.

Nach einer Trennung braucht es eine lange Zeit, um sich von diesem Schmerz zu erholen. Menschen, die Heterobeziehungen gelebt haben, können sich diese Zeit auch gönnen, sie finden Verständnis in ihrer Umwelt. Lesbische Frauen und schwule Männer aber verstecken sich entweder, und dann haben sie keinerlei Verständnis und Hilfe zu erwarten, sondern müssen alles mit sich selbst ausmachen, oder aber sie werden, anders als Heteropaare, nicht ernst genommen. Sie bekommen dann häufig zu hören, daß man schon immer gewußt habe, daß solch eine Beziehung nicht gutgehen könne, daß Beständigkeit in homosexuellen Beziehungen nicht gewährleistet sein könne. (Übrigens ohne realistische Betrachtung von heterosexuellen Paaren, die doch auch keinen Garantieschein auf die Dauerhaftigkeit ihrer Beziehung haben.) Lesbische Mütter haben über diese Belastungen hinausgehende Faktoren zu bearbeiten. So wie Carmen schilderte, daß die Verantwortung für ihre Tochter sehr stark auf ihr lastete, viel Raum in ihr und um sie herum einnahm, so habe auch ich es erlebt, und so erzählen es auch andere lesbische Mütter.

Monika und Maria haben je zwei Töchter. Beide Frauen sind geschieden, haben nach der Trennung von ihren Männern drei bzw. vier Jahre allein mit ihren Kindern gelebt, bis sie in ein großes Haus in einem Vorort von Hamburg zogen. Die Kinder verstanden sich sehr gut, fühlten sich bald wie Geschwister. Sie waren über die Art der Beziehung ihrer Mütter informiert, so wie auch ihre Großeltern und Väter. Die beiden Frauen arbeiteten in Hamburg, nach Schulschluß wurden die Kinder von einem Au-pair-Mädchen versorgt. Sie hatten sich einen Kleinbus angeschafft,

mit dem sie übers Wochenende oder in den Ferien verreisten. Je eine Tochter hatte sich der Reiterei verschrieben. Sie bekamen Ponys, die beim Bauern nebenan versorgt wurden.
Nach drei Jahren des Zusammenlebens entschieden sich die Frauen für den Kauf des Hauses, in dem sie sich alle sehr wohl fühlten. Die finanziellen Belastungen waren zwar hoch, aber beide verfügten über ein relativ gutes Einkommen. Durch das gemeinsame Leben sparten sie einiges ein, denn die Töchter konnten sich gegenseitig die Kleidung vererben, es war nur ein Fernseher nötig, nur eine Gefriertruhe etc.
Monika und Maria hatten viele gemeinsame Hobbys, ihre Ansichten über Kindererziehung, Gartenpflege, Reiseländer, Schulauswahl und all das, was so im Leben von Bedeutung sein kann, stimmten überein. Sie waren sicher, sie würden den Rest des Lebens zusammenbleiben. Sie machten Pläne für die Zeit nach dem Auszug der Kinder und freuten sich schon auf ihr Rentenalter, was aber noch fünfzehn bis zwanzig Jahre dauern würde.
Nach fast acht Jahren des gemeinsamen Wohnens stellten sich immer mehr Probleme ein. Die beiden Frauen entwickelten sich in unterschiedliche Richtungen. Vor allem Maria wurde immer nervöser, sie konnte die vier Kinder, die inzwischen alle in oder nach der Pubertät waren, nicht mehr gut verkraften. Sie litt darunter, daß die Mädchen ihre Freunde, teilweise über Nacht, mit nach Hause brachten. Ihr Schilddrüsenleiden verstärkte sich, sie wurde öfter ungerecht und galt unter den Kindern als launisch.
Monika versuchte dem gegenzusteuern, sie kümmerte sich viel um die Mädchen, damit es nicht zu so vielen Konfrontationen kommen konnte. Aber sie verlor auch immer mehr den Draht zu Maria. Sexuell spielte sich zwischen ihnen seit längerem kaum noch etwas ab, und wenn, dann war es wenig zufriedenstellend, weil es einfach rundherum nicht mehr stimmte.
Jede der beiden Frauen dachte manchmal an Trennung, aber jede von ihnen schob den Gedanken schnell wieder weg. Irgendwann wurde Monika klar, daß sie sich wie ein altes Ehepaar verhielten, das sich nichts mehr zu sagen hatte, aber aus lauter Gewohnheit zusammenblieb. Das wollte sie nicht mehr. Sie merkte, daß ihr viel verlorengegangen war, was sie aber noch erleben wollte. Vorsichtig sprach sie es an. Maria war außer sich, sie unterstellte Monika

Intoleranz ihrer Krankheit gegenüber, meinte, Monika sei im Klimakterium, und warf ihr vor, plötzlich einen zweiten Frühling erleben zu wollen.
Sie bezogen die Mädchen nicht mit ein, aber sie unterhielten sich immer häufiger über die Unterschiede zwischen ihnen selbst und zwischen den Töchtern. Sie fanden in ihren Worten nichts Gemeinsames mehr, sie stellten – immer im Vorwurfston – die Unterschiede heraus, so als müßten sie sich beweisen, daß es mit ihnen nicht mehr weitergehen konnte.
Monika suchte eine Frauenberatungsstätte in Hamburg auf, aber Maria wollte nicht mit, sie sah keine Notwendigkeit, sie war sich sicher, daß sich ihre Freundin schon irgendwann beruhigen würde. Um so mehr erschrak sie, als Monika irgendwann, nach fast zehn Jahren, feststellte, daß sie ausziehen wolle. Sie meinte es nicht mehr aushalten zu können, sie sah keine Veränderung, bemängelte, daß Maria ihr Leiden unter dieser toten Beziehung nicht ernst nehme und nichts unternehme, damit es besser würde. Alle Versuche seien fehlgeschlagen.
Maria mobilisierte die Töchter, von denen die eine inzwischen studierte, aber noch zu Hause wohnte, die nächste steckte mitten im Abitur. Es gab nächtelange Diskussionen, und die beiden Jüngeren schnitten Tag für Tag das Thema an. Es bildeten sich Parteien, und zwar je eine der Töchter mit Maria auf der einen Seite und die anderen beiden Mädchen auf Monikas Seite. In einem waren sich jedoch Maria und alle vier Mädchen einig: Es sollte nicht zur Trennung kommen.
Die Älteste brachte das Argument vor, das die anderen immer wieder aufgriffen: »Wir haben eine gemeinsame Geschichte, wir haben zu euch gehalten, als ihr eure eigenartige Verbindung leben wolltet. Das war nicht immer leicht, weil wir ständig befürchten mußten, daß MitschülerInnen und LehrerInnen, der Pastor und die NachbarInnen uns diskriminierten. Nun haben wir uns eine Stellung im Ort geschaffen, alles läuft wie selbstverständlich, keiner guckt uns mehr krumm an. Wenn wir auseinanderziehen müßten, wäre die Zeit umsonst gewesen!«
Natürlich brachten sie auch die anderen Gefühle zum Ausdruck, die Kinder in solchen Situationen empfinden: die Liebe zu beiden Müttern, die zu den anderen Mädchen, die Angst vor Schulwech-

sel, Hausverkauf, Pferdeverlust, Vereinswechsel. Und zu wem sollte der Hund, zu wem die Katzen?
Auch für die Frauen waren die allgemeinen Trennungsfaktoren wichtig: finanzielle Verbindlichkeiten und Sorgen, Umzug etc. Das Besondere an allem aber war die lesbische Beziehung. Die beiden jüngsten Mädchen beklagten sich, daß sie niemandem erzählen könnten, daß da eine Trennung ins Haus stünde, denn erst durch das Erzählen oder durch den Umzug würden die Freunde zum Nachdenken angeregt.
Monika plagte sich monatelang mit diesen Auseinandersetzungen. Sie hatte es für sich selbst geklärt, sie hatte entschieden, daß sie die Trennung vollziehen wollte, aber die Kinder hielten sie immer wieder vor dem letzten Schritt zurück. So trennten sie sich innerhalb des Hauses: Monika richtete sich unterm Dach ein Zimmer ein, Maria zog in den Keller.
Die Älteste nahm sich ein Zimmer in Kiel, wo sie studierte. Nach einem weiteren Jahr waren beide Frauen so weit, daß sie aus der nervlichen Belastung herauswollten. Ihre beiden jüngeren Töchter entschieden sich dafür, zusammenzubleiben. Sie zogen beide zu Monika, die eine Wohnung gefunden hatte, von der aus eine Schule ihrer Wahl gut zu erreichen war. Maria ging nach Süddeutschland, wo sie die Leitung einer Filiale der Bank, bei der sie arbeitete, übernahm.
Ich traf beide Frauen ca. eineinhalb Jahre nach der Trennung. Maria hatte sich immer noch nicht in der fremden Stadt eingelebt. Sie hatte die Trennung nicht verkraftet, kränkelte immer mehr. Sie litt unter der Trennung von ihrer Tochter, die inzwischen die Schule abgebrochen hatte und arbeitslos bei ihrer ehemaligen Freundin lebte. Maria redete nur von vergangenen Zeiten, fuhr offenbar oft an ihrem ehemaligen Haus vorbei, wenn sie im Norden war, besah sich den Garten, erzählte, was inzwischen gewachsen war. Sie rief Monika sehr oft an, berichtete, was sie beschäftigte, als hätte es keine Trennung gegeben.
Monika wirkte sehr erschöpft. Sie meinte, daß sie durch das Klammern von Maria nicht zur Ruhe komme. Die Väter der Kinder und die Verwandten hätten ihr nur Vorwürfe gemacht. Sie könne sich niemandem verständlich machen. Entweder verlange die Umwelt von ihr, daß sie das Angefangene auch zu Ende hätten bringen

müssen, so wie man es von einem Ehepaar verlange, oder, und das sei das Häufigere, man habe die Beziehung zwischen den beiden Frauen nie so ernst genommen. Vor allem verstand niemand, daß sie unter dem Ende litt, daß auch sie auf viele Jahre des gemeinsamen Lebens zurückblickte und tief traurig über den Verlust der Geliebten war.

Beide Frauen und auch die Töchter sagten, die Trennung von ihren Männern / Vätern sei nicht so schlimm gewesen wie diese, und der Grund dafür sei nicht die größere Anzahl an Jahren, die sie miteinander verbracht hatten, sondern die viele Energie, die sie alle aufbringen mußten, um die beispiellose Familienkonstellation zu leben.

So wie die Partnerschaft besonderen Belastungen ausgesetzt ist, so ist auch die Trennung von besonderen Faktoren bestimmt. Auffallend bei allem ist, daß lesbische Frauen nicht unbedingt von sich aus mehr Beziehungsprobleme haben, sondern daß es die Umweltbedingungen sind, unter denen sie leben und leiden müssen. Auf diese Themen werde ich im folgenden näher eingehen.

Leben mit der Außenwelt

Familienangehörige

Lesbische Frauen haben offensichtlich die größten Probleme mit ihrem Coming-out gegenüber ihren Müttern. Immer wieder höre ich, daß ihr Freundeskreis es weiß, daß viele es wissen und daß ihre Eltern es eigentlich auch wissen müßten, aber daß sie nie definitiv mit ihnen darüber sprechen würden. Irgendwie werde das Thema nonchalant umgangen.

Wenn ich mit meiner ehemaligen Freundin zusammen deren Eltern besuchte, wurde ich freundlich aufgenommen, und wenn ich nicht mitfuhr, fragten sie, wo denn »die Kollegin« sei, und damit meinten sie mich. War ich dort, kamen vor allem der Vater und ich ins Gespräch. Die Mutter fragte meine Freundin öfter nach der »Kollegin X« und nach der »Kollegin Y«, also den Partnerinnen meiner Freundin aus früheren Zeiten. Sie waren nicht unbedingt Kolleginnen gewesen, aber die Mutter hatte es sich selbst so zurechtgebogen.

Auf meine Frage, ob die Eltern von ihrer lesbischen Beziehung wüßten, erhielt ich folgende Aussagen:

Lesbische Mütter

67%: Die Eltern wissen/ein Elternteil weiß von der Beziehung oder müßte/n es eigentlich wissen, aber es wird nicht thematisiert.

12%: Kein Kontakt, oder die Eltern sind tot.

10%: Totales Verschweigen/Leugnen vor den Eltern.

9%: Leben offen vor den Eltern und werden von ihnen akzeptiert.

2%: Keine Aussagen / wissen es nicht so genau.

Mitmütter

61%: Die Eltern wissen/ein Elternteil weiß von der Beziehung oder müßte/n es eigentlich wissen, aber es wird nicht thematisiert.

19 % : Kein Kontakt, oder die Eltern sind tot.
6 % : Totales Verschweigen / Leugnen vor den Eltern.
11 % : Leben offen vor den Eltern und werden von ihnen akzeptiert.
3 % : Keine Aussagen / wissen es nicht so genau.

Wenn man diese Zahlen vergleicht, fällt auf, daß das Vorhandensein von Kindern offenbar eine wichtige Rolle bei der Kontaktpflege zu den Eltern / Großeltern zu spielen scheint, denn von den Müttern berichteten immerhin 86 % über irgendeine Form von Kontakt, während es bei den Mitmüttern nur 78 % waren, bzw. 12 % der Mütter hatten keinen Kontakt (oder die Eltern waren tot), bei den Mitmüttern waren es 19 %.

Auffallend ist ferner, daß 77 % der Mütter ihr Lesbischsein vor ihren Eltern nicht bewußt thematisieren, wobei dies bei 10 % totales Verschweigen bedeutet; 9 % leben offen. Die Mitmütter hingegen reden zu 67 % nicht darüber, aber immerhin leben 11 % offen.

Ich deute diese Zahlen so: Mütter haben ihrer Kinder wegen mehr familiäre Kontakte, verschweigen aber aus dem gleichen Grund ihr Lesbischsein. Mitmütter haben insgesamt weniger Familienkontakte, aber wenn, dann brauchen sie weniger Rücksicht zu nehmen.

Immer wieder hörte ich von den Müttern, daß sie sich viel Gedanken über die Großeltern-Enkel-Beziehung machten. Claudia beschrieb diese so:

»Meine Kinder Paula und Pepe waren drei und ein Jahr alt, als ich mich von ihrem Vater trennte. Vorher war es selbstverständlich, daß wir die beiden Großeltern häufig besuchten. Zu Weihnachten teilten wir die Festtage ein. An einem Tag kamen die einen, an einem Tag die anderen. Alle zwei Wochen besuchten wir die einen oder die anderen. Wir haben sogar mal Urlaub mit den beiden Großelternpaaren gemacht. Sabine, meine jetzige Geliebte, kenne ich schon seit meiner Lehre, und auch meine Eltern kennen sie so lange. Sabine kam früher oft zu uns. Deshalb war es erst mal nicht weiter auffallend, als ich mit ihr nach der Scheidung viel zusammen war. Nur meinen Schwiegereltern war das suspekt. Die kannten unsere Vorgeschichte nicht. Wenn sie uns, d. h. eigentlich

mehr die Kinder besuchen kamen und Sabine auch da war, dann fielen immer mal so Bemerkungen.
Automatisch flachte der Kontakt ab. Die beiden Großeltern spielen immer noch Doppelkopf zusammen, tratschen und klatschen gern, vor allem seitdem sie Rentner sind.
Als Sabine dann bei uns einzog, war es besonders komisch: Meine Mutter, die manchmal auch Kinder eingehütet hatte, sich also im Haushalt auskannte, benahm sich auf einmal wie fremd. Sie fragte nach allem und saß steif auf der Sofakante. Das Schlafzimmer war schon vorher für sie so etwas wie ein Tabu. Nach Sabines Einzug aber hatten wir die Zimmer getauscht, weil sie nicht in dem Raum schlafen wollte, in dem ich vorher mit meinem Mann war; außerdem sollte Pepe ein größeres Zimmer bekommen. Meine Mutter hat da nie reingeguckt, doch Paula hat mal Bemerkungen über unser Schlafzimmer gemacht; ich vielleicht auch, weil ich keine Lust habe, mich ständig auch noch in meinen eigenen vier Wänden verstecken zu müssen. Meine Mutter weiß also genau, daß wir zusammen schlafen. Und wenn sie es weiß, dann wissen es die anderen auch. Aber keiner sagt ein Wort.
Ich fühle mich unwohl dabei, möchte am liebsten, daß sie entweder nicht mehr kommen oder aber daß ich mit ihnen mal frei darüber reden kann. Aber das schaffe ich nicht. Ich kann jedoch den Kontakt nicht noch weiter einschlafen lassen. Ich denke immer, daß Kinder auch ihre Großeltern brauchen – vielleicht ist es auch umgekehrt. Jedenfalls fand ich es immer toll, Oma und Opa zu haben. Die haben mir immer viel Zeit gewidmet, waren weniger gestreßt als meine Eltern, konnten etwas ausgleichen und so. Das möchte ich meinen Kindern auch gönnen.
Also doch mit ihnen offen über unsere Beziehung reden? Ich habe Angst. Ich habe auch das Gefühl, daß sie es gar nicht wollen, denn sonst hätten sie schon mal selbst was gesagt.«

Dieses Schweigen ist offenbar weit verbreitet. Das Tabuthema löst ungute Gefühle aus und ein Verstummen, unter dem diese Beziehungen leiden oder zumindest eine andere Qualität bekommen, als sie sonst hatten.
Besonders problematisch ist es, wenn die Frauen nach der Scheidung einen sehr intensiven Kontakt zu ihren Eltern (wieder)

aufgenommen haben, eventuell sogar auch finanziell von ihnen abhängig waren. Eltern wollen meistens »das Beste« für ihre Töchter, worunter sie oft – jeweils nach ihren Maßstäben – einen perfekten Ehemann verstehen, der in der Lage ist, eine Familie zu ernähren. Und sie erwarten, daß die Ehe gutgehen wird, obwohl sie eigentlich wissen müßten, daß die Scheidungsrate hoch ist, ihre Töchter also im Falle einer Trennung vom Ehemann keine Ausnahme mehr darstellen.

Nicht selten kümmern sich Eltern bei einer Trennung mehr um ihre Tochter oder zumindest um die EnkelInnen. Die Verbindung wird enger, und oft klagen Frauen in dieser Situation über Fürsorgedruck. Wenn nun wieder ein neuer Partner auftaucht, wird er noch genauer unter die Lupe genommen: Wird er unsere Tochter glücklicher machen? Wird er zu den Kindern gut sein? Bloß nicht noch eine Enttäuschung! Es kann aber auch sein, daß sie sich gegenüber dem Eindringling abgrenzen, weil die Tochter doch in den Schoß der Familie zurückgekehrt war, die Eltern für sie und deren Kinder (gern) wieder Verantwortung übernommen hatten.

Wenn nun aber die Tochter eine Frau mitbringt, mit der sie sich zusammentun möchte, die sie liebt, dann bricht für diese Eltern ihr ganzes Gedankengebäude zusammen, denn eine Frau entspricht nun ganz und gar nicht diesen Erwartungen: Meistens verdient sie nicht soviel Geld wie ein Mann, die beiden können nicht heiraten, d. h., es kann nichts Verbindliches entstehen. Vor allem geht es aber wohl darum: Die Eltern können eine derartige Verbindung nicht akzeptieren – und was sollen denn die Nachbarn denken?

Deutlich wird hier die oft anzutreffende Doppelmoral: Eltern geben an, daß sie sich um ihre Tochter sorgen, daß sie ihr alles erdenklich Gute wünschen, daß es ihnen nur darum gehe. Aber wenn sie ihnen dann einen geliebten Menschen vorstellt und es eine Frau ist, können sie das Glück nicht anerkennen. Sie denken also in Wirklichkeit nur an sich, an ihren Ruf, an ihre Werte. Doch sie denken auch an ihre Enkel. Wir haben alle gelernt, daß zu einer »richtigen« Familie Vater, Mutter und Kinder zählen, aber nicht, daß Mutter, Mitmutter und Kinder ein schönes Leben miteinander haben können. Das gehört nicht in das Alltagsbild. So kommen die Eltern natürlich auf den Gedanken, daß ihre EnkelInnen leiden

werden, daß sie Nachteile haben werden, daß also die Lebensbedingungen dieser geliebten Kinder erheblich erschwert werden.
Auch lesbische Mütter denken so, denn sie haben die gleiche diesbezügliche Sozialisation hinter sich. Sie erwarten Vorwürfe, weil auch sie sich diese im stillen Kämmerlein oder auch offen selbst machen. Und dieses schlechte Gewissen steht meiner Meinung nach zwischen den Generationen und läßt sie verstummen.
In diesen verinnerlichten Vorurteilen liegt wohl auch der Grund, warum die lesbischen Mütter ihren Kindern nicht auch noch die Großeltern wegnehmen wollen: Leben sie schon prinzipiell unter »unnormalen« Bedingungen, so sollen sie wenigstens diesen normalen Anteil noch haben.

Elsbeth erzählte mir dazu – und das steht stellvertretend für andere –, wie sie diese Phase erlebt hat.
»Meine Kinder sind jetzt siebzehn, fünfzehn und elf Jahre alt. Ich trennte mich von meinem Mann bald nach der Geburt der Jüngsten. Es dauerte Jahre, bis die Scheidung durch war; Unterhalt bezahlte mein Mann nicht, denn er hatte sich ins Ausland abgesetzt. Meine Eltern lebten in der Nachbarstadt, mit dem Bus in zwanzig Minuten zu erreichen. Ich konnte unser Haus nicht weiter abbezahlen, also verkaufte ich es und zog mit den Kindern in die Einliegerwohnung bei meinen Eltern. Bald nahm ich einen Job an, meine Mutter paßte auf die Kinder auf. Als ich, so ein Jahr später, zu Kursen nach Süddeutschland fuhr, lernte ich Erika kennen und lieben. Sie arbeitete in derselben Firma, nur in einer anderen Filiale.
Nun wurde es schwierig für mich: Da waren die drei kleinen Kinder, die Abhängigkeit von meiner Mutter und die große Liebe über sechshundert Kilometer weit entfernt. Wie sollte ich das schaffen? Es war mir unmöglich, etwas zu erzählen, aber ich wurde auch immer unruhiger, wenn ich zu Hause war.
Ich belegte weitere Kurse und qualifizierte mich. Ich stellte einen Antrag bei der Konzernleitung, nach Süddeutschland versetzt zu werden, was auch klappte. Natürlich tat ich vor meinen Eltern und den Kindern so, als hätte man mich ohne mein Dazutun versetzt.
Wir zogen um. Erika und ich hatten uns ein Haus in einem Ort

etwas außerhalb der Stadt gesucht, in der wir arbeiteten. Unten zog sie mit ihrem Sohn Kaspar ein, der genauso alt wie mein Ältester ist. Bald darauf kamen wir hinzu, in die obere Etage und in das ausgebaute Dachgeschoß.

Obwohl die Kinder sich relativ schnell einlebten, Freunde fanden, im Sportverein ihre Lorbeeren ernteten, hatte ich immer ein schlechtes Gewissen, denn der Grundstock unseres Zusammenlebens basierte auf einer Lüge.

Meine Mutter kam anfangs häufig, denn sie meinte, daß die Kinder sie doch brauchten, die armen, bedauernswerten Enkel, die ihre norddeutsche Heimat verlassen mußten, ihren Vater verloren hatten.

Da wir uns natürlich keine Haushälterin leisten konnten, hatte ich im Kindergarten der damals dreijährigen Hanne und in der Schule der beiden anderen nachgefragt, ob sich andere Mütter bereit erklärten, die Kleinen zu bekochen. Erika hatte nur eine halbe Stelle, weil ihr Mann bezahlte. Sie kam gegen vierzehn Uhr nach Hause, und dann konnten auch meine drei heimgehen. Es war ja jemand da. Das gefiel meiner Mutter überhaupt nicht. »Die fremde Frau da unten im Haus!« sagte sie und machte mir Vorwürfe, daß ich Erika unbezahlt ausbeutete.

Ich wußte, daß es kein Ausbeuten war, denn wir hatten uns beide dazu entschieden und waren auch sehr glücklich miteinander, aber das konnte ich doch meiner Mutter nicht erzählen. Noch schlimmer wurde es, als meine beiden Eltern angereist kamen. Sie schlugen vor, ihr Haus zu verkaufen und sich in unserer Nähe eines zu suchen. Mein Vater war sogar bereit, einen niedrigeren Posten im Amt anzutreten. Ich versuchte abzuwehren und mühte mich dabei ab. Ich konnte doch nicht den wahren Grund sagen, ich fühlte mich so schlecht! Die Kinder jubelten über diesen Vorschlag, und ich sollte ihnen die Großeltern nehmen?

Irgendwie schaffte ich es, einen Streit vom Zaun zu brechen, der sich gewaschen hatte. Meine Eltern reisten schweigend ab. Die Kinder standen wie die Orgelpfeifen am Gartentor und heulten. Erika und ich beredeten alles genauestens, aber ich konnte mein schlechtes Gewissen nicht loswerden. Irgendwann sind wir beiden Frauen zu meinen Eltern gefahren und haben ihnen reinen Wein eingeschenkt. Das war aber auch nur möglich, weil sich die Kinder

inzwischen prächtig entwickelt hatten, wovon sich die Großeltern auch überzeugen konnten, wenn sie in den Schulferien immer bei ihnen waren.
Heute sind die drei schon groß, wir leben immer noch in dem Haus zusammen. Janosch, mein Ältester, und Kaspar sind wie Zwillinge, sie haben sich den Keller ausgebaut, in dem sie hausen. Rebecca, meine Mittlere, hängt an Erika wie eine Klette, und Hanne, mein Nesthäkchen, ist mit ihren elf Jahren auch immer mehr unterwegs und wirkt so richtig rundum zufrieden.
Meine Eltern sind zurückhaltend geworden. Sie haben sich damals unsere Liebesgeschichte angehört, der einzige spontane Laut dazu kam von meiner Mutter: O Gott! Der Rest war Schweigen. Mein Vater kam ein paar Stunden später auf mich zu, umarmte mich und sagte nur: Ich wünsche dir, mein Kind, daß du dies nie bereuen mußt.
Danach haben wir nie mehr darüber gesprochen. Wenn sie mal kurz zu Besuch kommen, sind sie höflich, aber kurz zu Erika; ihren Sohn haben sie allerdings als viertes Enkelkind adoptiert. Er bekommt die gleichen Weihnachtsgeschenke und war auch schon mehrmals in den Ferien mit bei meinen Eltern, denn er hat keine Großeltern, weil der Kontakt dorthin ganz abgebrochen ist.
Ich komme aber immer noch nicht zurecht damit. Immer wenn ich mit meiner Mutter rede, hebe ich hervor, wie gut es den Kindern geht, wie gut sie gedeihen und was ich alles für sie tue – so als wenn ich sie stets aufs Neue überzeugen müßte, daß meine Entscheidung richtig war.
Das alles geht nun schon seit fast zehn Jahren so. Natürlich haben meine Gewissensbisse auch Auswirkungen auf unsere Beziehung gehabt. Aber wir haben es irgendwie geschafft, beieinander zu bleiben, und es gab zu keiner Minute das Gefühl, wir sollten uns trennen. Wir sind wie ein altes Ehepaar inzwischen, so scherzen wir jedenfalls, aber wenn meine Eltern ins Gespräch kommen, dann sind die unguten Gefühle ganz frisch und jung. Ich würde es gern mal mit ihnen aufarbeiten, glaube jedoch nicht, daß das jemals wirklich offen passieren könnte.
Das Problem, etwas nicht mehr aufarbeiten zu können, hat Jutta, eine andere Gesprächspartnerin, heute noch:
»Meine Mutter hatte mich allein großgezogen. Wir hatten in den

ersten achtzehn Jahren meines Lebens eigentlich ein unkompliziertes, gutes Verhältnis. Sie redete immer davon, daß ich mich bloß nicht zu früh an einen Mann binden solle, denn sie war siebzehn, als sie mich bekam, und mein Vater war gleich danach im Krieg gefallen. Sie litt offenbar unter ihrer verlorenen Jugend, obwohl sie mich auch als Stütze und Lebenssinn deklarierte.

Na, jedenfalls schien ich brav auf sie zu hören, denn ich schleppte keine Jungen an – dafür immer Mädchen oder gar ältere Frauen, mit denen ich viel Zeit verbrachte. Ich wußte selbst nicht, was das zu bedeuten haben könnte, fühlte mich jedenfalls wohl.

Dann aber entspann sich eine intimere Freundschaft zu meiner Freundin Barbara, die oft bei uns übernachtete. Wir hatten nur eine kleine Wohnung, darum schliefen wir in einem Bett, in dem dann auch unser erster Beischlaf passierte. Es war toll – auch meine Mutter registrierte die schöne Atmosphäre, wenn Babs da war – bis sie uns eines Morgens erwischte!

Sie hatte Laute aus meinem Zimmer gehört und kam herein, um zu fragen, ob sie uns wieder Frühstück ans Bett bringen solle, damit sie in der kleinen Küche freie Bahn hatte. Zur Salzsäule erstarrt, stand sie in der Tür, sagte nichts, und wir waren fast unfähig, uns aus unseren Umschlingungen zu lösen. Langsam und leise schloß sie die Tür, und ebenso verschwand Babs.

Es wurde nie darüber gesprochen, aber von da an war es nicht mehr so wie früher zu Hause. Nach dem Abitur bin ich in die Schweiz gegangen, war in einer Art von Internat, wo ich meine Liebeserfahrungen bestens erweitern konnte. Als ich wieder zurückkam, bezog ich eine eigene Wohnung, besuchte meine Mutter oft, sie aber kam selten, was ich auch angenehm fand.

Es folgten achtzehn Jahre des Zusammenlebens mit meiner Freundin Karin und den drei Kindern von ihr, die ich quasi mit aufgezogen habe. Meine Mutter ging bei meinen Besuchen nie auch nur mit einem Sterbenswörtchen auf meine Lebenssituation ein. Sie fragte nur nach meinem Beruf.

Manchmal überlegte ich, ob ich vielleicht eines der Kinder mal mit zu ihr nehmen sollte, wohl auch in dem sicheren Gefühl, daß sie vor den Kleinen keine Szene machen könne. Karin riet mir jedoch ab.

Nach achtzehn Jahren Partnerschaft starb Karin an Krebs, und ich

saß mit den drei Kindern da, der Jüngste steckte mitten im Abi, die beiden Großen wohnten aber auch noch zu Hause, weil sie hier in Hamburg einen Studienplatz erhalten hatten und wir nicht auch noch Geld für Studentenbuden aufbringen konnten.
Wir hatten nur uns, und das war auch schön, denn die Kinder hatten mich völlig akzeptiert. Aber nach außen konnten wir unsere Trauer nicht in der Art zeigen, wie wir sie empfanden. Die Kinder wurden arg bemitleidet, weil sie nun ganz allein auf der Welt seien – ohne Vater oder Großeltern, die normalerweise noch zur Seite stehen könnten. Diese aber waren bei einem Verkehrsunfall alle miteinander umgekommen. Die Kinder fühlten sich jedoch nicht allein, sie hatten ja mich – und ich hatte sie, doch das konnten wir den Leuten nicht sagen.
Schwierig war es dann auch mit der Todesanzeige. Wie sollten wir sie formulieren? Die drei Jungen meinten, daß wir unsere vier Namen daruntersetzen sollten, meinen als ersten. Ich hatte Scheu, aber dann machten wir es so.
Meine Mutter hatte die Anzeige in der Zeitung gelesen, das ist nämlich immer das erste, was sie liest. Sie rief mich am Tag der Beerdigung abends an, sagte aber kein Wort. Ich preßte nur heraus, daß wir einen Trauerfall hätten, und bezog mich nur auf die Formalitäten, die zu erledigen seien. Sie berichtete dann von Tante Emma und anderen, die sie alle unter die Erde gebracht hatte, über Erfahrungen mit verschiedenen Beerdigungsinstituten etc. Als wir aufgelegt hatten, mußte ich mich übergeben.
Irgendwann wurde meine Mutter dann sehr krank. Sie kam ins Krankenhaus und erholte sich von ihrer Operation nicht mehr. Ich eilte hin, saß an ihrem Bett im Intensivpflegezimmer, sie schlief oder war im Koma. Ich hätte sie umarmen mögen, mich an sie ankuscheln, sie um Verzeihung bitten, weil ich auf einmal so ein schlechtes Gewissen hatte, ihr so viel Leid angetan zu haben. Der Arzt schickte mich nach Hause, weil ich dort den Betrieb störte.
Vor dem Krankenhaus wartete Holger, der Älteste von Karin. Er wollte einfach nur bei mir sein und fragen, ob er etwas tun könne, ob er etwas einkaufen solle oder die Waschmaschine bedienen oder sonst etwas. Er war so lieb und einfühlsam, kochte zu Hause einen Tee und fragte mich nach meinen Gefühlen. Das tat so gut.

Es brach alles aus mir heraus, und Holger hörte zu. Dann aber unterbrach er mich und meinte: Nun ist es genug mit Schuldgefühlen! Wieso bist du mit deiner Lebensgestaltung deiner Mutter gegenüber verantwortlich? Du hast nie so offensiv gelebt, nie demonstriert, daß du lesbisch bist, in der Form, daß deine Mutter in ihrer Nachbarschaft oder Verwandtschaft hätte Nachteile haben können...

Er fuhr mich wieder ins Krankenhaus, ich wollte mit meiner Mutter reden, ihr erklären, daß ich mit meiner Familie glücklich war und mit den Kindern es immer noch bin, daß ich sie nie verletzen wollte, daß sie sich keine Gedanken über das Warum und Wieso zu machen brauche, denn sie hatte mich nicht so schlecht erzogen oder behandelt, daß ich darum lesbisch geworden bin. Ich wollte sie verabschieden, mich im Frieden von ihr trennen.

Als ich auf der Station ankam, war sie nicht mehr da. Obwohl die Ärzte versprochen hatten, sie würden mich rufen, wenn der Zustand schlechter würde, hatten sie es nicht getan. Ich war insgesamt vier Stunden weg, und meine Mutter war inzwischen gestorben. Man hatte sie in den Keller des Krankenhauses gebracht; hinter einem Verschlag lag sie auf der Bahre, mit einem Tuch zugedeckt. Es war schwierig, die Erlaubnis zu bekommen, sie noch einmal zu sehen. Aber ich schaffte es. Der Pfleger stand an der Tür und wartete darauf, daß ich wiederkam. Ich wollte mit Mutter reden, aber er sollte es nicht hören. Ich war sicher, daß sich ihre Seele noch in der Nähe befand, daß sie mich hätte hören können, aber ich brachte kein Wort heraus, weil der Pfleger, diese Autorität, in der Tür stand.

Ich träume oft von meiner Mutter, dann rede ich mit ihr, bin aber nicht sicher, ob ich sie noch erreichen kann. Irgendwie haben wir Chancen verpaßt, und das Ganze nur, weil man uns, verdammt noch mal, nicht so leben läßt, wie wir wollen, können, es brauchen, wie es schön ist. Ich merke meine Wut auf diese blöden Normen, vor allem die der Kirche, die für meine Mutter immer wichtig waren. Was ist das für eine Heilslehre, wenn sie Liebeskräfte, die uns gegeben worden sind, negieren oder zumindest in vorgeschriebene, einschränkende Bahnen einschnüren, so sehr, daß manchem keine Luft mehr bleibt! Heute bin ich eher wütend darüber, daß diese menschenfeindliche gesellschaftliche Moral es verhindert hat, daß ich mit meiner Mutter guten Kontakt habe pflegen können, als über meine eigene Unfähigkeit, voll Mut auf sie zuzugehen. Letztlich hängt das aber alles zusammen.«

Die Frauen, die beide Elternteile haben, erzählen häufig, sie könnten es sich eher vorstellen, mit ihren Vätern über ihre Frauenliebe zu reden als mit ihren Müttern.
Irene lachte, als sie sich an das erste Gespräch darüber mit ihrem Vater erinnerte:
»Er sagte, er könne mich allzugut verstehen, denn er liebe ja schließlich auch Frauen, nämlich mich und meine Mutter. Da gebe es keine Diskussion, Frauen seien nun mal attraktiver als Männer!«
Auf meine Frage, woran es wohl liegen könne, daß sie ihre Väter positiver erlebt hätten, wurden mir verschiedene Antworten gegeben:
»Die Väter sind weniger für die Erziehung verantwortlich, also identifizieren sie sich weniger mit der möglichen Gewissensfrage, ob das Lesbischsein der Tochter vielleicht ihre Schuld sein könnte.«
»Die Generation unserer Väter hat sich nicht so viele Gedanken um Erziehung gemacht, sie haben mehr von weitem zugeguckt. Vielleicht liegt darin der Grund, daß sie mehr akzeptieren können. Und das bezieht sich dann nicht nur auf ihre Töchter, sondern auch auf deren Kinder.«
»Mein Vater hat mich, glaube ich, immer besonders geliebt, weil ich ein Mädchen unter fünf Jungen war. Wenn meine Brüder ihre Freundinnen mitbrachten, hat er interessiert geguckt, was das für Typen waren. Schleppte ich einen Knaben an, dann gab es immer irgendeine Szene hinterher, oder er wurde getestet, um mir dann, wenn er weg war, deutlich zu machen, daß dieser junge Mann mit Sicherheit nicht der Richtige für mich sein könne.
Anders bei Frauen: Brachte ich meine Freundinnen mit nach Hause, fand mein Vater es spannend und unterhielt sich mit ihnen nicht unter dem Gesichtspunkt der Partnerprüfung.
Meine Freundin, mit der ich nun schon seit ein paar Jahren zusammenlebe, mag er, ihre Kinder auch. Er ist nicht eifersüchtig. Ich glaube nämlich, daß das der Punkt ist: Männer sind auf Männer

eher eifersüchtig, Frauen erkennen sie weniger als Konkurrenz an. Natürlich ist das an sich völlig unmöglich, weil es die unterschiedliche Wertigkeit deutlich macht, aber in meinem Fall ist es einfacher. Ich kann mich gut mit meinem Vater unterhalten, auch wenn ich mal Probleme in meiner Familie habe. Dann fahre ich zu ihm ins Büro und rede mit ihm darüber in äußerst wohltuender, partnerschaftlicher Form. Mit meiner Mutter ginge das nicht. Sie ist Mutter von altem Schrot und Korn, alles muß seine Ordnung haben! Wenn ich dann auch noch mit Problemen käme, würde sie doppelt leiden: Erst die ›unnatürliche‹ Lebensform und dann auch noch Probleme damit! Nee, der alten Dame wird Friede, Freude, Eierkuchen vorgespielt. Solange sie denkt, daß alles bei uns reibungslos läuft, hat sie auch kein Gegenargument zur Lebensform. Wenn sie mal eine Äußerung macht, dann sage ich ihr immer: Mutti, was willst du mehr? Ich bin glücklich! Ja, was soll sie da sagen?«

»Mütter, die nicht berufstätig sind, sind in der Regel mehr in ihre Nachbarschaft integriert, auch das Familienleben spielt eine größere Rolle für sie, weil das eben ihr Leben ausmacht. Also sind sie auch mehr von dem Urteil der Nachbarn, Verwandten etc. abhängig. Daraus ergibt sich zwangsläufig, daß sich unsere Mütter mehr mit uns beschäftigen als unsere Väter, die mehr in ihrem Beruf aufgehen und andere Wichtigkeiten haben.

Für Väter genügt es, wenn sie an ihrer Arbeitsstelle eine Tochter nachweisen können, vielleicht noch mit Foto, wenn sie einen guten Beruf hat, dann können sie den auch noch stolz nennen. Die Mütter aber jammern doch häufiger nach Enkelkindern, die sie herzeigen können, die aber auch ihr Leben bereichern würden. Sie werden häufiger nach dem Wohlergehen ihrer Kinder und Enkel gefragt als Männer. Und wem fällt es denn leicht zu sagen: Meine Tochter lebt mit ihrer Freundin da und da... Oder: Meine Tochter hat sich von ihrem Mann getrennt und lebt nun mit den Kindern und ihrer Freundin zusammen!

Dafür müßten unsere Mütter emanzipierter sein, und das sind doch gerade die Frauen aus der Generation nicht, die keinen Beruf ausüben, sondern nur für ihre Familie gelebt haben.«

»Ich habe Väter immer so erlebt, daß sie gern gerade mit ihren Töchtern angeben oder, vielleicht besser ausgedrückt: Wenn sie

über ihr Töchter reden können, sind sie glücklich und oft auch sehr stolz. Natürlich auch über ihre Söhne, aber das hat einen anderen Hintergrund. Von Töchtern erwarten sie oft auch Enkel, weil sie dann ihre Vorstellung von Männlichkeit noch bekräftigen können. Nach dem Motto: Baum gepflanzt, Haus gebaut, Kinder und Enkel gezeugt! Trennt sich die Tochter von ihrem Mann oder jedenfalls von dem Vater der Kinder, dann haben sie dennoch ihre Enkel – und nicht selten genießen sie es, ihre Töchter mehr um sich zu haben, sie nicht mit einem Mann teilen zu müssen. Wenn es also gut zwischen Vater und lesbischer Tochter plus Geliebter geht, dann hat er doch das tolle Gefühl, Schutzpatron für beide Frauen und die Kinder zu sein.
Mütter hingegen sind für uns Frauen schon immer ein schwieriges Kapitel gewesen. Wenn sie nicht so gut mit unseren Freundinnen klarkommen, dann kann das auch an ihrer Eifersucht liegen. Sie wollen *die* Frau in unserem Leben sein und bleiben. So wie Väter auf Schwiegersöhne eifersüchtig sein können, so können doch auch Mütter Schwiegertöchter als Konkurrenz empfinden, und das nicht nur bei ihren Söhnen, sondern auch bei ihren Töchtern.«
Eine Mitmutter, die selbst keinen Vater mehr hat, berichtete auch, sie könne »mit dem Schwiegervater, also dem Vater der Freundin, viel besser reden«. Er sei »zugänglicher, akzeptierender«, und er habe »weniger soziale Ängste als seine Frau«.
Ich selbst habe regelrechtes Doublebind-Verhalten bei den Eltern meiner ehemaligen Freundin erlebt: Sie gaben sich sehr aufgeschlossen, meinten ihrer Tochter gegenüber, daß sie keinerlei Probleme mit dieser Art von Beziehung hätten, im Gegenteil, sie seien froh, daß sie glücklich sei. Sie schienen nach außen hin meine Tochter als dazugehörig zu akezptieren, schenkten ihr z. B. auch etwas zu Weihnachten etc. Aber sie kamen nur in unsere Wohnung, wenn ich nicht da war. Sie baten auch darum, daß ihre Tochter mit ihren Kindern möglichst allein zu ihnen kommen solle, und wenn meine Tochter mal mit da war, dann konnte ich sicher sein, daß irgendwelche abfälligen Bemerkungen über sie fielen. Waren die Kinder allein übers Wochenende bei ihnen, erzählten sie mir hinterher, daß ihre Großmutter schlecht über mich geredet hatte.
Meine Freundin sprach sie einmal darauf an. Ihre Mutter antwortete nur, es habe nichts mit der Art unserer Beziehung zu tun, sie

möge mich als Person einfach nicht, und meine Tochter sei ein eigenartiges Kind. Nun kann es passieren, daß ich jemandem unsympathisch bin, nur fiel dieses Urteil schon nach einmaligem Sehen, und meine Tochter war – so meinen andere auch, und nicht nur ich als betroffene Mutter sehe das so – wirklich nicht eigenartiger, als es ihre Enkel manchmal waren.

Als wir uns trennten, jubelten die Eltern meiner Freundin beinahe. Die doch sehr reduzierte Beziehung zwischen Eltern und Tochter wurde intensiviert, der Vater baute Möbel in der neuen Wohnung auf, die Mutter schleppte Sachen an... Sie taten lauter Dinge, die sie vorher auch schon getan hatten, aber in der Phase unseres Zusammenlebens nicht. Ich erinnere mich, daß wir Hochbetten für unsere Kinder selbst bauten, was auch Spaß machte. In einem der Zimmer entstand jedoch ein technisches Problem, der Großvater aber kam nicht, um uns zu helfen.

Ich hatte unter alldem sehr gelitten, wußte ich doch, daß meiner Freundin vieles entging, was ihr wichtig war. Im übrigen hat die jüngste Tochter intuitiv das Doublebind-Verhalten der Großeltern bemerkt und ihnen deutlich gesagt, daß sie nicht durch die Kluft, die zwischen Verhalten und Worten lag, hindurchfinde. Sie lehnte es mit ihren damals neun Jahren ab, sie zu besuchen, und geht ihnen auch heute noch aus dem Weg.

Elternbeziehungen sind oft problematisch, ganz allgemein und bei Lesben noch mal besonders. Ich möchte jedoch auch einen Fall schildern, der sehr positiv verlaufen ist:

Helga und Michaela und deren Tochter Hanna hatten ein ausgesprochen gutes Verhältnis zu Michaelas Eltern. Diese akzeptierten die neu entstandene Familie und unterstützten sie, und auch die Eltern von Helga nahmen Hanna als Enkelkind an.

Helga hatte einen Bruder, der ebenfalls sehr positiv reagierte. Seine Kinder definierten sich als Cousins von Hanna, sie kamen zu Familienfesten zusammen und trafen sich häufig in dem Wochenendhaus der Eltern oder verbrachten auch gemeinsam den Urlaub.

Helgas Eltern waren schon ziemlich alt. Sie bedachten sowohl Michaela als auch Hanna in ihrem Testament, und zwar zu gleichen Teilen wie die anderen, und sowohl Helga als auch ihr Bruder waren sehr einverstanden damit.

Geschwister spielen nicht selten eine wesentliche Rolle. Sie können Vermittler zwischen der lesbischen Schwester und den Eltern sein, sie können gute Freunde sein, sie können aber auch ablehnend reagieren, und das aus verschiedenen Gründen.
Ich selbst habe erlebt, daß die Schwester meiner Freundin große Schwierigkeiten hatte, mich in meiner Partnerinnenrolle zu akzeptieren. Die beiden hatten sich seit ihrer Pubertät ausgesprochen gut verstanden, sie tauschten sich aus, waren äußerst vertraut miteinander. Die Beziehung zwischen den beiden drohte auf den Nullpunkt zu sinken, als wir zusammengezogen waren. Die Schwester kam nicht mehr, Telefonate liefen offenbar nur noch übers Büro, und auch der Kontakt zu den beiden Nichten drohte einzuschlafen.
Meine Freundin litt darunter, daß ihre Schwester mich ebensowenig wie ihre Eltern mochte. Sie saß zwischen den Stühlen, denn wir waren ihr alle wichtig und lieb. Für wen auch immer sie sich entschied, sie würde jemanden verlieren. So entschied sie sich dann irgendwann für ihre Familie. Ich glaube auch heute noch, daß besonders die Schwester einen großen Einfluß auf unsere Beziehung und auf die Trennung hatte.
Ich erlebte damals, wie alle unter den Kontaktverlusten litten, und schrieb deshalb der Schwester einen Brief mit der Bitte um ein Gespräch. Diese wurde abgelehnt, und zwar mit den Worten, ich müsse eben hinnehmen, daß ich nicht auf jedermanns Schoß sitzen könne und nicht beliebt sei, das ginge jedem so.
Die Schwester verhielt sich so wie die Eltern: Sie schob es auf mangelnde Sympathie – das mag ja auch zum Teil ein Grund gewesen sein. Ich denke aber nach wie vor, daß der Hauptgrund Eifersucht war. Bei allen Männerfreundschaften meiner Freundin war die Schwester die weibliche Vertrauensperson, sie war wie die beste Freundin. Nun handelte es sich aber um eine Frau, die beide Rollen innehatte: beste Freundin und Geliebte. Was außerdem für diese Annahme spricht, ist, daß die Schwester alle Männer an der Seite meiner Freundin akzeptiert hatte, die Eltern hingegen immer gegen jeden waren, mit dem ihre Tochter befreundet war. Außerdem hörte ich in der Familie sehr oft den Ausspruch, daß man etwas von dem anderen »haben« möchte. Die Großeltern also wollten etwas »von ihren Enkeln haben«, oder sie sagten auch mal:

»Wir wollen euch wiederhaben!« Dahinter verbergen sich deutliche Besitzansprüche, der Weg zur Eifersucht ist dann nicht weit.

Das Spektrum der Geschwistererfahrungen ist sehr breit. Ob die andere, nicht gewohnte Lebensform akzeptiert wird, ist sehr stark von den allgemeinen Einstellungen und der bisherigen Kommunikationsstruktur zwischen den Geschwistern abhängig. Es kann allerdings auch nicht einfach behauptet werden: Wer allgemein sehr tolerant ist, ist es auch dann! Einige Frauen berichten beispielhaft über ihre Erfahrungen mit ihren Schwestern:

»Meine Schwester und ich haben uns immer gut verstanden. Sie stand mir bei, als ich mich von meinem Mann trennte, sie umsorgt meine Kinder, hat ein gutes Verhältnis zu unseren Eltern und war auch sehr vermittelnd, als ich bei mir homoerotische Gefühle feststellte. Ich glaube, daß ich es ihr zu verdanken habe, daß in meinem Elternhaus alles so gut läuft.«

»Meine Schwester weiß von nichts. Sie war für mich immer so etwas wie ein Über-Ich. Sie ist zehn Jahre älter und hat mich fast mit erzogen. Sie ist sehr moralisch und lebt selbst ganz kontrolliert, damit sie bloß nicht aus der Rolle fällt. Sie ist sehr von dem Urteil anderer abhängig. Haben die Nachbarn einen neuen, teureren Sonnenschirm auf der Terrasse, muß sie sich auch einen kaufen, auch wenn ihrer noch o. k. ist.

Wir mögen uns, uns verbindet auch eine Menge, aber wir haben nie wirklich über das geredet, was in uns abläuft. Ich weiß noch, daß wir mal zusammen einen Segeltörn gemacht haben: sie und ihr Freund, ich und mein Freund. Es war uns beiden klar, daß es sich jeweils um sexuelle Beziehungen handelte, aber auf dem Schiff schliefen wir nach Geschlechtern getrennt. In jedem Hafen hat sie auch irgendwelche Bemerkungen darüber fallen lassen, damit bloß kein Außenstehender auf schlechte Gedanken kommen konnte. Das war vor zwanzig Jahren, bis heute hat sich nichts geändert. Meine Freundin nenne ich nach außen so wie alle anderen Freundinnen auch, sie ist quasi eine unter ferner liefen...«

»Meine Schwester müßte es eigentlich wissen, aber sie sagt nichts, sie fragt mal nach, wie es uns denn so geht, bezieht sich aber immer auf das, was sich hinter dem Wort Wohngemeinschaften verbirgt und auf ihre Erfahrungen damit. Ich glaube, daß sie uns als Zweckgemeinschaft versteht. Nun ist es allerdings so, daß wir uns auch nicht vor den Kindern zu erkennen geben. Wir führen ein Doppelleben...«

»Meine Schwester? Sie hat es einmal zur Kenntnis genommen, aber es ist kein Thema. Sie blendet meine Freundin einfach aus, so als würde sie nicht existieren, und ich habe keine Lust mehr, mit ihr zusammenzusein. Ich denke, daß ich dadurch auch nicht viel verliere. Sie lebt ihr Leben, ich meines.«

»Meine Schwester mag meine Freundin selbst sehr gern, und manchmal sagt sie, daß sie sich gut vorstellen könne, sich auch in sie oder überhaupt in eine Frau zu verlieben. Es ist alles normal, damit meine ich, es hat sich nichts zwischen uns verändert, ob ich nun eine Frau oder einen Mann lieben würde. Sie weiß, daß wir wegen der Kinder, deren Vater und wegen meines Jobs vorsichtig sein müssen, findet das selbst sehr blöd, aber sagt auch ganz deutlich, daß sie es schlimm fände, wenn ich mich auch noch vor ihr verstecken müßte.«

»Meine Schwester war immer schon sehr radikal. Sie versteht nicht, wieso wir manchmal vorsichtig und ängstlich sind. Sie ist in allem so extrem, so auch im Umgang mit uns. Als sie heiratete, stellte sie mich und meine Freundin vor der gesamten Hochzeitsgesellschaft als Paar vor! Ich dachte, ich müsse in den Boden versinken. Aber es war o. k., keiner ging mit uns vorsichtiger um als mit den anderen. Es war so sehr klar, es stand nichts mehr im Raum. Wir konnten sogar zusammen tanzen, so wie andere Paare auch. Jetzt lebe ich allerdings mit einer Frau mit Kindern zusammen, und das macht es schon schwieriger, denn mein Schwesterherz ist kinderlos und hat, glaube ich, nicht das nötige Feingefühl, auf die Situation der Kinder Rücksicht zu nehmen.«

»Ich habe zwei Schwestern, sie sind sehr unterschiedlich. Die eine scheint sehr eifersüchtig zu sein, denn meine Geliebte war einmal ihre Busenfreundin. Wir sehen uns selten, und wenn, dann macht sie immer spitze Bemerkungen über mich, weniger über meine Freundin. Die andere problematisiert alles, aber auch alles. Treffen wir uns, dann kommen immer ihre tiefschürfenden Gedanken über die Kinder. Ihrer Meinung nach leiden die Kleinen unter allem, was ich ihnen biete. Sie malte den Teufel an die Wand, als es um Nachbarn ging, genauso, als mein Jüngster in den Kindergarten kam oder als die Große eingeschult wurde. Sie meint es bestimmt gut, aber tut mir dabei gar nichts Gutes.«

»Meine Schwester hat sogar vor Gericht meinetwegen gelogen, als es um die Scheidung ging und mein Mann damals meinte, mir die Tochter aberkennen lassen zu müssen. Sie hat klar gesagt, daß wir uns gut verstehen, uns gut kennen und daß es sich nicht um eine Liebesbeziehung zu einer Frau handele. Sie wüßte, daß ich heterosexuell veranlagt sei, gegen eine gute Freundin sei doch wohl nichts einzuwenden.

Sie berät mich in vielem, und ich glaube auch, daß sie in mir manchmal eine Stütze hat. Sie sorgt auch dafür, daß die Kinder mitkriegen, daß sie die Beziehung völlig in Ordnung findet, damit sie ihre Ängste abbauen, so nach dem Motto: Guckt mal, ich bin eine von außen, ich finde es schön, mit euch und den beiden Müttern zusammenzusein, also ist die Art von Beziehung auch in Ordnung, so wie ihr beteiligten Leute auch!

Über das Verhältnis zu ihren Brüdern erzählten Frauen folgendes:

»Mein Bruder ist jetzt wie ein guter Kumpel, im Gegensatz zu früher. Wir tauschen unsere Frauenerfahrungen immer aus. Wenn alle Männer so wären, könnte ich beinahe schwach werden...«

»Mein kleiner Bruder hat mich immer ein bißchen angebetet, da war alles gut, was ich machte. Er hat auch meine erste Freundin sehr angehimmelt und konnte es kaum verkraften, als wir uns trennten. Für ihn sind wir immer noch ein Paar, zu meiner jetzigen Frau hat er weniger Kontakt. Es ist für ihn aber klar, daß ich lesbisch bin. Und wenn er mal zu Besuch kommt, kümmert er sich auch sehr nett um die Tochter meiner Frau.

Mein großer Bruder ist sehr zurückhaltend und schweigsam, in allem und immer. Ich glaube, daß er sich vor seiner Frau und seinen Kindern um das Thema herumdrückt. Nun wohnt er auch über fünfhundert Kilometer entfernt, vielleicht wäre es anders, wenn er nicht so weit weggezogen wäre.«

»Mein Bruder ist schwul, also, was soll er sagen? Er beneidet mich um die Kinder, die ich nun durch meine Freundin habe, was ihm verwehrt ist. Er möchte so gern Kinder haben. Außerdem leidet er

darunter, daß seine Beziehungen nicht so lange halten. Gerda und ich sind schon über zehn Jahre zusammen, in der Zeit hatte er mindestens zwölf verschiedene Liebschaften, eine endete katastrophaler als die andere für ihn, denn er ist eigentlich kein Typ, der das schwule Ex und hopp leben möchte.
Uns verbindet etwas sehr Wichtiges: Wir sind beide von unseren Eltern abgewiesen worden, als sie von unserer Homosexualität hörten. Er noch mehr als ich, und er litt furchtbar unter der Zurückweisung durch meine Mutter, weil sie für ihn die Superfrau war. Nun haben wir wenigstens uns gegenseitig noch. Unser Vater ist gestorben, unsere Mutter zeigt kein Interesse. Vielleicht werde ich seinetwegen eines Tages mal zu ihr gehen und etwas zusammenknüpfen. Ich weiß, daß mein Bruder HIV-positiv ist, aber noch nicht krank. Es wird wohl Zeit, daß die beiden zusammenkommen, ehe es zu spät ist oder er keine Kraft mehr hat. Das Ganze wird mir aber auch nicht leichtfallen, denn ich fand es gemein, wie sie mit uns, und vor allem mit ihm, umgegangen ist.«
Insgesamt habe ich den Eindruck, daß Brüder anders mit dem Lesbischsein ihrer Schwestern umgehen, daß sie weniger Probleme damit haben als weibliche Geschwister. Es scheint eine Korrelation zu den Vätern zu geben. Meinen Beobachtungen über Schwule zufolge ist es bei ihnen seitenverkehrt: Sie stoßen bei ihren Müttern und Schwestern auf weniger Ablehnung als bei den männlichen Vertretern der Familie. Vielleicht ist diese unterschiedliche Akzeptanz darin begründet, daß die anderen Familienmitglieder unterschwellig Angst vor den eigenen homosexuellen Anteilen haben?

Über den Kontakt lesbischer Mütter und Mitmütter zu ihren Großeltern habe ich nur von drei Frauen gehört. Zwei von ihnen erzählten glücklich, daß die »Oma sehr lieb und verständnisvoll« sei, zu ihren Großmüttern können diese beiden Frauen mit allem kommen, was sie ihren Eltern nicht unbedingt sagen würden. In dem dritten Fall hatte der Großvater seiner Enkelin Hausverbot erteilt, die Großmutter schickte häufig mal Geld, ohne Kommentar und »als ob sie sich loskaufen wollte, weil sie sich noch nie gegenüber ihrem Mann durchsetzen konnte.«
Mehrere Äußerungen fielen über Familienfeste: Nicht nur Hoch-

zeiten, Taufen oder Beerdigungen sind Anlässe für Verwandte, sich wiederzusehen. In vielen Familien ist es auch heute noch üblich, zu verschiedenen Begebenheiten zusammenzukommen, wenn auch nicht mehr in dem Maße, wie es früher der Fall war. Sicherlich gibt es da auch Unterschicde zwischen Stadt- und Landleben.

Die soziale Mobilität hat viele Familien auseinandergerissen, so daß sich die Verwandtschaft tatsächlich nur zu den »großen Anlässen« trifft. Dennoch habe ich einige Frauen getroffen, deren Familien hier in Hamburg seit Generationen leben und deren Tanten, Onkel, Großtanten etc. teilweise sogar in denselben Stadtteilen wohnen, in denen sie aufgewachsen sind. Es gibt noch Familienrituale, die im Leben der befragten Frauen viel Bedeutung hatten, die sie auch gern ihren Kindern weitergeben würden. Aber da treten noch größere Probleme auf als in der offenen Umgangsweise mit den Eltern.

Mehrere Frauen erzählten, daß ihre Eltern(teile) von ihren lesbischen Beziehungen zwar wüßten, aber daß nicht darüber gesprochen würde. Kommt es in diesen Familien zu Verwandtentreffen, dann lassen die Frauen entweder ihre Freundinnen zu Hause, oder sie gehen selbst auch nicht hin. Sie verzichten auf die Besuche, weil sie wissen, daß es ihren Eltern peinlich wäre, oder weil sie sich nicht trauen, ihre Freundin mitzubringen, oder weil sie bittere Erfahrungen gemacht haben, oder... Ich lasse wieder einige Frauen zu Wort kommen:

Katja kommt aus einer alten Hamburger Familie mit bekanntem Namen und alten Traditionen. Ihr Vater hat vier Geschwister, ihre Mutter drei, die alle wiederum verheiratet sind und auch jeweils mehrere Kinder, teilweise schon Enkel haben. Es ist Sitte, daß sich der ganze Clan am ersten Advent in der großväterlichen alten Villa trifft – ebenso zu Geburtstagen, Silber- oder sonstigen Hochzeiten etc.

Katja hat das Adventstreffen von klein auf geliebt, es gab Kinderaktivitäten, die Jugend saß für sich, die Älteren, manchmal nach Herren und Damen getrennt, hielten ihren Plausch. Es wurde musiziert, vorgelesen, fein getafelt.

Als Katja heiratete, war es kein Problem, ihren Mann in die Großfamilie einzuführen, auch er kam aus einer gutbürgerlichen Familie, hatte einen anständigen Beruf und vor allem auch Spaß an diesen Treffen.

Katja hatte eigentlich nur geheiratet, weil sie gerne Kinder haben wollte. Sie fühlte sich jedoch stets mit ihrer alten Reitfreundin Gisela verbunden, mit der sie auch neun Jahre lang die Schulbank gedrückt hatte. Gisela hatte in Katjas Familie keinen guten Ruf, denn sie galt als »Flintenweib«, wie Katjas Vater sich ausdrückte, womit er meinte, daß sie sich nicht fraulich genug benahm. Gisela lehnte es seit eh und je ab, Kleider oder Röcke zu tragen, bei feinen Anlässen trug und trägt sie Anzüge, maßgeschneidert, aber dennoch anrüchig unfeminin wie bei einem »kessen Vater«*. Im Reitstall saß sie immer unter den besonders trinkfesten Männern, außerdem interessierte sie sich für Autorennsport und sonstigen »Männerkram«.

Schon als Gisela sich der Tanzstunde verweigerte, meinten die Eltern, Katjas Kontakt zu ihr unterbinden zu müssen, was ihnen aber nicht gelang. Als die beiden während des Studiums gemeinsame Semester in Paris und Londen verbrachten, kam es zu den ersten sexuellen Kontakten zwischen ihnen, die sie – zurückgekehrt nach Hamburg – noch eine Weile lang auslebten, bis Katja ihren späteren Mann kennenlernte. Gisela arbeitete in einem Firmenzweig ihres väterlichen Betriebs in Italien. Katja bekam ihre drei Kinder innerhalb von vier Jahren, gleich nachdem sie ihr Studium abgeschlossen hatte.

Bald nach der Geburt des jüngsten Kindes reichte sie die Scheidung ein; sie hatte in Erfahrung gebracht, daß ihr Mann sich »eine Edelnutte« hielt, um seine außergewöhnlichen sexuellen Bedürfnisse ausleben zu können, die sie nicht befriedigen konnte und mochte.

Sowohl die Eltern als auch die anderen Verwandten standen zu Katja, sie redeten zwar nicht viel über die Vorkommnisse, aber sie

* »Kesser Vater« oder »butch« heißen in der Lesbenszene Frauen, die eher dem männlichen Rollenbild im Verhalten und in der äußeren Erscheinung entsprechen. Dazu im Gegensatz ist die »femme« eine Frau, die sich eher traditionell weiblich kleidet und verhält.

erhielt viel Zuwendung als »arme junge Mutter«. Um Unterhalt für sich und die Kinder einzufordern, war man sich zu gut. Man richtete ein Bankkonto ein, von dem Katja und ihre drei Kinder leben konnten. Katja begann wieder mit der Malerei und eröffnete ein kleines Atelier mit Ausstellungen in verschiedenen Galerien.
Zwei Jahre nach ihrer Scheidung traf sie bei einer Vernissage Gisela mit deren Freundin wieder. Der Kontakt wurde wieder aufgenommen, die Beziehung intensivierte sich.
Inzwischen leben Katja, Gisela und die drei Kinder mit zwei weiteren Künstlern seit einigen Jahren in einem alten Bauernhaus am Rande der Stadt. Katja besucht oft ihre Eltern – vorwiegend der Kinder wegen. Sie hat nichts von der lesbischen Beziehung erzählt, meint aber, daß »die ja auch drei und drei zusammenzählen können«. Offiziell hebt sie das Vorhandensein der beiden Künstler in ihrem Haus hervor, versteckt sich auch bewußt hinter der »Narrenfreiheit von freischaffenden Künstlern«. Manchmal war Gisela mit bei Katjas Eltern, aber es fühlte sich keine von ihnen in »der eiskalten Atmosphäre« wohl, es sei denn, sie erschienen mit allen sieben Hausgenossen, wobei es Katja einen »Heidenspaß machte, dem Who-is-who-Spiel zuzuschauen«: Offenbar bemühten sich die Eltern krampfhaft, herauszufinden, welche der Frauen nun mit welchem Mann liiert war.
Inzwischen macht es Katja aber keinen Spaß mehr, an den Familienfesten teilzunehmen. Stets wird sie darauf angesprochen, ob sich denn immer noch kein neuer Mann gefunden habe, ob es denn für die Kinder das Richtige sei, in dieser Form zu leben, ob sie die Trennung noch nicht verkraftet habe, es gebe doch auch andere Männer, die nicht so seien wie der Geschiedene etc.
Katja würde am liebsten sagen: Ich bin doch gar nicht allein, ich fühle mich doch wohl, ich brauche keinen Mann, ich habe eine Frau! Aber sie wagt es nicht. »Wenn ich mich dem aussetze, dann habe ich das Gefühl, Gisela zu verletzen. Ich verliere die Lust, an dem teilzunehmen, was mir einmal sehr wichtig war. Nachdem ich ein paar Jahre nicht zum ersten Advent hingefahren war, habe ich dann einfach irgendeinen Termin auf den Tag gelegt und die Kinder per Taxi hingeschickt, damit sie diese Tradition weiterhin erleben können, jedenfalls, solange sie selbst es noch wollen. Es tut mir sehr weh, alles eigentlich: daß ich nicht

mit Gisela dort erscheinen kann, der Verzicht auf den tollen Tag, das Lügen, das Versteckspiel und die mangelnde Offenheit meinen Kindern und meinen Eltern gegenüber. So sehr ich meine Verwandten liebe, so sehr verdamme ich ihre Moral, von der ich aber selbst auch noch ganz schön viel in mir habe. Gisela hat recht: Könnte ich mich innerlich davon befreien, dann wäre es einfacher – so oder so!«

Ganz anders ergeht es Helga und Brigitte:

Helga kommt aus einer Handwerkerfamilie. Ihre Verwandten sprechen starken Hamburger Dialekt, man sorgt füreinander, indem man sich Gemüse und Obst aus dem Garten bringt, feiert die Geburtstage und anderen Feste miteinander. Helgas Söhne spielen viel mit den in der Nähe wohnenden Cousins, und Brigitte ist nach und nach in die Familie hineingewachsen. Niemand spricht über die Art der Beziehung zwischen Helga und Brigitte. »Manchmal habe ich den Eindruck, als sei Brigitte unantastbar für meine Familie«, berichtet Helga, »denn sie hat studiert, was etwas ganz Irres ist für die lieben, aber einfältigen Handwerker, die so in ihrer Welt leben.« Dazu meint Brigitte: »Ich glaube aber, daß dein Onkel Edi sich so seine Gedanken macht, der guckt immer ganz verschmitzt, wenn wir kommen. Außerdem erzählt er auffallend viele sexistische Witze.« – »Mag sein, doch er würde nie etwas sagen, auch nicht zu seinem Bruder, meinem Vater«, beharrt Helga. Beide haben aber den Eindruck, daß das Familiengespann – zwei Frauen und die zwei Söhne – als solches akzeptiert wird.

Eine witzige Geschichte erzählte mir Rosi:

»Mein Onkel Walter war furchtbar enttäuscht, als ich mich von Bärbel, meiner ehemaligen Freundin, getrennt hatte. Er war stets bei meinen Eltern anzutreffen, wenn wir mit den Kindern dort zu Besuch waren. Irgendwann hörte ich meine Mutter in der Küche zu Onkel Walter sagen: Findest du nicht komisch, daß Rosi immer mit dieser Frau zusammen kommt? Er antwortete ihr: Nee, das ist doch unter den jungen Leuten alles ganz anders. Sie tun sich zusammen, dann wird das Leben billiger, und sie sind nicht so allein in der Stadt!

Mir war klar, warum mein Onkel so argumentierte: Sein Sohn ist schwul, aber auch darüber wurde und wird nicht geredet. Ich bin sicher, daß er sich selbst etwas vorlog, damit er seinen Sohn, der übrigens auch hier in Hamburg und nicht mehr zu Hause in dem kleinen Nest wohnt, nicht vorführen mußte, weder vor sich selbst noch vor anderen.«

Vor der Verwandtschaft wird offenbar häufig geschwiegen. Ich hörte Äußerungen über Probleme bei unumgänglichen Familienfesten, wie z. B. Konfirmation oder Kommunion, Abitur- oder sonstige Feiern, zu denen in der Regel Verwandtschaft eingeladen wird, auch wenn man sonst nicht so viel Kontakt miteinander pflegt. Einige Mitmütter wurden extra ausgeladen oder sind ausgezogen, damit keiner etwas merkte (und diese Beziehungen sind meistens auch in die Brüche gegangen), oder es herrschte eiskaltes Schweigen zu dem Thema, oder die Feiern fanden in extra angemieteten Räumen statt, so daß niemand in das verborgene gemeinsame Zuhause eindringen konnte. Die meisten etwas größer ausfallenden Geschenke der Mitmütter wurden entweder versteckt, bzw. es wurde nicht darüber geredet oder – wenn es von beiden Frauen gemeinsame Geschenke gab – nur die Mutter als spendable Gebende genannt.

Nur selten traf ich Frauen, die sich über die Verwandtschaft hinwegsetzten und – ohne Erklärung, aber mit großer Selbstverständlichkeit – Onkel, Tanten und andere einluden.

Ich selbst habe mit der Verwandtschaft meiner früheren Freundin gute Erfahrungen gemacht: Als der Bruder heiratete, waren wir Trauzeuginnen. Sowohl dem Bruder als auch seiner Frau war natürlich die Art unserer Beziehung bekannt, und auf meine Frage, ob die beiden wirklich überlegt hätten, was an Gerede oder Vorbehalten von seiten der Verwandtschaft und der Freunde aufkommen könnte, stellte der Bruder (dem an sich Konventionen ganz wichtig waren) fest: Das ist meine Schwester, und wenn jemand ihren Lebenswandel nicht mag, dann braucht er nicht zu unserer Hochzeit zu kommen! Außerdem weiß ich, daß sie gern mit dir mal zum Standesamt gehen würde, also habt ihr nun Gelegenheit dazu!

Der Standesbeamte war erst sehr freundlich zu uns, aber als er beim Notieren unserer Namen erfuhr, daß wir dieselbe Adresse hatten, änderte sich sein Umgangsstil – jedenfalls hatte ich den Eindruck.

Das Mittagessen fand im kleinen Kreis statt, der Kaffee wurde bei den Brauteltern gemeinsam mit den engsten Verwandten getrunken, abends war dann eine große Feier in einem Gasthof mit üppigem Diner für die weitere Verwandtschaft und den Freundeskreis. Wir beiden Trauzeuginnen wurden rechts und links vom Brautpaar plaziert. Ich wurde immer unsicherer, insbesondere, als ich geflüsterte Spekulationen über die Konstellation vernahm. Die einen meinten, wir seien sicherlich Vertreterinnen von je einer Familienseite. Andere, die meine Freundin als die Schwester des Bräutigams kannten, meinten, ich sei vielleicht die Schwester der Braut... Jedenfalls wurde kombiniert und kombiniert, aber keiner kam auf die richtige Idee, jedenfalls wurde sie nicht laut geäußert.

Als wir dann nachts zusammen abfuhren, antwortete der Bruder auf die Frage, warum wir denn beide schon wegmüßten, wir hätten einen weiten Weg bis Hamburg, wo unser Kind warten würde! Mir fuhr der Satz in die Glieder – befand ich mich damals doch noch in der Phase der inneren und äußeren Verunsicherung. Noch tagelang hoffte ich, daß die fragenden Verwandten zu betrunken waren, um diesen Satz zu verstehen oder um sich später an ihn zu erinnern. Meine Freundin aber war stolz auf ihren Bruder und meinte: Hoffentlich haben sie kapiert, schade, daß nicht früher darüber geredet wurde, denn dann hätten wir zusammen tanzen können!

Wenn ich mir vorstelle, wir hätten tatsächlich getanzt, so wie alle anderen Paare auch, dann muß ich jetzt noch, wenn auch mit klopfendem Herzen, darüber schmunzeln. Aber es macht mir deutlich, wie benachteiligt wir waren – und es auch heute noch in einer solchen Situation wären, denn das dafür nötige Selbstbewußtsein habe ich immer noch nicht entwickelt.

Väter

Über die Hälfte aller Scheidungen wird von Frauen beantragt. Diese Tatsache an sich ist soziologisch schon sehr interessant. Darüber, was das bezüglich des Wandels der Rolle der Frau in unserer Gesellschaft aussagt, kann spekuliert werden. Eines ist jedoch unbestritten: Für die verlassenen Männer ist es schwer, die Scheidung zu verkraften, bedeutet es für sie doch Gesichtsverlust.
Am einfachsten scheint die Trennung verkraftbar zu sein, wenn die geschiedene Ehefrau danach allein bzw. mit den Kindern lebt. Schwieriger wird es, wenn der Mann wegen eines anderen Mannes verlassen wird. Rivalitäten werden sichtbar, Selbstzweifel kommen auf oder Zweifel an der Frau: Warum findet sie gerade diesen Mann besser etc. Äußerst problematisch ist es jedoch für Männer, wenn sie »ihre Frau« an eine andere Frau »verlieren«.
Viele Männer finden lesbische Beziehungen sexuell reizvoll, das kann man an dem rasanten Absatz von entsprechenden Pornofilmen erkennen. Aber dieses Interesse besteht nur, wenn der lesbische Sex auf den Mann als Zuschauer oder als Dritten im Bunde bezogen ist, es zeugt von keinerlei grundsätzlicher Akzeptanz. Wenn die eigene Ehefrau lesbisch lebt und ihn nicht mit einbezieht, dann ist der verlassene Mann oft schwer gekränkt, wie es z. B. Ruth ausführlich erzählt:
»Mein Mann Kurt und ich waren fast zehn Jahre verheiratet. Sexualität war zwischen uns immer ein Problem. Wir schliefen eigentlich nur dann miteinander, wenn er Lust hatte, und davon hatte er anfangs viel. Ich wurde dreimal hintereinander in rascher Folge schwanger, und ich hatte ständig wachsende Angst vor seinen Übergriffen. Eigentlich habe ich sowieso nie etwas bei ihm empfunden, denn er war so rabiat, er war wie ein Tier, insbesondere dann, wenn er am Tag ankam. Das machte ihn besonders an, weil jederzeit eines der Kinder hereinkommen konnte oder meine Mutter, die damals noch bei uns wohnte.

Bei der vierten Schwangerschaft entschieden wir uns für eine Abtreibung. Ich ließ mich dabei auch gleich sterilisieren, was ich ihm aber nicht erzählte.

Es kam immer häufiger zu Streitereien, weil ich mich ihm verweigerte. Meine Mutter zog aus, weil sie nicht ertragen konnte, wenn Kurt so herumschrie. Er schlug die Kinder beim kleinsten Anlaß, und auch ich hatte so manches Veilchen mit Schminke zu übertuschen. Aus Angst ließ ich den Sex über mich ergehen, aber ich spielte ihm nichts mehr vor. So hatte er auch weniger Lust, weil ja nichts mehr von mir rüberkam, was ihn hätte anmachen können. Kurt begann zu trinken, und die Prügeleien wurden immer schlimmer.

Ich zog mit den Kindern ins Frauenhaus. Dort war es furchtbar, weil nun die Streitereien unter den Frauen und unter den Kindern die alten Szenen ablösten. Es war so eng, die Wohnmöglichkeiten waren entsetzlich, weil einfach zuwenig Raum zur Verfügung stand. Es ist eigentlich unglaublich, wie wenig für uns Frauen da getan wird, denn man muß sich vorstellen, daß eigentlich alle dort kaputt und geschädigt sind. Statt also die Möglichkeit des Rückzugs und einen Schonraum zu haben, sind die Frauen wie Legehennen eingepfercht.

Kurt schien zur Besinnung gekommen zu sein. Er hörte auf zu trinken und flehte mich an, doch wiederzukommen. Er versprach, mich und die Kinder nicht mehr zu schlagen, was er dann auch nicht mehr tat. Im Gegenteil: Er war lieb und sogar zärtlich.

Ich traf mich mit Annegret, die ich im Frauenhaus kennengelernt hatte. Sie war ausgezogen und in einer kleinen Sozialwohnung untergekommen. Sie hatte sehr wenig Geld zur Verfügung, weil ihr Mann sich aus dem Staub gemacht hatte, ohne was zu bezahlen. Annegret und ihre beiden Kinder kamen öfter zu Besuch, wir feierten Weihnachten und Silvester zusammen.

Irgendwann kam Kurt auf die Idee, wir könnten doch zu dritt miteinander ins Bett gehen, bestimmt hätte ich dann auch wieder mehr Lust. Er hatte wieder was getrunken. Ich flehte Annegret an, sie möge bleiben und das Spiel mitmachen, denn sonst müßte ich bestimmt wieder unter seinem Sadismus leiden, und ins Frauenhaus wollte ich auf keinen Fall zurück.

Annegret blieb. Die Kinder schliefen. Kurt schob einen Sessel ins

Schlafzimmer, auf den setzte er sich mit einem Sektglas in der Hand. Er versprach, mich nicht anzurühren, er wolle nur uns beiden Frauen zusehen. Wir legten uns wie brave Karnickel vor der Schlange hin, wußten nicht, was wir tun sollten. Wir zogen die Decke über unsere Körper, kuschelten uns wie Geschwister aneinander. Ich merkte, wie gut mir Annegrets Nähe tat, dachte erst, es sei vor allem das Gefühl, nicht diesem Tyrannen allein ausgesetzt zu sein. Dann aber erinnerte ich mich, daß mir dieses Gefühl bekannt vorkam. Im Zeltlager hatte ich als Jugendliche schon einmal mit einer Freundin herumgekuschelt, was mir damals sehr gut gefallen hatte. Es war ein ganz anderes, ein intensiveres Gefühl als mit Kurt, der im übrigen mein einziger Mann war.
Na, jedenfalls paßte es Kurt nicht, daß wir uns vor ihm versteckten. Er riß die Decke weg und gab uns Anweisungen, was wir zu machen hätten. So nebenbei schütteten wir den Alkohol nur so in uns rein, wir betäubten uns total, und ich kann mich, genausowenig wie Annegret, nicht daran erinnern, was wir gemacht haben. Auf jeden Fall wachten wir morgens zu dritt im Bett auf. Es war uns so peinlich, wir konnten uns nicht in die Augen sehen.
Solche Szenen gab es mehrmals, und wie ich später erfuhr, hatte Kurt Annegret dafür bezahlt. Ich ertrug das alles nur unter Alkohol, bis ich merkte, daß ich ein Suchtproblem hatte: Sucht nach der Droge Alkohol und nach Annegrets Körper, der mir viel Lust bereitete. Ich kann mich bis heute nicht an Kurt in dieser Konstellation erinnern. Ich weiß nicht, ob er mitmischte, aber wenn, dann nur mit Annegret; an Berührungen von ihm könnte ich mich sicherlich erinnern.
Als ich erfuhr, daß Annegret wegen der Bezahlung kam, war ich entsetzt. Mit Hilfe einer Sozialpädagogin aus dem Frauenhaus, zu der ich Kontakt aufgenommen hatte, konnte ich mich schließlich aus diesem Dilemma befreien.
Die Kinder und ich fuhren erst einmal in eine Mutter-Kind-Kur. Dort lernte ich Doris kennen, die einen kleinen Sohn aufgrund einer Vergewaltigung bekommen hatte und schon immer lesbisch lebte. Ihre Freundin hatte sie verlassen, als sie hörte, daß sie schwanger war, weil sie ihr nicht glaubte, daß sie sich bei der Vergewaltigung nicht hatte wehren können.
Irgendwie verliebten wir uns ineinander, das ging ganz schnell.

Doris lebte in einer recht großen Wohnung, die sie bei der Trennung von der Freundin behalten durfte. Gleich nach der Kur zogen die Kinder und ich dort ein.
Kurt begann zu toben. Er schlug zweimal die Wohnungstür ein, so daß er durch die Polizei abgeholt werden mußte.
Ich reichte den Scheidungsantrag ein. Meine Rechtsanwältin hatte viel Erfahrung, und sie fragte mich gleich, welcher Art die Beziehung zu Doris sei. Ich leugnete unsere Liebe, weil ich auch Angst vor mir selbst hatte. Es war aber auch die generelle Angst, so was auszusprechen. Vielleicht spielte auch die Erfahrung mit Annegret dabei eine Rolle. Irgendwie war ich mißtrauisch, ob Doris nicht auch aus Berechnung mich und die Kinder aufgenommen hatte.
Der Gerichtstermin kam, und ich ging allein hin, denn Doris blieb bei den Kindern. Als die Verhandlung mit den Vorwürfen durch den gegnerischen Anwalt begann, war ich froh, daß Doris nicht dabei war, denn nun legte Kurt los: Ich sei eine lesbische Hure, ich hätte es schon während der Ehe mit Frauen getrieben, er, der Arme, habe sich das eine Weile mit angesehen, weil er weder mich noch die Kinder verlieren wollte. Ich sei schon immer so pervers gewesen, denn ich hätte mich ihm, wenn es ging, stets verweigert.
Kurt hatte auch einen Detektiv auf uns gehetzt; der hatte herausgefunden, daß Doris mit einer »stadtbekannten Lesbe« zusammengewesen war. Diese Frau und die aus dem Frauenhaus, diesem Emanzenladen, der vor Männerhaß nur so stinke, seien daran schuld, daß ich nun ausgezogen sei.
Ich war platt. Ich bekam einen Kreislaufkollaps und wurde in ein Krankenhaus gebracht, wo mich mein treusorgender Ehemann ständig besuchte. Doris kam nur zweimal. Sie erzählte, daß sie ein Gespräch mit der Rechtsanwältin hatte, die recht sauer gewesen sei, daß ich ihr nichts von unserer Beziehung erzählt hätte.
Ich hatte furchtbare Angst, wollte eigentlich nicht aus dem Krankenhaus heraus. Die Rettung kam durch Holger, den Bruder von Doris, der im selben Haus eine Wohnung hatte und von Doris eingeweiht worden war. Ich mochte Holger gern, darum ging ich auf seinen Vorschlag ein: Ich und die Kinder zogen bei ihm ein, und wir spielten das Liebespaar. In Wirklichkeit war ich mit Do-

ris zusammen, wir zeigten uns jedoch nie gemeinsam in der Außenwelt, sie ging aber mit meinen Kindern oft auf den Spielplatz, zum Eisessen etc.
Beim nächsten Gerichtstermin, der erst einige Monate danach stattfand, war Kurt friedlicher. Er machte auch nicht ein einziges Mal Randale vor Holgers Tür. Als Argument für das vorübergehende Wohnen bei Doris gaben wir an, daß Holgers Wohnung erst renoviert werden mußte (was sogar zufällig stimmte).
Bis heute wage ich nicht, mit Doris zusammenzuziehen oder mich mit ihr irgendwo sehen zu lassen. Die Scheidung ist erst zwei Monate her. Zum Glück sind die Kinder noch zu klein, um befragt zu werden. Holger hat eine neue Freundin, die zwar eingeweiht ist, aber zunehmend Schwierigkeiten mit uns dort hat. Wir werden uns also eine neue Wohnung suchen müssen...«
Bei dieser Fallgeschichte sind mehrere Punkte auffallend.
- Frauenliebe als etwas, woran sich der Mann aufgeilte und was er später als Vorwurf vor Gericht benutzte;
- die Kombination von »Lesbe« und »Hure«;
- die Frauen aus dem Frauenhaus werden als »Emanzen« negativ abgestempelt, ohne daß darüber nachgedacht wird, warum die Frauen dort überhaupt Zuflucht suchen müssen;
- Frauen, die andere Frauen schützen, werden gleich als lesbisch eingestuft;
- die Verführungstheorie muß schnell als Erklärung dienen, eigenständige homoerotische Gefühle werden nicht als möglicher Grund anerkannt.

Und wenn es nicht auf Kurt zurückgefallen wäre, dann hätte er sicherlich auch noch das Argument vorgebracht, daß seine Frau nur wegen ihrer schlechten Männererfahrungen die lesbische Beziehung aufgenommen habe.
Auffallend ist aber vor allem eines: Kurt war nicht so aufgebracht, als er hörte, daß seine Frau mit einem anderen Mann zusammenlebte, während er außer sich vor Wut geriet, als Doris ihn in seiner Rolle als Lebenspartner abgelöst hatte.

Nun kann das Verhalten von Kurt nicht als repräsentativ angesehen werden, denn zum Glück kommt es nicht sehr häufig zu solch extremen Auseinandersetzungen. Aber es ist sicher als Tendenz

festzuhalten, daß Männer sich schwerer damit tun, mit Frauen in Konkurrenz zu treten als mit Männern. Dies kann daran liegen, daß Konkurrenzsituationen zwischen Mann und Frau immer noch selten sind. Männer haben mehr Übung darin, mit einem anderen Mann Hahnenkämpfe auszuführen. Vielleicht trifft es aber auch besonders ihre Männlichkeit, wenn eine Frau als Sexualpartnerin an die Seite ihrer Frauen tritt.
Ich sehe eine Parallele zu den Schwierigkeiten, die viele lesbische Frauen haben, wenn ihre Geliebten sexuelle Beziehungen zu Männern (wieder) aufnehmen. Die ganze Beziehungsart wird in Frage gestellt, es kommen Zweifel, »ob mann/frau nicht gut genug war«.
Für den Mann ist die sexuelle Komponente seiner Identität offenbar sehr wichtig. Er muß sich vor Augen führen, daß er vielleicht nicht nur »schlechter« als ein anderer Mann ist, sondern sogar noch schlechter als eine Frau. Welch eine Erniedrigung!

Ich will zu diesem Punkt wieder einige Frauen zu Wort kommen lassen:
»Ich habe meinem Mann nie Genaues erzählt, schon gar nicht das Wort ›lesbisch‹ oder ›Frauenliebe‹ genannt. Aber er hat die Kinder ausgefragt, was denn so zwischen uns läuft. Ja, und dann kam er wohl dahinter. Er stoppte sofort das Geld und schrieb mir einen Brief, ich solle mich doch von der Frau finanziell unterhalten lassen. Das sei mir doch sicherlich recht, denn von einem Mann Geld anzunehmen sei doch jetzt wohl unter meiner Würde«.
»Wir hatten beide große Angst vor meinem Mann. Er ist so sensibel, und die Nachbarn, die Kollegen und all die Leute sind ihm sehr wichtig. Um die Kinder hat er sich nie so richtig bemüht, die waren ihm egal. Er war immer mit seinen Depressionen beschäftigt. Deshalb war ich weniger um die Kinder besorgt als um ihn. Es war schon schwierig, ihm überhaupt etwas über meine Trennungswünsche zu sagen. Aber mit ärztlicher Hilfe und Paartherapeuten ging es. Irgendwann jedoch kam es zu einem längeren, ziemlich vertrauten Gespräch zwischen uns. Da hatte ich plötzlich das Gefühl, ich könne mich ihm anvertrauen. Ja, und das habe ich dann auch gemacht. Es folgte ein Drama:
Er schwieg, dann fing er an zu weinen, und ohne auf Wiedersehen

zu sagen, verschwand er. Ich hab die ganze Nacht nicht schlafen können.

Am nächsten Tag war er telefonisch nicht zu erreichen. Ich hatte aber auch keinen Schlüssel mehr zur Wohnung. Freunde oder Verwandte gab es nicht in der Stadt, alle hatten sich von ihm, dem Trauerkloß, abgegrenzt. Also rief ich bei seiner Arbeitsstelle an. Dort erfuhr ich, daß er einen freien Tag habe. Es wurde ein langer Tag, und die Nacht darauf wurde mir auch lang. Morgens früh fuhr ich zu seiner Wohnung, aber er machte nicht auf. Ich fuhr zur Klinik, in der er immer mal stationär behandelt wurde. Dort wußte man nichts. Was sollte ich machen? Zur Polizei gehen? Vielleicht hätten sie mich gefragt, um was für ein Thema es denn am Vorabend gegangen sei... Ich sah innerlich schon die Schlagzeilen auf der Bild-Zeitung: Mann durch lesbisches Biest in den Tod getrieben! Vielleicht war er aber nur irgendwohin gefahren, weil er doch einen freien Tag hatte.

Ich fuhr nach Hause, trank einen Kaffee, schrieb ihm einen Zettel, er möge sich doch bitte melden. Dann setzte ich mich vor das Telefon, beschwor es, es möge endlich klingeln, was es aber nicht tat.

Abends kam meine Freundin nach Hause, sie hatte den Briefkasten geleert, woran ich überhaupt nicht gedacht hatte. Da war ein Brief von ihm: Er könne es nicht ertragen, daß ich statt mit ihm mit einer Frau lebe.

Es war ein Horror. Wir wußten nicht, ob er sich etwas angetan oder nur gedroht hatte – indirekt war das ja eine Drohung. Ich rief seinen Arzt an, mochte aber nicht von dem Briefinhalt erzählen, nur daß ich mir Sorgen machte und daß wir eine der Auseinandersetzungen gehabt hätten, die mit meinen Lebensveränderungen zu tun hätten. Er empfahl mir, doch zur Polizei zu gehen. Als ich dort ankam, hatten sie schon die Meldung vorliegen, daß mein Mann eine Überdosis Schlaftabletten genommen hatte, die er mit Alkohol runtergespült hatte, und daß er in einem Wald gefunden worden war. Er war in einem Landeskrankenhaus in Schleswig-Holstein auf der Intensivstation, wo man ihn schließlich doch durchbekam.

Es folgten lange Gespräche mit den Ärzten dort und einer ganz netten Therapeutin, ich glaube, daß sie Psychologin oder Sozialpädagogin war. Jedenfalls bot sie mir an, auch mit mir in Kontakt

zu bleiben, bis ich eine Psychotherapeutin gefunden hätte, die mit mir meine Schuldgefühle bearbeiten könnte.
Zwischen meiner Partnerin und mir war es sehr schwierig in dieser Zeit, denn sie hatte Angst, mich zu verlieren. Zwischendurch war es auch beinahe so. Nicht, daß ich zu ihm zurückkehren wollte, aber ich übernahm seine Vorwürfe für mich selbst, ich kam mir so schlecht vor. Er sagte ganz oft, er könne zehn andere Männer besser verkraften als eine Frau. Das sei das Schlimmste, was ich ihm antun könnte.
Inzwischen sind ein paar Jahre vergangen, er ist stabilisiert und kommt uns manchmal sogar besuchen. Wenn ich meine Freundin nicht zur Seite gehabt hätte – und die Therapeutin –, dann wäre es nicht so gut ausgegangen.«
»Mein Mann hatte mitgekriegt, daß ich gleich nach der Scheidung aus unserer gemeinsamen Wohnung in die meiner Freundin gezogen war. Er wurde so wütend, so anders, als ich ihn je erlebt hatte. Er schmiß meine Sachen in die Kisten, beschimpfte mich dabei und meinte, ich solle mich nie wieder sehen lassen. Auch das Kind wolle er nie wieder sehen. Per Post bekam ich einen Dildo von ihm geschickt, mit ganz üblen Sprüchen, die ich gar nicht wiedergeben mag.
Seine Reaktion hatte eindeutig etwas damit zu tun, daß ich nun zu einer Frau zog, denn ich hatte mich schon einmal von ihm getrennt, um mit einem Mann zusammenzuleben – da war das Kind aber noch nicht da. Damals war er auch wütend, aber wurde nicht ausfallend. Er war sogar noch gesprächsbereit und verhielt sich so, daß es mir später sogar möglich war zurückzukehren. Jetzt war er in seiner Ehre gekränkt.«
»Mein Mann? Er hat mich für verrückt erklärt. Er konnte und wollte es nicht glauben. Immerzu gelacht hat er, als ich ihm von meiner Verliebtheit in eine Frau erzählte. Als er merkte, daß es ernster wurde, hat er Massen von Büchern über Homosexualität angeschleppt. In den meisten ging es um Männer. Dann hat er irgendwo gehört, daß die Weltgesundheitsorganisation Homosexualität als Krankheit einstufe, und ritt darauf herum. [1992 wurde diese irrige Annahme richtiggestellt und Homosexualität von der Liste der Krankheiten gestrichen; Anmerkung der Verfasserin.] Wir haben nächtelang debattiert – bis ich kapierte, daß er mich

durch die vielen Gespräche und Zitate nicht nur pathologisieren und auch zurückgewinnen wollte, sondern daß er mir die Abende zu stehlen versuchte, damit ich in dieser Zeit nicht mit meiner Freundin zusammensein konnte.

Insgesamt drei Jahre lang habe ich noch mit ihm zusammengelebt und nebenbei meine Freundin gehabt, bis sie die Nase voll hatte und eine Entscheidung von mir verlangte. Mein Mann hatte sich in der Zeit sehr verändert. Er kaufte sich neue Kleidung, Rasierwasser, ging alle vierzehn Tage zum Friseur, ging auf mich ein, versuchte sehr zärtlich zu sein, lud mich ins Theater ein, in Kunstausstellungen – und vor allem hatte er sich seinen Bart abrasiert. Er tat alles, um weniger männlich zu wirken, was grotesk war.

Nun haben wir uns endlich getrennt, die Freundin ist auch weg, aber ich bin sicher, daß ich mich bald wieder in eine andere Frau verlieben werde. Ich habe nämlich für mich entdeckt, daß ich eine lesbische Mutter bin – und das finde ich irgendwie ganz toll. Mein Mann verhält sich friedlich, aber was er wohl machen wird, wenn ich die Frau meines Lebens gefunden habe?«

»Der Vater meines Kindes ist Lehrer. Wir machten stets Jobsharing, so daß er viel mit der Kleinen zusammen gemacht hat. Er hat sie quasi in den ersten vier Lebensjahren aufgezogen.

Als ich mich von ihm trennte, gab es einen Kampf um das Kind, allerdings nicht vor Gericht, das wollte er nicht und ich auch nicht. Wir einigten uns irgendwann, daß sie in beiden Wohnungen ein Zimmer haben und er alle Ferien mit ihr verbringen solle – bis auf drei Wochen, die ich im Sommer mit ihr verreiste –, und außerdem wechselten wir uns am Wochenende ab. Diese Abmachung sollte so lange gelten, bis sie in die Schule käme, dann wollten wir mit ihr besprechen, welche Regelung sie zu dem Zeitpunkt am besten fände.

Es ging über ein Jahr lang gut. Jörg wußte, daß ich mich mit meiner langjährigen Freundin sehr gut verstand. Als er aber herausbekam, daß es sich um eine Liebesbeziehung handelte, da wurde er rasend. Er zog nun vor Gericht, ließ das Kind interviewen, bezahlte teures Geld für psychologische Gutachten und schaffte es doch tatsächlich, daß der Kontakt zwischen der Kleinen und mir ganz verboten wurde. Außer lesbisch war ich nun auch plötzlich Alkoholikerin geworden. Psychotisch sei ich wohl auch, so meinte er vor dem

Richter, der dies als bewiesen ansah, als ich zugab, daß ich jahrelang Psychotherapie gemacht hatte. Ich verzichtete auf Persönlichkeitsgutachten, erklärte lediglich, daß ich eine Lehranalyse gemacht hatte, um beruflich weiterzukommen. Ja, und dann war zum Schluß mein Berufsleben ausschlaggebend, denn ich hatte aus finanziellen Gründen einen ganztägigen Job angenommen, während Jörg auf seiner Zweidrittelstelle geblieben war. Ich wollte keinen kaukasischen Kreidekreis nachexerzieren und ließ die Kleine erst einmal bei ihm, aber ich klagte Besuchsrechte ein.
Der Richter vollführte einen Eiertanz um das Thema Homosexualität. Er sprach immer nur von meinem »Lebenswandel«, und ich beschrieb ihm brav meine berufliche Tätigkeit, meine Hausfrauenarbeit und meine Vorlieben für Film und Theater. Zweideutig fragte er, ob ich das alles mit einer bestimmten Freundin zusammen mache oder allein, ob denn auch Männer dabei seien oder vielleicht nur einer. Ich hatte die Nase voll und sagte ihm klar ins Gesicht, er wisse doch, daß ich eine Liebesbeziehung zu meiner langjährigen Freundin hätte, und das schon seit langer Zeit. Ich sei darum keine andere Frau geworden als zu den Zeiten, in denen ich das Kind mit erzogen hätte. Das Kind habe als psychisch o. k. gegolten. Woher er denn nun das Recht nehme, negative Entwicklungsprognosen zu erstellen, falls ich weiterhin mit dem Kind zusammen wäre. Ich machte deutlich, daß nicht das nun inzwischen fast fünfjährige Kind gekränkt sei, sondern der Vater. Dann sollte die Kleine wieder ausgefragt werden, was ich untersagte, weil ich denke, daß diese Verfahren viel mehr Verunsicherungen schaffen als alles andere.
Diese Rücksichtnahme auf das Kind schien den Richter zu beeindrucken. Und so erhielt ich Besuchsrechte. Inzwischen wurden diese ausgedehnt; mein Ex-Mann läßt seine Tochter mitentscheiden, wo sie sich aufhalten will, und er akzeptiert, daß sie vorwiegend bei mir ist, zumal der Schulweg so kürzer ist.«
»Mein Mann und ich waren über zwanzig Jahre lang verheiratet. Erst als mein Sohn einen Studienplatz fast dreihundert Kilometer entfernt bekommen hatte, wagte ich, meinen eigenen Weg zu gehen. Ich ließ mich scheiden, und irgendwann später zog ich mit meiner Freundin zusammen. Mein Mann, er hatte inzwischen die Sechzig überschritten, benahm sich komisch, als er davon erfuhr.

Er reiste zu unserem Sohn und redete ihm ein, er müsse den Kontakt zu mir unverzüglich abbrechen, damit ich wieder normal würde. Vorher hatte er sich überhaupt nicht um mich gekümmert, aber diese Neuigkeit mobilisierte alles in ihm. Zum Glück hörte mein Sohn nicht auf ihn, er kam zu einem ausführlichen Gespräch, zeigte zwar sein Befremden über meine Gefühle, doch zum Schluß bedankte er sich sogar, daß ich mit dieser Art Leben seinetwegen so lange gewartet hatte.«

»Ich habe wegen der Drohung, vor Gericht zu gehen, zurückgesteckt, bin bei Mann und Kindern geblieben, bis ich es wirklich nicht mehr aushalten konnte. Meine Geliebte konnte diesen Zustand nicht mehr länger akzeptieren, und so stand ich vor der Alternative: entweder unglücklich in dem alten Familienverband oder unglücklich in dem Loslösungskampf. Ich wagte letzteres, und ich bin sehr dankbar, daß ich so viel Unterstützung dabei hatte. Allerdings war die Gerichtsverhandlung peinlich für alle Beteiligten, und noch einmal würde ich das auch nicht durchstehen können. Wir haben alle, vor allem auch die Kinder, lange darunter gelitten. Ich mag gar nicht mehr davon erzählen...«

»Meine Schwiegermutter hatte ihrem Sohn geraten, seine Eifersucht wegzustecken. Sie wollte die Schande eines Gerichtsprozesses nicht ertragen; der ganze Ort wäre doch dahin gekommen und hätte sich daran ergötzt. Mein Mann reichte die Scheidung ein, das ging sehr schnell, weil ich natürlich zustimmte. Die Personensorgefrage wurde in einem gesonderten Verfahren abgehandelt, und da waren Zuschauer nicht zugelassen. Mein Mann legte Briefe vor, die ich von Frauen bekommen hatte, die mir auf eine Anzeige in der ›EMMA‹ geantwortet hatten. Das war sein einziges Beweismittel. Zum Glück hatte ich eine prima Anwältin, die den Richter von meiner Unschuld überzeugte.

Ich blieb mit den beiden Kindern drei Jahre lang allein wohnen, damit Gras über alles wachsen konnte. Jetzt hat mein Mann eine Neue, wir sind alle nicht mehr so interessant, und es ist überstanden.«

In diesen Beiträgen werden zwei Dinge besonders deutlich: Die Väter der Kinder bearbeiteten ihre Kränkungen bei der Diskussion um die Kinder. Außerdem konnten sie sich auf die Recht-

sprechung verlassen, die zumindest bei der Frage der Kindererziehung Homosexualität als verwerflich betrachtet.
Auch wenn in der Regel heutzutage bei Scheidungen keine schmutzige Wäsche mehr gewaschen wird, so wird oft die Schuldfrage durch die Hintertür wieder eingeführt, wenn es um die elterliche Sorge geht. Es werden Kinder geprügelt, mißhandelt und mißbraucht, und das mehr von Vätern als von Müttern, es werden zuwenig Kindergartenplätze bereitgestellt, die Schülerzahlen einer Klasse in unseren Schulen steigen und steigen. Ein kinderfreundliches Land sind wir nun wirklich nicht. Aber offenbar bemühen sich viele RichterInnen, die Sorgerechtsentscheidungen gründlich zu bedenken. Das ist auch gut so. Doch es gibt keinen Grund, die Homosexualität eines der Elternteile als ungleich gefährdender einzustufen als andere außerhalb der Norm liegende Verhaltensweisen von Menschen.
Mir ist ein Fall bekannt, in dem Kinder einer drogensüchtigen Mutter zugesprochen wurden, obwohl der schwule Vater eine geregeltere, verläßlichere häusliche Lebenssituation nachweisen konnte. Einige Frauen haben mir erzählt, wie sehr sie aufgrund ihrer homoerotischen Neigungen diskriminiert wurden. Ich habe nur zwei Frauen getroffen, die bereit waren, ausführlich über ihre Erlebnisse mit Richtern, Psychiatern und anderen Gutachtern zu sprechen. Alle anderen machten nur kurze Bemerkungen. Sie schienen regelrechte Traumata erfahren zu haben. Insbesondere die Reaktionen auf sie als lesbische Mütter haben sie krank gemacht, und nicht selten haben sie somit die von den Richtern gestellten Prognosen erfüllt.

Die Geschichte von Gesa macht diese mögliche Folge der Scheidungsverhandlung deutlich:
Gesas Mann, ein Pastor, teilte das Haus auf, nachdem er von der lesbischen Beziehung seiner Frau gehört hatte. In dem einen Teil wohnte er mit den Kindern; sie bekam lediglich ein Zimmer zugebilligt. Es wurde nicht mehr zusammen gegessen, selbst die Wäsche durfte nicht mehr in derselben Waschmaschine gewaschen werden. Sie bekam das gleiche Taschengeld zugeteilt wie der achtzehnjährige Sohn, nur mit dem Unterschied, daß sie sich davon auch noch einkleiden und mit Kosmetika etc. versorgen mußte.

Gesa wagte sich nicht mehr aus dem Haus. Pastorenfrauen stehen im Blickpunkt der Gemeinde, sie sind kostenlose Arbeitskräfte, und von ihnen wird Aufopferung verlangt. Natürlich muß die Ehe des Pastors wunderbar und vorbildlich funktionieren. Und so wird oft nach außen hin etwas vorgespielt, was drinnen genauso unzulänglich ist wie in vielen anderen Haushalten auch.
Gesa fürchtete Besucher, sie hatte regelrechte Ängste vor Menschen entwickelt. Sie war völlig verzweifelt, denn sie hatte ihres Mannes wegen ihr Studium abgebrochen und die vier Kinder aufgezogen. Nun war sie vollkommen abhängig: sozial, finanziell und auch emotional von den Kindern, die nicht wagten, mit ihrer Mutter zu sprechen. Von der Außenwelt war sie abgeschnitten, denn das Telefon stand im Amtszimmer, das stets abgeschlossen war. Gesa ging nicht mehr einkaufen, sie »stahl« nachts aus der Speisekammer etwas von den Kindern und deren Vater.
Irgendwann brach sie aus dieser Isolation aus. Sie vertraute sich der Gemeindehelferin an, von der sie ahnte, daß sie auch lesbisch war, die es aber nicht zugab – wie Gesa meinte, aus Angst, daß Gesa sich verplappern könnte, was zum Berufsverbot hätte führen können. Aber diese Frau hörte ihr wenigstens zu und empfahl ihr, noch einmal mit ihrem Mann zu sprechen. Sie solle sich nicht wie eine graue Kirchenmaus verstecken und sich dem Mann nicht ganz in die Hände geben. Sie solle ihre Rechte einklagen – nicht gerichtlich, sondern im Gespräch. Dabei solle sie deutlich machen, daß sie diese »Verirrung« bereue und daß sie verspreche, in gewohnte Bahnen zurückzukehren.
Gesa tat wie geraten. Sie durfte wieder ihren Haushalt führen und Mann, Kinder und Gemeinde versorgen. Sie merkte, daß die Kinder nicht den eigentlichen Grund erfahren hatten, sondern daß der Vater den vieren erzählt hatte, ihre Mutter sei psychisch krank, man müsse sich einerseits vor ihr schützen und andererseits sie in Ruhe lassen, damit sie wieder gesund würde, was offenbar nun passiert sei.
Die Kinder, insbesondere die beiden jüngeren, waren völlig durcheinander, sie wußten nicht, wie sie Gesa begegnen sollten, und auch Gesa war verunsichert. Lachte sie, dann bemerkte sie erschreckte Blicke, guckte sie traurig, dann zogen sich alle sofort zurück.

Nach einigen Monaten erkundigte sich Gesa nach Arbeitsmöglichkeiten. So nach und nach wollte sie sich ihre Autonomie aufbauen. Ihr Mann untersagte ihr zu arbeiten. Er wollte nicht, daß in der Gemeinde ihre »Anwandlungen« bekannt würden, zumal der nächste Schritt mit Sicherheit ihr Auszug sei, was nur in einer Scheidung enden könne, die seine Versetzung bedeuten würde. Das aber sei nicht nur Schmach und Schande für ihn und sie, sondern insbesondere für die Kinder. Und schließlich brauche sie ihn doch, denn ohne ihn könne sie gar kein selbständiges Leben führen. Sie sei psychisch zu instabil. Anders sei diese kindliche Schwärmerei für Frauen nicht zu erklären.
Gesa hielt es weitere Monate aus. Dann, auf einer Tagung, lernte sie Heike kennen, eine selbstbewußte lesbische Frau, die auch im Rahmen der Kirche tätig war. Sie mochten sich gern, aber Gesa ließ nicht einmal die geringste Berührung zu, geschweige denn solche sexueller Art. Aber sie blieben in Kontakt, und Gesa wagte endlich, auszuziehen und einen Ausbildungsplatz anzunehmen. Sie ging zu einer Rechtsanwältin, die den Unterhalt einklagte. So kam es natürlich zu einer Scheidung. Die beiden jüngeren Kinder waren noch nicht volljährig, ihre Personensorge wurde auch behandelt.
Gesas Mann hatte einen erfahrenen Rechtsanwalt, der dafür sorgte, daß die Verhandlung nicht öffentlich stattfand, der vor allem aber ein Stammtischfreund des Richters war. Es wurde ausgemacht, daß nicht über Homosexualität gesprochen würde, sondern über eine psychische Krankheit debattiert werden sollte, wogegen Gesa sich wehrte.
Sie mußte verschiedene Untersuchungen vornehmen lassen. Das Schlimmste aber folgte, als ihr Mann sich anbot, sie nach Hause zu fahren, worüber sie sich wunderte. Sie stieg in sein Auto und wurde statt in ihre Wohnung in die Psychiatrie gebracht. Gesa versuchte sich zu wehren, und das machte sie lauthals, verzweifelt. Natürlich wirkte sie nun so, als sei sie, wie er unterstellte, ihrer Sinne nicht mächtig. Er behauptete, sie gebärde sich ständig so. Man behielt sie da, beruhigte sie mit Psychopharmaka.
Die neue Freundin brauchte lange, bis sie herausfand, wo sich Gesa aufhielt, und kämpfte dann gemeinsam mit ihr um ihre Freiheit. Zum Glück trafen die beiden dort auf eine sehr einfühlsame,

gute Ärztin, die zuhörte und Gesa von den Medikamenten befreite, so daß sie wieder konzentriert reden konnte. Diese Ärztin schrieb ein Gutachten für das Gericht. Gesas Anwältin versuchte, den Richter für befangen zu erklären, und drehte nun den Spieß um. Sie behauptete anhand dieser Psychiatriegeschichte und der anderen Vorkommnisse, daß eher der Mann psychisch krank sei; zumindest sei er sehr auffällig, nicht aber seine Frau.
Gesa mußte sich demütigende Fragen gefallen lassen, sie fühlte sich völlig überfordert, denn sie hatte bis dahin nur homoerotische Gefühle gehabt, sie aber noch nie ausgelebt. Sie wußte gar nicht, wie sie sich äußern, sich verständlich machen sollte. Es fanden verschiedene Gerichtssitzungen statt, denn ihr Mann weigerte sich, Unterhaltszahlungen zu leisten. Außerdem wurden die Kinder verhört. Es kam zu einem Drama, denn im Gerichtsraum hörten die vier zum erstenmal das Wort lesbisch im Zusammenhang mit ihrer Mutter.
Auf die Frage, bei wem die beiden Vierzehn- und Sechzehnjährigen leben wollten, reagierten sie spontan abweisend der Mutter gegenüber. Die Sitzung wurde vertagt, Psychologen und Juristen sprachen mit ihnen. Man einigte sich auf eine Internatsunterbringung.
Bei der Urteilsverkündung tat der Mann lauthals und sehr überzeugt kund, daß alle noch verstehen würden, was er versucht habe, deutlich zu machen: Seine Frau sei eine Psychopathin, und sie sei nicht zu Unrecht und nicht das letzte Mal in der Psychiatrie gewesen.
Und er hatte recht: Gesa konnte diese schwere Zeit nicht verkraften. Sie litt vor allem unter furchtbaren Schuldgefühlen gegenüber ihren Kindern, die nichts von sich hören ließen. Auch die beiden Großen, die studierten, schwiegen. Sie versuchte sich das Leben zu nehmen und landete deshalb auf der geschlossenen Station in der Psychiatrie.
Mit Hilfe der Ärztin, der Freundin und eines Pflegers, der sie auch nach der Entlassung aus dem Krankenhaus weiter begleitete, konnte Gesa endlich ihre Ausbildung absolvieren. Das Arbeitsamt finanzierte ihren Lebensunterhalt, weil das Gehalt des Mannes für all diese Ausgaben und den Unterhalt der vier Kinder kaum reichte.

Die beiden jüngeren Kinder machten ihr Abitur. Zu der Feier luden sie ihre Mutter ein und nicht ihren Vater. Inzwischen leben Gesa, die jüngste Tochter und die Freundin, die in den ganzen Jahren zu ihr gehalten hatte, zusammen in einem Haus. Das Mädchen studiert Sozialpädagogik und will später im Frauenhaus arbeiten.

Über die psychische Belastung durch die Trennung berichtet auch eine andere Frau:
»Ich lernte meine Freundin Beate im Schwangerschaftskursus kennen. Wir waren in der gleichen Situation: Wir waren schwanger, mußten unsere Berufe der Männer wegen aufgeben. Beide Herren der Schöpfung wollten, daß wir uns nur auf Haushalt und Kind einstellten. Ja, und Vorzeigeobjekte sollten wir natürlich sein, wenn z. B. Geschäftsbesuch kam. Wir wurden fast gleichzeitig im selben Krankenhaus von unseren beiden Töchtern entbunden und trafen uns dann ganz oft.
Mein Mann wurde sehr schnell eifersüchtig, weil er merkte, daß ich das Wesentliche mit meiner Freundin besprach. Ich konnte ihm nicht verständlich machen, daß wir in derselben Lebenssituation waren und dadurch vieles gar nicht erklärt werden mußte, weil es einfach klar war. Er war außerdem so oberflächlich, was meine Belange anging. Meiner Freundin ging es fast genauso, nur daß ihr Mann nicht einmal eifersüchtig auf mich war, es schien ihm egal zu sein. Hauptsache, er hatte abends sein Essen auf dem Tisch und ein Foto mit strahlender Ehefrau und Baby auf dem Schreibtisch im Büro. Als Exportkaufmann war er viel unterwegs, und irgendwann war ihm seine Karriere so wichtig, daß er einer Versetzung ins Ausland zustimmte, ohne es mit seiner Frau abgesprochen zu haben. Sie wehrte sich mitzugehen; das hat mich aufgerüttelt. Ich fand es imponierend, wie sie sich für ihr Kind und für sich selbst stark machte.
Gleichzeitig lief zwischen meinem Mann und mir nichts mehr. Ich hatte mit dem Frauenarzt darüber gesprochen, auch mit anderen Frauen, und ich bekam immer wieder die Antwort, daß Frauen oft in den ersten Monaten nach der Entbindung keine sexuellen Bedürfnisse hätten, das käme dann schon wieder. Komischerweise fand ich es aber schön, wenn Beate mir beim Sonnenbaden auf der

Terrasse den Rücken eincremte oder sie mir meinen Reißverschluß am Kleid zuzog. Ich erschrak darüber, sagte aber kein Wort. Natürlich hatte sie meine Gänsehaut bemerkt, sie lachte mich aus und machte ihre Scherze. Es war für mich sehr anstrengend, denn meine Gefühle wurden immer intensiver.

Beates Mann zog dann weg, er wollte aber nicht für zwei Wohnungen aufkommen, denn seine Firma bezahlte nur einen kleinen Anteil für Familientrennung. Also sagte ich meinem Mann, daß ich wieder arbeiten wolle, Beate könne Tagesmutter für beide Kinder spielen, wofür ich sie von meinem verdienten Geld bezahlen wolle. Aber da war ich an den Falschen geraten. Er flippte aus, gab Beate die Schuld an allem, behauptete, sie setze mir einen Floh nach dem anderen ins Ohr.

Das war dann der Anlaß für mich, mich von ihm zu trennen und mit der Kleinen zu Beate zu ziehen. Die beiden Männer nahmen Kontakt zueinander auf und beschlossen, uns das Leben zur Hölle zu machen. Einer ihrer Tricks war, zu veranlassen, daß der Vermieter von Beates Wohnung mir das Wohnrecht versagte. Der Vertrag lief auf die Namen von Beate und ihrem Mann, ihr Mann aber lehnte es ab auszusteigen. Entweder mußten also beide kündigen oder beide drinbleiben.

Ich zog vorübergehend zu meinen Eltern, von da aus suchten wir eine andere Wohnung für uns beide und die Kinder. Ich verdiente nicht sehr viel, Beate gar nichts, sie bekam aber Unterhalt. Wir fanden eine Dreizimmerwohnung von sechsundfünfzig Quadratmetern, die die Hälfte meines Gehaltes kostete, aber immerhin unser Zusammenleben erlaubte.

Die Scheidungen liefen. Bei Beate war es unkompliziert und geschah im beiderseitigen Einverständnis. Bei uns war es komplizierter. Frauenbeziehung, Komplott gegen den Mann, Ausbeutung und ähnliche Worte fielen vor dem Rechtsanwalt. Meine Anwältin machte dem Anwalt meines Mannes klar, daß mein Mann Gerüchte in die Welt setze, die keinem guttäten. Er solle mich in Frieden gehen lassen, ohne großes Gerichtstheater. Sein Anwalt befürwortete es, aber mein Mann war verbissen. Er wechselte den Anwalt und fand einen, der ihn völlig in seiner Argumentation unterstützte. Also kam alles vor Gericht. Ich wurde nach meiner Beziehung zu Beate ausgefragt, und ich antwortete wahrheitsge-

treu – es war ja auch noch nichts gelaufen außer in meiner Phantasie, und da auch nur unter Zensur, weil ich selbst nicht wahrhaben wollte, was ich für sie empfand.
Das Gericht entschied auf Zerrüttung der Ehe, denn die ganze Geschichte hatte sich inzwischen über zwei Jahre hingezogen. Wir wurden geschieden, das Kind blieb bei mir.
Als ich von dem Termin nach Hause kam, war ich völlig fertig, die Spannung der vielen Monate wirkte sich aus, und ich heulte wie ein Schloßhund. Beate war sehr lieb zu mir, und zum ersten Mal schliefen wir tatsächlich miteinander, es hatte sich nicht nur aus der intensiven Nähe ergeben, sondern es war auch ein bewußter Akt. Wir sahen uns an und sagten beide: Nun gut, tun wir, was man uns unterstellt!
Beate bekommt für sich und für das Kind Unterhalt, jedenfalls so lange, bis ihr Kind zwölf Jahre alt ist, weil ihr Mann möchte, daß sie so lange für es da ist. Ich bekomme Unterhalt für meine Tochter, wobei ich sicher bin, daß mein Mann nicht sein wahres Gehalt angegeben hat, also zuwenig zahlt. Das ist mir aber egal. Die Hauptsache ist, daß wir endlich in geregelten Verhältnissen leben.«

Die Tatsache, daß intime Themen in der Öffentlichkeit verhandelt werden, und Gerichte sind eine Form von Öffentlichkeit, ist grundsätzlich schwer erträglich. Geht es dabei aber auch noch um normativ abweichendes Verhalten, das zur Debatte steht, müssen zwei verschiedene Gratwanderungen geleistet werden: Einerseits kämpft das Gefühl gegen die Diskriminierung und die damit zusammenhängende Kriminalisierung, andererseits schlägt das eigene Gewissen auf Hochtouren, denn das, was die Richter, Anwälte, Ehemänner etc. an normativem Denken mitbringen, steckt auch in uns Frauen. Die ganzen Befürchtungen und Vorbehalte sind uns vertraut, wir mußten sie ja selbst einmal überwinden.
Hinzu kommt die Tatsache, daß andere über uns richten, was sehr unangenehm ist, zumal es sich nach wie vor vorwiegend um männliche Richter handelt, denen es sicherlich noch schwerer fällt, sich von den Vorurteilen gegenüber lesbischen Frauen zu trennen, als Frauen.
Dieses Thema ist ein grundsätzliches, das auch immer wieder von

Frauen diskutiert wird, die vergewaltigt oder sexuell mißbraucht wurden. Untersuchungen haben ergeben, daß Männer in der Regel normativer denken und rigider entscheiden und Frauen flexibler und einfühlsamer sind, insbesondere wenn es um die Frage der Lebensform geht. Es ist allerdings fraglich, ob dies auch zutrifft, wenn es um die Mutterrolle geht, denn diese haben auch Richterinnen internalisiert.

Geht es um Mordprozesse, in denen Lesben als Täterinnen angeklagt sind, ist die Voreingenommenheit bei allen Richtern sicherlich groß. Die Presse tut das ihre dazu. Schlagzeilen in den Boulevardblättern betonen immer, daß es sich um Lesben handelt, auch wenn die Brutalität der Tat sich in nichts von der einer Heterofrau unterscheidet.

Diese Prozesse und die entsprechenden Darstellungen in der Öffentlichkeit prägen natürlich das Bild von lesbischen Frauen. Wenn diese auch noch Mütter sind, dann kann eigentlich keine individuelle oder tolerante, geschweige denn »normale« Sichtweise erwartet werden.

Im Vordergrund bei diesen Gerichtsentscheidungen steht das Wohl des Kindes. Niemand kann aber genau definieren, was das Wohl eines Kindes ist, wenn auch nur im entferntesten die individuelle Situation mit einbezogen werden soll. Dennoch wird so getan, als gäbe es eine eindeutige Definition, und diese ist vom Idealtypus abgeleitet: die harmonische Ehe, finanziell und sozial gut situiert, demokratischer Erziehungsstil, kindgerechter Lebenswandel und wohl bedachte Zukunftspläne... Dieses Idealbild ist aber veraltet, die gesellschaftliche Entwicklung weicht davon ab bzw. entsprach noch nie diesem Ideal: Längst nicht alle Familien sind oder waren finanziell abgesichert, früher wie heute herrscht mehr Disharmonie als Harmonie in Ehen, zumindest phasenweise. Kinder werden nicht immer im Lebenswandel von Vater und Mutter berücksichtigt, und viele Kinder müssen erleben, daß sie als Belastung empfunden werden, insbesondere wenn es um Lebens- und Zukunftsplanungen geht.

Nun will ich den RichterInnen keinesfalls unterstellen, daß sie nicht wirklich um das Wohl der Kinder bemüht sind, sondern ich will auf die gängige Doppelmoral hinweisen.

Dies wird im folgenden Beispiel besonders deutlich:
»Mein Mann und ich hatten uns längst auseinandergelebt. Er war viele Jahre unserer Ehe zur See gefahren. Als das zweite Kind geboren wurde, blieb er zu Hause. Aber er kam nicht zurecht in dieser Welt. Er trank immer mehr und wurde sehr ausfallend, wenn er betrunken war. Ich reichte die Scheidung ein. Ich konnte ihn nicht mehr ertragen, gerade auch der Kinder wegen. Es zog sich hin, erst einmal mußten wir eine Weile getrennt leben, damit das Zerrüttungsprinzip nachzuweisen war. Ich zog zu meiner Schwester, von der bekannt war, daß sie lesbisch lebte. Auch ich hatte vor der Ehe Frauenbeziehungen, und ich wäre sicherlich auch weitere eingegangen, wenn ich neben der Ehe dazu in der Lage gewesen wäre. Als ich aber meine Schwester mit ihrer langjährigen Freundin erlebte, erwachten meine alten Gefühle. Na, und irgendwann hat es dann zwischen Rosi und mir gefunkt.
Ziemlich bald darauf war Gerichtstermin. Mein Mann begann um die Kinder zu kämpfen. Ich dachte, ich hörte nicht recht. Er führte uns als perverse Weiber vor, bei denen die Kinder auf keinen Fall aufwachsen dürften. Also fühlte ich mich gezwungen, ihn als Alkoholiker abzustempeln. Das wollte ich eigentlich gar nicht, ich wollte alles ganz schnell und im gegenseitigen Einvernehmen abwickeln. Nun gab es Gutachten, Fragen... Meine Kinder waren dreizehn und fünfzehn, sie wurden von Psychologen befragt, und auch der Richter hat mit ihnen gesprochen. Beide gaben an, daß sie bei mir wohnen bleiben wollten, daß ihnen der Alki-Vater auf den Keks gehe, ja, daß sie sogar Angst vor ihm hätten.
Er brachte ein Gutachten ein, daß er trocken sei, schon seit Monaten keinen Tropfen mehr trinke, er habe sich freiwillig einer Entziehungskur unterzogen, und überhaupt sei er der stabile selbstbeherrschte, sich um die Kinder sorgende Elternteil. Ich wurde immer mehr zur perversen Lesbe gemacht, obwohl von meiner Liebschaft gar nicht die Rede war. Es genügte das Zusammensein mit meiner lesbischen Schwester. Daß sie eine riesengroße Wohnung hatte, in der die Kinder und ich mehr Platz hatten als in unserer vorherigen Wohnung, spielte auch keine Rolle. Die Kinder wurden ihm zugesprochen. Sie haben sich gewehrt, aber es half nichts, sie wurden sogar von der Polizei abgeholt. Es war alles schrecklich, und als die Jüngere dann in der Schule Probleme hatte

und von der Schulpsychologin behandelt wurde, war die Schuldfrage natürlich schnell geklärt. Für mich gab es auch keine Hilfe. Wo willst du denn hingehen in so einer Situation? In großen Städten gibt es verschiedene Rechtsanwälte und Frauenberatungsstätten, aber hier in unserem Nest...
Wir haben es ausgestanden, nun sind die beiden volljährig und machen sowieso, was sie wollen, aber irgendwie haben wir alle einen Knacks...«
Nun ist in dieser Familie viel Gravierendes auch in den Jahren zuvor passiert, und man kann sicherlich nicht einfach behaupten, daß gerade dieser Gerichtsprozeß, das Urteil und der polizeiliche Einsatz Hauptursache für die Schulprobleme oder den »Knacks« seien, aber daß diese Verfahren eine einschneidende Rolle gespielt haben, ist nicht zu leugnen. Was die Kinder zu alldem sagen, darum wird es in einem späteren Kapitel gehen.

Die öffentlichen Auseinandersetzungen, einhergehend mit der Diskriminierung, dem möglichen Verlust der Kinder (juristisch oder emotional), sind für jede Paarbeziehung äußerst große Belastungen. Und selbst, wenn formal alles erledigt ist, bleibt etwas übrig, das die Familie und die einzelnen Beziehungskonstellationen darin beeinflußt. Besonders dramatisch ist aber, daß die möglichen negativen Konsequenzen dieses Scheidungsverfahrens nicht darauf zurückgeführt werden, sondern den Frauen angelastet werden, als Beweis des Vorurteils, daß deren Lebensform nicht gut sein kann und solche Auswirkungen hat.
Ich kann nur allen Frauen raten, die eine Gerichtsdebatte über ihr Lesbischsein zu erwarten haben, sich vorzeitig darauf einzustellen und für sich zu entscheiden, ob sie den Weg des geringsten Widerstandes gehen wollen, indem sie sich bis zum Urteil bedeckt und zurückhaltend verhalten, oder ob sie den »geraden«, konfrontativen Weg wählen. Dann allerdings sollten sie sich in Frauenberatungsstätten die Namen entsprechender Rechtsanwältinnen geben lassen. Und wenn sie in einem kleinen Ort wohnen, dann sollten sie den Weg in die nächste größere Stadt nicht scheuen. Sie können sich so viel Ärger, Frust und böse Folgen ersparen.
Es ist zu wünschen, daß sich alle Beratungsstellen mehr mit diesem Thema befaßten, so daß das Gespräch fundiert geführt werden

kann. Vielleicht können sich auch Selbsthilfegruppen bilden, in denen sich die betroffenen Frauen gegenseitig unterstützen. Dabei sollten nicht nur die Mütter und die Kinder im Mittelpunkt stehen, sondern auch die Mitmütter, die oft sehr hilflos dem Ganzen ausgesetzt sind. Die Mitmütter sind in den Lösungsprozeß vom Vater der Kinder involviert. Sie stehen bei den (ehemaligen) Männern ihrer Geliebten nicht gerade im besten Licht, was sie natürlich auch kränken kann. Gleichzeitig wird von ihnen verlangt, daß sie stark sind und ihre Freundin unterstützend begleiten, daß sie den Kindern liebevoll und verständnisvoll begegnen.

Amerikanische Studien haben ergeben, daß aus all diesen Gründen die meisten Mütter während der Trennungsphase und bis zur Scheidung ihre lesbischen Beziehungen verleugnen und vor allem nicht mit ihren Geliebten zusammenleben. Und das ausgerechnet zu einer Zeit, in der sie ihre Nähe wahrscheinlich besonders bräuchten (wenn sie nicht in Krisenzeiten das Alleinsein vorziehen, um sich zu sammeln). Die meisten Frauen würden gerade in dieser Streßzeit durch die Nähe der geliebten Person gestärkt werden. Außerdem ist es eine zusätzliche Belastung, wenn die Partnerin verleugnet werden muß.

Väter spielen jedoch nicht nur eine Rolle, wenn es um die Trennung geht, sondern sie bleiben auch danach ein Elternteil und nehmen Einfluß auf die Kinder. Dabei ist die Art und Weise der Trennung von großer Bedeutung für die weiteren Kontakte. Die betroffenen Frauen, die Mitmütter und auch die Kinder, alle sind von diesen Erfahrungen der Trennungszeit geprägt.

»Ich konnte dem Vater der Kinder nicht vergessen, daß er sich in der Trennungsphase so widerlich verhalten hat. Er kann nun noch so nett sein, es schleicht sich immer ein mieses Gefühl ein, wenn die Sprache auf ihn kommt, wenn er anruft oder wenn die beiden vom Vaterwochenende wiederkommen. Ich weiß, daß ich da ungerecht bin, und ich weiß auch, daß die Kinder das merken und in eine Zwickmühle geraten, aber es ist so«, berichtet eine Mitmutter Jahre nach der Scheidung ihrer Freundin.

Evi, deren Tochter Nele vier Jahre alt war bei der elterlichen Trennung, erzählte mir:

»Eigentlich hat Nele nie ein richtiges, normales Elternhaus gehabt.

Ich mochte ihren Vater, aber Liebe konnte ich immer nur zu Frauen empfinden. Das konnte ich ihm jedoch nie klarmachen. Darum das Versteckspiel. Bis ich irgendwann kapierte, was ich da mit meinem Leben machte.
Ich hatte damals eine sehr liebe Freundin, wir trafen uns, sooft es ging. Je größer Nele wurde, desto schwieriger wurde es, denn ich konnte sie nun nicht einfach mehr mitnehmen und sie auf dem Balkon oder im Wohnzimmer schlafen lassen.
Ich leitete die Trennung ein. Wir beschlossen, uns eine Weile nicht mehr zu sehen, bis der ganze Klamauk vorbei war. Ich suchte mir aber eine Wohnung ganz in der Nähe der Freundin. Es war eine furchtbare Stimmung zu Hause. Nele weinte viel, wurde krank, so daß sie nicht in den Kindergarten konnte. Meine Kinderfehltage an meiner Arbeitsstelle waren längst überschritten, Urlaubstage mußten her – und das, obwohl ich vorhatte, die Arbeitszeit zu verlängern. Ihren Herrn Papa mochte ich nicht bitten, mal zu Hause zu bleiben. Dann hätte er das Gefühl bekommen, ausgebeutet zu werden oder unentbehrlich zu sein.
Nele hatte über vierzig Fieber, als wir auszogen. Beim Umzug schleppte ich mich ab. Er half nicht, und meine Freundin konnte nicht helfen, weil es sie ja gar nicht gab. Für andere hatte ich nicht den Nerv. Es war auch nicht so viel, was wir mitnahmen. Aber es genügte. Mit dem gemieteten Kleintransporter stand ich dann vor der neuen Wohnung, das kranke Kind neben mir. Ich konnte nur noch heulen. Das ging dann weiter, als wir oben waren. Das Kind lag mit Wadenwickeln auf der Matratze, ich konnte die Tränen nicht stoppen. Blöderweise hatte ich noch kein Telefon legen lassen, sonst hätte ich mal anrufen können. Gegenüber war eine Telefonzelle, aber ich wagte nicht, das Kind auch nur eine Sekunde allein zu lassen.
Nele jammerte in den Tagen danach ständig nach ihrem Papa. Im Kindergarten wurde ich wie eine Rabenmutter angeguckt, denn sie trafen auf ein völlig verstörtes Kind, das auch noch nicht so ganz genesen war.
Ich blieb über zwei Wochen zu Hause, holte Nele früh aus dem Kindergarten, machte ganz viel mit ihr, damit sie sich gut einleben konnte.
Als ich meine Freundin dann endlich traf, war ich ein Nervenbün-

del, was sie natürlich nicht gerade attraktiv fand. Sie fühlte sich von allem ausgeschlossen, und ich konnte ihr nicht klarmachen, daß ich all das auch getan hatte, damit wir in Ruhe zusammensein konnten.
Als alles so halbwegs verdaut war und ich auch andere Freunde in unserer neuen Wohnung empfing, so daß es nicht auffiel, daß sie die einzig wichtige Person für mich war, hatte sie keine Lust mehr. Sie fühlte sich ausgestoßen und konnte es auch überhaupt nicht ertragen, wenn ich, müde und kaputt, mich mal bei ihr ausweinen wollte, dann nahm sie ihre Jacke und haute ab.
Ich saß dann allein da, hatte ein schlechtes Gewissen allen beteiligten Menschen gegenüber. Es dauerte bestimmt ein Jahr, ehe ich Neles Vater zu Besuch in der Wohnung ertragen konnte. Allen Frust projizierte ich auf ihn. Über den Verlust meiner Freundin bin ich auch noch nicht ganz hinweg. Ich merke, daß ich mich nicht neu binden mag, denn das Versteckspiel müßte weitergehen. Ich war vor dem ganzen Theater viel freier. Jetzt steckt mir das alles noch in den Knochen, dabei ist es schon über zwei Jahre her. Ich habe mich jetzt in eine andere Frau verliebt, und die muß nun das Versteckspiel mitmachen.«
Diese Freundin ergänzte:
»Evi ist sehr ängstlich. Ich bin auch kein Draufgänger, was das öffentliche Zeigen von Frauenliebe angeht. Aber irgendwie ist der Vater von Nele immer im Spiel oder die frühere Freundin oder die Angst, ich könnte sie verlassen, wenn sie mal nicht gut drauf ist. Evi tut so, als müsse sie in allem hundertprozentig sein, sie will allem gerecht werden. Dadurch ist sie eigentlich immer angestrengt, so in Spannung.«

Die Kontakte zu den Vätern sind in den einzelnen Fällen sehr unterschiedlich. Einige Frauen berichteten, daß irgendwann Ruhe in diese Beziehung eingekehrt sei. Die Männer, die von den lesbischen Beziehungen ihrer ehemaligen Frauen wußten und nun andere Partnerinnen hatten, lockerten in der Regel den Kontakt zu ihnen und auch zu den Kindern. Waren die Männer jedoch mehr auf ihre Familie konzentriert und konnten sich nach der Trennung keinen neuen Umkreis schaffen – bis hin zu einer neuen Bindung –, dauerte der Prozeß länger.

Auffallend viele Frauen haben jedoch den Kontakt soweit wie möglich reduziert oder ganz abgebrochen, Verbindung besteht nur zwischen den Kindern und ihren Vätern; die Eltern aber haben sich »nichts mehr zu sagen«. Auf meine Frage, warum das so sei, antworteten die betroffenen Frauen unterschiedlich:

»Ich habe ihm gegenüber ständig ein schlechtes Gewissen, also will ich mit ihm nicht konfrontiert werden.«

»Es ist alles so angespannt, ich fühle mich nicht wohl, wenn er da ist oder wenn ich bei ihm bin. Es steht so viel dazwischen. Ich kann doch nicht auf Verständnis hoffen. Außerdem lebe ich jetzt in einer anderen Welt, eben nicht mehr normal oder wie man es bezeichnen soll. Er aber lebt in der alten Welt, jedenfalls so in etwa.«

»Ich sehe ständig den Vorwurf in seinen Augen, und manchmal habe ich das Gefühl, daß er immer noch hofft, mich zurückgewinnen zu können. Also so wenig Anlaß zur Hoffnung geben wie möglich, das ist meine Devise.«

»Es war alles so schmerzhaft, und ich bin noch nicht soweit, ihm vergeben zu können. Er hat mich vor allen runtergemacht – vor seinen Eltern, vor meinen, vor den Freunden und, und das finde ich am schlimmsten, vor den Kindern. Er würde lachen, wenn er das hörte, denn er würde sagen: Wer hat eigentlich wem was angetan? Wer ist denn vom Normaltrip abgesprungen, und wer ist denn mit dem Kind abgehauen? So unterschiedlich sind die Sichtweisen. Also Abstand! In meine Wohnung laß ich ihn nicht, und in seine gehe ich sowieso nicht. Und wenn die Kinder etwas erzählen, versuche ich, es nicht so nah an mich herankommen zu lassen.«

»Ich rede mit ihm übers Wetter oder die steigenden Einkaufspreise, alles oberflächlich. Und das eigentlich nur, weil ich will, daß er Kontakt zu den Kindern behält. Wenn die merken, daß die beiden Alten nicht ganz spinnefeind sind, dann geht es ihnen doch besser, auch mit meiner Lebensart, die ihnen so manche Schwierigkeiten bereitet.«

»Irgendwie mag ich ihn noch. Es gibt so viele Eckdaten in meinem Leben, die mit ihm verknüpft sind, und ich würde mir blöd und fies vorkommen, wenn ich das alles nun verdammen würde. Wenn der Kontakt dennoch nicht so gut ist wie zu einem guten Freund, der er eigentlich ist, dann liegt das vorwiegend daran, daß ich auf meine Freundin Rücksicht nehmen will. Sie ist sehr eifersüchtig auf ihn. Sie neidet ihm, daß er der Vater meiner Tochter ist, daß er die Geburt mitbekommen hat, daß er sie hat aufwachsen sehen, daß sie ihn nun so pubertär anhimmelt und vieles mehr. Ich kann meine Freundin verstehen, weil sie auch gern ein Kind hätte, auch vielleicht mit mir zusammen.

Wenn es um früher geht, um irgendwelche Erlebnisse oder Sprüche, die die Lütte damals so von sich gegeben hat, dann zeigt sie diese Eifersucht besonders stark. Ich sitze dann zwischen allen Stühlen. Ich darf nichts von mir im Zusammenhang mit dem Kind erzählen, also muß ich mich selbst mit meinem Leben zurückhalten. Da ich meine Freundin aber sehr liebe und mit ihr auch noch viele Jahre verbringen möchte, meide ich solche Situationen.«

»Ich treffe mich manchmal mit meinem Ex-Mann, um über einiges zu reden. Aber ich mache es allein, abends mal in der Kneipe oder so. Ist unser Sohn dabei, versucht mein Mann nämlich, uns gegeneinander auszuspielen. Ist meine Freundin anwesend, kommt ihm wohl der alte Krempel hoch, jedenfalls ist er dann zynisch und doppeldeutig, und ich bin gehemmt.«

Einige Frauen haben einen guten Draht zu ihren ehemaligen Männern und treffen sich auch regelmäßig mit ihnen. Oft ergab sich dies aber erst nach einer Phase der Zurückhaltung, Neuorientierung und Verarbeitung der Trennung.

Ich habe nur eine Frau gesprochen, deren Verhältnis zu dem Vater ihres Kindes gut geworden ist, obwohl er keine neue Beziehung eingegangen ist:

Renate lebt mit ihrem nun zehnjährigen Sohn Felix und Freundin Uschi seit drei Jahren zusammen. Sie war mit dem Vater Roland nie verheiratet, aber hatte sechs Jahre mit ihm und Felix ihr Leben in einer Wohnung geteilt. Roland hat allein eine Dreizimmerwohnung gemietet, in der Felix auch sein Zimmer hat. Felix ist jedes zweite Wochenende bei seinem Vater, er verbringt mit ihm meistens vier Urlaubswochen im Jahr. An allen Festen und Feiertagen und an vielen anderen Tagen im Monat kommt Roland zu den Frauen nach Hause, ißt mit ihnen Abendbrot, bringt Felix ins Bett, macht auch mal Babysitterdienste. Die drei Erwachsenen spielen manchmal Skat zusammen, es finden Fahrradausflüge zu viert statt. Renate geht, auch wenn Roland anwesend ist, mit Uschi so um, »wie ihr gerade ist«. Sie sagt: »Ich sehe keinen Unterschied darin, ob ich nun eine Frau oder einen Mann an meiner Seite habe. Es ist ein Mensch, den ich liebe. Roland hat es entweder durch mein selbstverständliches Verhalten übernommen oder sieht es auch so, oder er mag Uschi auch gern, oder er hat sonstige Gründe. Ich weiß es nicht. Ich bin aber überzeugt, daß es nicht so gut ginge, wenn ich Gewissensbisse hätte, mich selbst als unnormal einstufen würde und krampfhaft Versteck spielen würde. Es ist alles gut so, und Felix profitiert von drei Erwachsenen, die ihn mögen, die für ihn da sind und die sich miteinander verstehen.«

Im wesentlichen habe ich nur von guten Verhältnissen zwischen ehemaligen Partnern/Vätern und lesbischen Müttern gehört, wenn die Männer eine neue Partnerin hatten. (Übrigens lernte ich eine Frau kennen, deren Mann seine inzwischen bewußt entdeckte Homosexualität aktiv, aber aufgrund seiner exponierten Stellung verdeckt auslebt. Deren Kinder sind inzwischen erwachsen und wirken äußerst selbstbewußt. Sie werden in einem anderen Kapitel zu Wort kommen.)

Karin und Manfred sind ein solches Paar. Ich konnte mit beiden zusammen sprechen:

Manfred: »Ich hatte schwer damit zu kämpfen, als damals die Trennung anstand. Nun gut, so glücklich lief es mit uns beiden auch nicht, aber ich wußte immer nicht so richtig, warum. Die Kinder hielten uns eine Weile zusammen, aber irgendwann haben wir kapiert, daß wir ihnen nichts Gutes tun, wenn wir krampfhaft zusammenbleiben. Dann kam Karin mit der Botschaft, sie sei total verliebt. Ich hatte einen Kloß im Hals, mein Selbstbewußtsein ging in den Keller. Mir war klar: Es lag an mir, ich konnte ihr nicht so gerecht werden wie der Neue. Als ich dann hörte, daß es sich um eine Frau handelte, war ich erst erschrocken, und dann kam Erleichterung.

Karin und ich konnten offen miteinander reden. In der Reflexion über unsere Ehejahre wurde uns schnell klar, woran es lag, daß wir nicht klarkamen. Karin wollte es wohl selbst erst nicht wahrhaben. Sie wirkte plötzlich so ausgeglichen und so echt in ihrem Körper. Sie war richtig schön. Es machte mir Spaß, sie so glücklich zu erleben. Darum kam dann auch etwas Eifersucht hoch. Ich dachte manchmal, schade, daß ich keine Frau bin, dann hätte ich sie so erleben können! Wir beschlossen, mit den Kindern offen zu reden.«

Karin: »Das war ganz toll von ihm, denn so hatten die beiden Kinder sofort eine gute Einstellung zu meiner neuen Beziehung. Nach dem Motto: Wenn auch unser Vater damit einverstanden ist, dann kann es nur o. k. sein! Vor allem hatten sie verstanden, daß sie ihn dadurch nicht verlieren würden. Manfred hat uns dann oft entlastet, er unternahm was mit den beiden, so daß meine Freundin und ich auch mal allein sein konnten, was mir nach vierzehn Jahren Kindererziehung sehr guttat.«

Manfred: »Meine Beziehung zu den Kindern wurde auch intensiver. Bald aber wandelte sich meine Einstellung, denn ich traf meine jetzige Freundin, mit der ich zunächst einmal viel allein sein wollte und konnte.«

Karin: »Bis wir dann zusammen in Urlaub fuhren! Mein Gott, war das aufregend. Die einzig Unverkrampften waren zunächst die Kinder. Sie kannten alle vier Erwachsenen am besten, während unsere jeweils neuen Partnerinnen sich erst einmal beschnuppern mußten. Nächtelang haben wir diskutiert und auch in gewisser Weise die Seelen voreinander ausgebreitet. Dann stellten wir morgens mit rauchendem Kopf fest, daß es nun eigentlich allen Beteiligten besser ging. Jeder hatte die Lebensart und Beziehung gefunden, die am besten paßte.«

Manfred: »Ja, und seitdem verbringen wir viel Zeit miteinander. Inzwischen fahren die Kinder allein weg oder in Gruppen, jedenfalls nicht mehr mit uns – bis auf den Skiurlaub, den lassen sie sich nicht entgehen.«

Karin: »Wir hatten inzwischen auch so manche ›Ehekrise‹, die jeweiligen Paare untereinander. Da war es sehr hilfreich, die anderen zu haben, mit denen wir uns einzeln oder zusammen ausquatschen konnten.«

Manfred: »Und können. Wir sind gute Freunde geblieben. Dafür bin ich dankbar.«

Karin: »Ich auch, und das ist alles so gekommen, weil du, Manfred, deine Eifersucht und dein Gekränktsein so schnell beiseitestecken und meine neue Lebensform akzeptieren konntest. Ich

weiß von anderen Frauen, daß das nicht selbstverständlich ist.«
Damit hat Karin recht: Selbstverständlich ist es auf keinen Fall. Männer wie Manfred sind eher eine Ausnahme.

Ich selbst habe unter dem Verhalten des ehemaligen Mannes meiner früheren Freundin ziemlich gelitten und fand diese Erfahrungen auch von anderen Frauen bestätigt.
Ich nenne ihn Horst. Er war nicht glücklich über die Scheidung seiner Frau, insbesondere hatte es ihm weh getan, sich von seinen Kindern zu trennen. Er kam zunächst häufig, um die beiden Mädchen ins Bett zu bringen, und kümmerte sich insgesamt recht viel um sie.
Als er von unserer Beziehung hörte, gab er sich mir gegenüber akzeptierend, verschwand aber mit den Kindern sehr schnell, hielt sich nicht lange im Haus auf, wenn ich auch da war. Das merkten die Mädchen, und sie sagten auch eindeutig, daß sie darunter litten. Die Jüngere wollte am liebsten alles haben, vor allem Frieden und Harmonie. Die Ältere, immer mehr »Papa-Kind«, machte deutlich, daß sie am liebsten ihre Eltern zusammen haben wollte, und wenn das nicht ging, dann ebenso wie nach der Scheidung, aber vor meinem Auftauchen.
Horst und seine erste Tochter wurden sich schnell in ihrem Leiden einig, die zweite war hin und her gerissen. Sie kam manchmal weinend an und meinte, sie finde es nicht schön, daß »bei Papa immer nur schlecht über euch geredet wird«.
Irgendwann setzten wir uns mit Horst und seiner neuen Partnerin zusammen, um uns über unsere Situation und besonders über die der Kinder zu unterhalten. Nach dem Gespräch hatte ich das Gefühl, viel geklärt zu haben. Sehr freundschaftlich verabschiedeten wir uns.
Aber der Alltag blieb wie vorher. Es steigerte sich sogar noch: Horst bestand mehr denn je auf seinen »Vaterwochenenden«, insbesondere dann, wenn wir gemeinsam etwas unternehmen wollten. Als er merkte, daß seine Kinder auch manchmal in meiner Wohnung übernachteten (als wir noch nicht zusammenlebten), begann er, auch in seiner Wohnung Platz für sie zu schaffen. Als meine Freundin ein großes Auto kaufte, in dem wir alle fünf be-

quem auf längeren Touren sitzen konnten, kaufte er kurz darauf auch eins – obwohl er vorher auf die Autofahrer schimpfte und aus Überzeugung keinen Wagen hatte. Es entwickelte sich ein permanenter Konkurrenzkampf mit ihm, den vor allem die Kinder ausbaden mußten.

Als wir zusammenzogen, half mein Mann beim Umzug und bei der Einrichtung des Zimmers meiner Tochter. Natürlich erhofften sich das die beiden anderen Kinder von ihrem Vater auch, aber er kam nicht. Es war schmerzhaft für sie, daß der andere Vater in ihrem Zimmer den Teppichboden verlegte oder die Wände strich... So übertrug sich die väterliche Eifersucht auf die Kinder, die ihre Väter voreinander glorifizierten und, mit den tollsten Phantasiegeschichten ausgeschmückt, sich gegenseitig übertrumpfen wollten.

Gespräche zwischen meiner Freundin und Horst halfen nichts, fanden dann auch nicht mehr statt. Und das trieb so nach und nach auch einen Keil zwischen uns beide, denn ich fand dieses Verhalten unerträglich und wollte, vor allem im Interesse der Kinder, daß die beiden eine Lösung fänden.

Der nächste Schritt war, daß ich mich gegen seine negativen Aussagen über meine Tochter wehrte. Ich fand dies unerwachsen und äußerst problematisch – und gleichzeitig war ich hilflos, denn diese Hetzereien fanden nie in unserem Beisein statt.

Kindergeburtstage, zu denen Horst kam, waren sehr anstrengend. Er huschte mit eingezogenem Kopf durch die Wohnung und hielt sich vor allem in den Kinderzimmern auf. Zeigte eine der Töchter das Geschenk, das sie von mir bekommen hatte, ging er nicht darauf ein.

Er wagte nie, uns etwas zu sagen, jedenfalls ist mir nichts darüber bekannt, aber er lebte seine Abneigung gegen unsere Beziehung stets über die Mädchen aus, was zu einer wachsenden Belastung zwischen uns beiden Müttern wurde. Ob Horst Vorbehalte gegenüber der lesbischen Beziehung hatte, kann ich nicht sagen; es kann genausogut Eifersucht darauf gewesen sein, daß ich das Glück hatte (in seinen Augen), mit seinen Kindern zusammenleben zu können, was ihm verwehrt war.

Dieses Argument wurde von mehreren Frauen genannt. Auch wenn die Väter der Kinder ein eigenes Beziehungsleben führten, so litten sie doch nach Aussagen der Frauen darunter, daß andere nun soviel Einfluß auf ihre Kinder hatten. Nun könnte der Einwand kommen, daß dieses Problem auch bei Heteropaaren auftritt, also kein spezifisch lesbisches Thema sei: Ich glaube aber, daß ein Vater durch eine Frau, die seine Stelle einnimmt, besonders verunsichert wird. Die Rolle der Mitmutter ist auch für ihn gänzlich unbekannt – anders als die des Stiefvaters. Für den Vater fehlt die Möglichkeit, seine Situation mit der anderer zu vergleichen. Der Umgang mit Mitmüttern ist gesellschaftlich nicht vorgesehen und daher nicht näher definiert.
Viele der von mir interviewten Frauen hatten jedoch wenig oder gar keinen Kontakt zu den Vätern ihrer Kinder, sei es, weil sie bewußt alleinerziehend, also nie verheiratet waren oder/und weil sie sich nur kurzfristig mit den Männern zum Zwecke der Zeugung zusammengetan hatten, jedoch bereits in lesbischer Beziehung lebten, oder weil sie in großem Streit auseinandergegangen waren. Die meisten hatten sich aber von den Vätern getrennt und den Kontakt einschlafen lassen, weil sie Angst davor hatten, diese könnten ihr Lesbischsein entdecken. Den Abbruch dieser Verbindung begründeten sie mit anderen Motiven oder ließen es ganz im unklaren. Diese Frauen spielen ein Doppelleben vor ihren Kindern, vor ihren Männern, den Verwandten und den meisten Freunden. Damit die Konfrontation nicht zu groß wird, verhindern sie – bewußt oder unbewußt – den Kontakt zwischen Vätern und Kindern.
Der Grund für die Verheimlichung der lesbischen Gefühle liegt nicht nur in der (begründeten) Angst, daß es zu einem Kampf um die Kinder kommen könnte und sie ihnen vor Gericht weggenommen werden würden. Es gibt noch weitere Beweggründe für diese Zurückhaltung. Eine große Rolle spielt die eigene Verunsicherung. Frauen, die zunächst ein »normales Familienleben« gelebt haben, müssen sich erst selbst in den neuen sozialen Gegebenheiten zurechtfinden. Sie tragen außerdem nicht nur für sich selbst Verantwortung, sondern auch für die Kinder, und sie tragen soziale Verantwortung für ihren (ehemaligen) Mann, wenn sie ihn vor eventuellen Sanktionen schützen müssen.

Auch lesbische Frauen haben im Laufe ihrer Sozialisation gelernt, daß das Ausleben ihrer homoerotischen Anteile gesellschaftlich sanktioniert werden kann, daß sie auf jeden Fall als »nicht normal« gelten. Sie müssen sich also zunächst mit sich selbst auseinandersetzen, und nur wenigen gelingt es, dieses »Anderssein« für sich anzuerkennen und anzunehmen. Im Gegenteil: Viele verurteilen sich (anfangs) selbst. Wenn man sich selbst jedoch nicht offen begegnen kann, so kann man es auch anderen gegenüber nicht, wie es schon Fromm in seinem Buch »Die Kunst des Liebens« beschrieben hat. Die Verunsicherung wirkt sich auf alle Interaktionen aus.

Für lesbische Mütter ist es noch schwerer, ihre Gefühle anzuerkennen und zu akzeptieren, erfüllen sie doch weder die Rolle der »normalen« Frau noch die der »normalen« Mutter. Lesben ohne Kinder haben es da in der Akzeptanz ihrer Lebensform etwas leichter. Eine lesbische Mutter erfüllt aber weder ihre eigenen Erwartungen noch die vermeintlichen der Kinder und vor allem auch nicht die, die der Vater ihrer Kinder an sie hat.

George Herbert Mead weist darauf hin, daß wir alle im Laufe unseres Lebens lernen, wie wir bestimmte Rollen zu spielen haben. Und dieses Interaktionsspiel funktioniert so gut, weil wir dadurch wissen, wie wir uns in bestimmten Situationen zu verhalten haben – und nicht nur das, sondern wir wissen auch, wie sich der andere verhalten wird. Mead nennt dieses Wissen in uns »den generalisierten anderen« (generalized other). Wir generalisieren oder übertragenen Erfahrenes/ Wissen von einer Person oder von bestimmten Situationen auf eine andere Person in der gleichen Situation. Und da es allen so geht, zumindest denen, die im selben Kulturraum aufgewachsen sind, erfüllen wir meistens die Erwartungen, spielen also unsere Rollen. Dadurch verfestigen wir natürlich auch die Ansichten und Verhaltensmuster.

In dieser Weise muß auch das Mutterbild entstanden sein. Eine Mutter, die ihre lesbischen Gefühle auslebt, erfüllt nicht dieses Bild. Kinder sind Produkte von beiden Elternteilen, d. h., die Mutterrolle und die Vaterrolle hängen eng miteinander zusammen. Habe ich also in dem vorherigen Teil über die Eifersucht bzw. die Schwierigkeiten gesprochen, die die »verlassenen« Männer mit ihren lesbischen Frauen haben, so geht es hier darum, daß schwere

Interaktionsprobleme zwischen Frau und Mann entstehen können, wenn die Mutter die Erwartungen an ihre Rolle nicht normgerecht erfüllt, sie sogar stark verletzt. Deshalb verschweigen viele Frauen vor ihren Männern und vor ihren Kindern ihre Homosexualität.

Mit dieser Problematik sind noch weitere Ängste verknüpft: Da ist vor allem die Angst, den Auseinandersetzungen mit Mann und Kind(ern) nicht standhalten zu können, und die Angst, von dem ehemaligen Partner verletzt zu werden. Eine Frau, die sich selbst mit ihren Gefühlen nicht annehmen kann, ist sehr sensibel, und Sensibilität macht angreifbar. Die Angriffe verursachen entsprechend schwere Verletzungen.

Nur selten ist der Mann der einzige, der Vorwürfe macht. Er teilt sich anderen mit, oft auch, um sich von anderen Bestätigung zu holen. Die Geschichte zieht also Kreise. Alles was in einem solchen Fall mit Sexualität zu tun hat, ist eine Sensation, die gern weitergegeben wird. Dies hat natürlich auch auf die Begegnung mit der betroffenen Frau Auswirkungen.

Spätestens an diesem Punkt werden auch die Kinder von den Ereignissen berührt, und zwar nicht nur von der Tatsache, daß ihre Mutter eine Frau liebt, sondern vor allem, daß das schlecht, da »unnormal« ist. Die Kinder erleben, daß ihre – in der Regel von ihnen geliebte – Mutter etwas »Schlechtes« tut, vor allem, daß andere sie deshalb nicht mögen. Und wenn zu diesen anderen insbesondere der Vater gehört, dann geraten sie in ein großes Gefühlschaos. Ihnen bleiben eigentlich nur zwei Wege: Entweder solidarisieren sie sich mit ihrer Mutter, was bedeutet, daß die Identifizierung so weit gehen kann, daß sie auch die Sanktionen als gegen sich selbst gerichtet erleben, oder aber sie solidarisieren sich mit den anderen, und das Mutter-Kind-Verhältnis geht kaputt, zumindest leidet es ganz vehement.

Noch komplizierter wird es, wenn man bedenkt, daß die wenigsten Erwachsenen klar und deutlich mit Kindern reden. Diese bekommen es meistens nur nebenbei, verschlüsselt, atmosphärisch mit, was natürlich eine sehr große emotionale Verunsicherung bedeutet. Und hier schließt sich der Kreis:

Die sozialen Mechanismen, denen wir alle unterliegen, treiben uns zum Verschweigen. Das aber macht unfrei und unsicher. Die Unsi-

cherheit unterstützt das Verschweigen immer weiter. Und Verschweigen schafft den Eindruck, es gäbe nur sehr wenige Frauen, die lesbisch sind, und erst recht nur wenige lesbische Mütter. Gibt es aber tatsächlich nur eine geringe Anzahl von Menschen innerhalb einer Gesellschaft, die in dieser Form »abweichen«, dann werden diese immer wieder diskriminiert. Dadurch werden die Ängste davor geschürt, es wird also noch mehr geschwiegen.

Wenn vor dem Phänomen der Homosexualität die Augen verschlossen werden, dann schafft dies nicht nur Probleme für die »Betroffenen«, sondern auch für alle anderen. Würde nämlich die Erkenntnis zugelassen, daß zu jeder Kultur in allen Zeiten homosexuelle Menschen gehören, dann hätten z. B. der ehemalige Mann einer lesbischen Frau und der Vater von Kindern, deren Mutter lesbisch ist, viel weniger Probleme. Aber die Realität ist so: Viele, wenn nicht die meisten lesbischen Mütter müssen aus den oben genannten Gründen sich selbst mit ihren Gefühlen und Wünschen verstecken, insbesondere vor den Vätern ihrer Kinder. Und dementsprechend gestalten sich dann die Kontakte.
»Den letzten Kontakt zu dem Vater meiner Kinder hatte ich beim Scheidungstermin. Zerrüttungsprinzip war das Thema. Nichts von lesbisch oder so. Nun zahlt er seine Unterstützung für die Kinder, und das war's«, sagte mir eine Frau, die Wohnung an Wohnung mit ihrer Partnerin lebt, die nach außen hin »eine gute Freundin« ist. »Ich bin aber auch traurig darüber, denn ich hätte sicherlich den Kontakt zwischen den Kindern und ihrem Vater nicht einschlafen lassen, wenn ich nicht immer diese Angst haben müßte, daß er was über mich rauskriegen könnte. Es tut mir weh, diese Heimlichtuerei, aber die Angst ist größer als alles andere. Meine Freundin erträgt es gut, weil die eben auch Angst hat. Es ist schon schlimm. Wir könnten es eigentlich so gut haben, wenn es uns nicht so schwer gemacht würde.«
Diese Aussage kann stellvertretend für viele andere stehen, die ich gehört habe. Wie bereits gesagt: Mütter, die ihre Homosexualität verschweigen, berichteten entweder davon, daß sie mit ihrem Kind/ihren Kindern ganz ohne Verbindung zu dem Vater leben oder daß die Beziehungen sehr angespannt sind. Der Grund dafür ist immer die Angst. Da werden Zimmer umgeräumt, Namen von

Türschildern abgenommen oder hinzugefügt (der Name eines Mannes), es werden sonstige Vertuschungsversuche gemacht, solange die Kinder klein sind und noch nichts erzählen können. Da verbiegen sich Frauen seelisch bis zur Verzweiflung, weil sie mit ihren sozialen Ängsten nicht fertig werden.

Allerdings stehen diesen Erfahrungen die Berichte der Frauen entgegen, die ihre Ängste überwunden haben. Es tat auch mir persönlich gut, diese innerlich befreiten Mütter und Mitmütter zu erleben, die zu sich und ihrer Beziehungsform vor den Kindern und der Außenwelt laut ja gesagt haben. Und immer wieder höre ich: Im nachhinein war es gar nicht so schlimm! Oder in den Worten einer von mir interviewten Frau:

»Da malst du dir alles ganz schwarz aus, was alles mit dir passieren kann und mit dem Kind, mit der Wohnung, mit allem, was dir solche Angst macht. Du machst den Rücken gerade und sagst ganz einfach die Worte: Jawohl, so ist es! Und die Angst zerplatzt wie ein Luftballon! Du kannst durchatmen, weil du merkst, daß dir eigentlich gar nichts passiert!«

Nachbarschaft

Unsere Lebensqualität wird wesentlich von unserem Zuhause bestimmt. Um in uns Stärke zu spüren, um uns wohl zu fühlen, um mit uns identisch zu sein, brauchen wir ein Heimatgefühl.
Ich beziehe mich hier weniger auf unsere Ursprünge, sondern mehr auf unser Heim, in dem wir leben. Es geht um die eigenen vier Wände, in denen wir uns zu Hause fühlen, uns frei bewegen können und Luft vom oft stressigen Alltag holen. Zu diesem Zuhause gehören die räumliche Situation und das soziale Umfeld.
Die Not vieler Menschen in der heutigen Zeit beginnt bereits mit der Raumsuche. Der Wohnungsmarkt ist selten so problematisch und bedrückend gewesen wie zur Zeit. Es fehlen Hunderttausende von Wohnungen, und die Preise auf dem knappen Wohnungsmarkt sind entsprechend hoch. Diese Tatsache führt zu dem Dilemma von Angebot und Nachfrage, so daß die Wohnungseigentümer nicht nur die Mieten ins Unendliche steigern können, sondern vor allem, sie können stark selektieren, an wen sie vermieten wollen.
Ein Freund erzählte mir kürzlich, er habe in einer ca. vierzig Meter langen Schlange gestanden, um eine Wohnung zu besichtigen. Die ersten Interessenten seien die Treppe heruntergekommen und hätten gesagt: Lehrer und Juristen können gleich nach Hause gehen, denn das sind unbequeme Mieter, und an sie wird nicht vermietet. In einer anderen Wohnung waren keine Kinder erwünscht, von wieder einem anderen Vermieter wurde gefragt, ob sie denn etwa mal vorhätten, Kinder zu bekommen. Ja, und dann werden die Musizierenden abgewiesen, die Hundehalter, die Katzenfans...
Mehr denn je hängt die Vergabe von Wohnraum davon ab, was die Vermieter für Wertvorstellungen haben und wie sie andere Menschen beurteilen. Lesbische Mütter sind auch in dieser Frage gleich dreifach benachteiligt: Sie haben wenigstens ein Kind, verfügen oft über ein geringes Einkommen und entsprechen bestimmt nicht

der Norm, wenn sie mit einer anderen Frau *und* Kind einziehen wollen.
Ich selbst habe so manches erlebt bei meiner Wohnungssuche:
Wir suchten nach einer großen Wohnung in einem bestimmten Stadtteil Hamburgs, in dem die Schulen unserer Kinder lagen. Die Annoncen in den Zeitungen zu lesen und Maklerbesuche, das gehörte wochenlang zu unserer alltäglichen Beschäftigung. Wir waren in der seltenen, aber glücklichen Lage, eine relativ hohe Miete finanzieren zu können. Aber immer wieder trafen wir auf ein Hindernis: Wir hatten keinen Mann nachzuweisen, der – möglichst sogar noch als hanseatischer Kaufmann – eine hohe Gehaltsbescheinigung vorzeigen konnte.
Eine nette Maklerin, vor der wir unsere Beziehung nicht verheimlichten, machte letztendlich den Vorschlag, wir sollten uns als Cousinen oder Schwestern ausgeben, sie würde dann vor dem Vermieter auch so tun, als habe sie das überprüft.
Wir haben eine Wohnung gefunden, weil wir – im Gegensatz zu dem hanseatischen Kaufmann – bereit waren, den katastrophalen Zustand der Räume auf unsere Kosten zu beheben, eine höhere als vorher angesetzte Kaution zu hinterlegen, die Katze in andere (gute) Hände zu geben, und weil wir bei den Verhandlungen nicht zu zweit auftraten. Wir hielten die Demütigungen aus, weil wir uns einig darüber waren, daß wir erst einmal die Wohnung haben müßten – dann hätten wir die größte Hürde genommen, so dachten wir jedenfalls.
Die meisten Frauen, die ich kennengelernt habe, sind aber nicht in der Lage, so hohe Mieten aufzubringen. Vor den Wohnungen, die sie bezahlen können, stehen die Interessenten Schlange, und sie haben schlechte Karten, denn wenn Kinder akzeptiert werden, dann doch bitte nur im Zusammenhang mit geordneten Familienverhältnissen. Lesbische Frauen gehören nicht dazu.
Grundsätzlich kann es problematisch werden, wenn Frauen ihre lesbische Beziehung zugeben, deshalb fühlen sie sich oft veranlaßt, andere vertragliche Faktoren darzustellen. Dazu zählt, daß die Frauen irgendwelche verwandtschaftlichen Beziehungen angeben oder sich als Zweckwohngemeinschaft ausgeben, was in der Regel nur bei sehr großen und sehr teuren Wohnungen funktioniert. Es kommt auch vor, daß eine Frau (mit gutem Verdienst) die Woh-

nung anmietet und sich dann die Berechtigung zur Untervermietung einholt.
Diese Verleugnung kann sehr weh tun, wie Caroline beschrieb: »Esther und ich waren wie ein verliebtes junges Brautpaar, als wir unsere Wohnung suchten. Aber wir durften uns nicht so geben. Ganz konzentriert und distanziert standen wir da und verhandelten. Außer uns war aber ein jungverheiratetes Paar zur Besichtigung da. Die beiden hantierten mit dem Zollstock, sprachen von der Größe ihres Schlafzimmers und ihres Bettes ... Ich hätte heulen können, als Esther beim Ausmessen von meinem Zimmer, ihrem Zimmer, dem Kinderzimmer und dem Gemeinschaftsraum, statt vom Wohnzimmer sprach.«
Am häufigsten traf ich zusammenlebende Frauen an, die die Wohnung nicht gemeinsam angemietet hatten, sondern deren Mietvertrag nur auf den Namen einer Frau lief. Oft war die eine Frau bei der anderen später eingezogen.
Zu diesen Schwierigkeiten, überhaupt an eine gemeinsame Wohnung zu kommen, treten die Probleme mit der Nachbarschaft. Zwar liest man in Zeitungen ständig von der Anonymität der Großstädte, sogar von toten Nachbarn, deren Leichen erst Wochen später gefunden wurden, weil niemand etwas gemerkt hatte, aber gleichzeitig blüht und gedeiht der Klatsch und Tratsch in den Treppenhäusern. Auch wenn es selten vorkommt, daß eine wirklich gute Nachbarschaft entsteht (aber auch das gibt es noch), so spielen die anderen im Haus und in der Umgebung eine wichtige Rolle. »Was sollen denn die Nachbarn denken« ist nicht nur ein Spruch aus alten Tagen. Wir sind alle von der sozialen Anerkennung abhängig, und so macht es uns Unbehagen, wenn wir vermuten, daß die anderen über uns tuscheln.
Darin liegt wohl auch der Grund für ein bestimmtes Verhaltensmuster, von dem einige Frauen berichteten. Die eine huscht ständig lautlos durch das Treppenhaus, um bloß nicht angesprochen zu werden, während die andere betont freundlich zu den Nachbarn ist, viel erzählt (»damit auch nur das zum Thema wird, was ich will und keine lästigen Fragen kommen!«) und ein offensives Versteckspiel betreibt.
Diese Umgangsform scheint – auch auf Dauer gesehen – recht gut zu funktionieren, zumindest habe nicht nur ich es so erlebt:

»Erst bin ich eingezogen, d. h. das Kind und ich. Dann kam meine Freundin hinterher. Wir waren sehr freundlich zu den Nachbarn, insbesondere ich habe immer mal einen Schnack mit der von gegenüber gehalten, dann mit denen, die über uns, und denen, die unter uns wohnen. Sie sind auch wirklich sehr nett, wenn auch sehr konventionell und anders als wir. Wir haben sie sogar mal zum Kaffee eingeladen, haben deren Blumen gegossen und den Kater gefüttert. Wir haben uns dabei sehr bedeckt gehalten, dick aufgetragen, was wir getrennt machen, bloß keine Verbundenheitsgefühle gezeigt. Ich habe immer mal erzählt, daß meine Freundin mit ihrem Freund verreist sei, wenn sie auf Dienstreise war. So entstand irgendein Phantommann, der für die Normalität herhalten mußte. Nach einer gewissen Zeit waren wir irgendwie Bestandteil des Hauses. Und nach und nach haben wir weniger Theater gespielt. Wir leben zwar nicht offen vor den anderen, aber es ist keine große Angst mehr da.«

Wie bei allen Außenseitern, so ist es auch bei uns: Wir werden besonders beäugt, und man begegnet uns mit suspekten Gefühlen und Vermutungen. Wenn aber individuelle Kontakte entstanden sind, dann verschwinden die Verallgemeinerungen dahinter. Die anderen merken, daß wir eigentlich ganz nette Menschen sein können oder sind. Das klappt aber offenbar nur dann, wenn es gelingt, uns den anderen Menschen zu öffnen und wenn es uns möglich ist, Zugang zu ihnen zu finden. Bleibt man das unbekannte Wesen, dann sind Tür und Tor für Spekulationen offen.

So ist es auch Elke gegangen, die grundsätzlich nicht sehr gesprächig ist und sich insbesondere fremden Menschen gegenüber verschlossen hält:

Elke wollte – wegen des Kindes – auf keinen Fall, daß die Nachbarn über ihre lesbische Beziehung informiert würden. Sie sagte mehr oder weniger freundlich guten Tag, wenn sie jemanden im Treppenhaus traf. Aber ansonsten lehnte sie jeglichen Kontakt ab. Die Hausfrauen im Haus, die nicht viel anderes hatten als ihren Haushalt und die Tratscherei über dies und das, fanden natürlich die beiden Frauen, die da mit dem Kind eingezogen waren, hochgradig spannend. Da so gut wie nie ein Mann zu Besuch kam, sondern eher in lila gekleidete Frauen, wurden sie schnell zum Gesprächsthema.

Die eine Nachbarin kam auffallend oft, weil sie sich angeblich entweder Tee oder Zucker ausleihen wollte oder um nachzufragen, ob denn nicht ein Paket für sie abgegeben worden sei, weil sie zur Postzeit leider einen Arzttermin hatte und »rein zufällig« mitbekommen habe, daß Elke tagsüber im Hause gewesen sei, etc. Elke ließ sie nie in ihre Wohnung, sondern sagte »einen Moment«, machte die Tür zu, holte das Gewünschte, versicherte, daß sie es nicht zurückbringen müsse, schob es durch den Türspalt und würgte jegliches Gespräch ab. Elke galt also als unfreundlich, sie befriedigte aber vor allem nicht die Neugier der Nachbarinnen.
So wurde sie Opfer von Spekulationen.

Das bisher Angesprochene gilt eigentlich für alle Familien. Wer gute Nachbarschaft will, aber seine Interna nicht unbedingt nach außen darstellen möchte, muß auf die anderen zugehen und ihnen etwas von sich geben.
Das Besondere aber an lesbischen Familiengemeinschaften ist, daß zum Eigenschutz und insbesondere zum Schutz der Kinder oder des Kindes etwas verborgen werden muß, was mit partnerschaftlicher Verleugnung zu tun hat. Es ist etwas anderes, wenn eine Frau vor den anderen verbirgt, daß ihr Mann Alkoholiker oder arbeitslos ist, und ihnen irgendwelche Storys darüber erzählt, was ihr Mann so tut, nur um ihn (und sich und die Kinder) zu schützen. Sie braucht nämlich nicht zu sagen: Das ist nur irgendein Mann, der aus materiellen oder sonstigen Gründen hier wohnt. Sie braucht ihn nicht zu verleugnen.
Erfreulicherweise schilderten die meisten Frauen, daß sie zwar nur äußerst selten vor ihren Nachbarn offen lesbisch leben, daß sie aber »einfach leben«. Damit ist gemeint, daß sie kein großartiges Versteckspiel betreiben, sondern auch vor den Mitbewohnern des Hauses oder den Leuten von nebenan wie selbstverständlich dort wohnen. Die meisten sagten, sie seien sicher, daß der eine oder die andere von ihrer Beziehung wisse oder etwas ahne, vielleicht auch mit anderen darüber rede, aber zwischen ihnen sei es kein Thema.
Ich selbst habe es in dieser Weise erlebt und fand es in Ordnung, denn meine Nachbarn haben mir auch nicht ihre intimen Geschichten erzählt. Sie halfen sich untereinander aus, und so mach-

ten wir es auch. Probleme gab es jedoch im Sommer, wenn wir uns auf der Terrasse oder dem Balkon aufhielten oder die Fenster offen waren. Unsere Nachbarn gaben sich ab und zu, einfach im Vorbeigehen, einen Kuß. Manchmal war auch etwas von ihrem Liebesspiel zu hören. Wir mußten in solchen Situationen natürlich vorsichtiger sein, denn wir wollten nicht, daß sie über uns tratschten. Nachbarn können grausam sein. Das können wir ständig in den Zeitungen lesen. Auch die Gerichte haben immer mehr damit zu tun, den Streit über Lautstärke, Verleumdungen, Rasenhöhe oder Fensteranstriche zu schlichten.
Margot z.B. hatte einen schlimmen Streit mit den Mietern von gegenüber. Die Frau, nennen wir sie Frau Meier, beschwerte sich über jegliches Geräusch, das aus der Wohnung von Margot, Marianne und Britta kam. Sie sagte allerdings nie etwas direkt zu den beiden Frauen, sondern klopfte entweder an die Wand oder an die Tür, oder sie steckte kleine Zettel in den Briefschlitz. Von anderen Nachbarn hörten sie, daß Frau Meier über jedes Vorkommnis Protokoll führte und mit ihren Interpretationen, was für eine Art von Geräusch es gewesen sein könnte, hausieren ging. Die Geschichte spitzte sich zu, als die kleine Britta Keuchhusten hatte. Sowohl das Kinderzimmer als auch das Schlafzimmer grenzte zur damaligen Zeit an die Meiersche Wohnung. Das Kind hustete, hatte hohes Fieber. Die Mutter machte Wadenwickel, sang für sie beruhigende Lieder, las etwas vor – und vor allem wechselte sie rund um die Uhr den Eimer, in den sich das Kind übergeben hatte. Kaum war Britta eingeschlafen, klopfte Frau Meier laut protestierend gegen die Wand.
Margot ging an einem Morgen blaß vor Übermüdung zur Nachbarin, um sie freundlich zu bitten, etwas Rücksicht zu nehmen. Frau Meier schrie sie an, sie solle sich nicht so nah an ihre Wohnungstür wagen, sie wolle nicht angesteckt werden. Margot verzeichnete diese Aussage zunächst als hysterische Angst vor Keuchhusten. Aber sie wurde von der Hausmeisterin eines Besseren belehrt: Frau Meier hatte überall herumerzählt, diese Homosexuellen da hätten nun sogar das Kind angesteckt. Sie war so weit gegangen, daß sie das Gesundheitsamt angerufen hatte mit der Bitte um Zwangseinweisung der beiden Frauen in ein Sanatorium oder in ein Gefängnis.

Margot konnte es nicht länger ertragen, dort zu wohnen. Es war ihr peinlich, daß sie sogar bei den Ämtern ins Gerede gekommen waren. Marianne tat das meiste zunächst als Geschichten einer »Verrückten« ab, von der alle Nachbarn wußten, was sie von ihr zu halten hätten. Als Britta wieder gesund war, kam sie jedoch oft weinend nach Hause, weil die anderen Kinder nicht mit ihr spielen durften. So entschieden sie, auszuziehen.

Neugierige Nachbarn horchen gerne Kinder aus. So erzählte meine Tochter einmal, daß sie auf einem Kindergeburtstag in der Nachbarschaft vor allen anderen Kindern von der Mutter des Geburtstagskindes gefragt worden sei, wer wie in unserem Hause schliefe. Gemeint war natürlich die Frage nach dem Getrennt- oder Zusammenschlafen, um endlich eine Bestätigung über die Art unserer Beziehung zu erhalten. Meine Tochter aber hatte es anders verstanden. Sie sagte: »Gut! Nur wenn meine Mama mal einen Schnupfen hat, dann ist die Nase so zu, und dann wacht sie manchmal auf.« Als sie nach Hause kam, fragte sie uns, wie wir denn schliefen, weil sie in dem anschließenden Gespräch von Schlafwandeln, Schlafstörungen etc. gehört hatte.

Die Konfrontation mit einer intoleranten Umgebung erlebte eine andere Frauenfamilie so:

Mutter, Freundin und Tochter lebten in einem Hamburger Vorort in einer Wohnung inmitten eines Sozialwohnblocks. Die Kleine hatte Spielkameraden auf der Straße und im Kindergarten. Sie besuchte sie zu Hause, und sie kamen zu ihr. Sie war so integriert wie die anderen auch. Die Freunde und Freundinnen hatten sich von Anfang an an die Familienkonstellation gewöhnt. Es kamen nie Fragen auf, warum denn da zwei Frauen wohnten und welche Rolle die Freundin spielte.

Als das Mädchen fünf Jahre alt war, zogen sie in die Stadt, mieteten ein Reihenhaus, extra in einer Gegend, in der viele Kinder lebten, was für sie ein wichtiges Auswahlkriterium war. Aber dort konnte die Tochter überhaupt nicht Fuß fassen. Sie wurde von den Kindern gefragt, wo denn ihr Vater sei und warum sie denn mit zwei Frauen wohne.

Noch schwieriger wurde für das Kind das ständige Ausgefragtwerden von den Erwachsenen aus der Nachbarschaft. Ihnen war es überhaupt nicht gewachsen. Es fühlte eine ungewohnte, verschlüsselte, zweideutige Umgangsweise und Art des Fragens, aber konnte nicht damit umgehen, so daß es vermied, zu anderen nach Hause zu gehen.

Bald bekam es die Sanktionen der spießbürgerlichen Nachbarschaft deutlicher zu spüren: Die anderen Kinder durften auch nicht mehr zu der Kleinen kommen. Sie standen am Rande des Wiesenstückes, das zu ihrem Haus gehörte, und verhielten sich so, als sei plötzlich ein großer unüberwindbarer Zaun gezogen worden. Auf die Bitten des Mädchens, sie sollten doch zusammen bei ihm Ball spielen, kamen sowohl verschlüsselte Antworten wie »Och nöö, keine Lust!« als auch offene: »Das soll ich nicht!« Die nun bereits Sechsjährige war inzwischen so verunsichert, daß sie nicht nachfragen mochte, warum sie es denn nicht sollten. Statt dessen zog sie sich zurück, spielte auch bei schönstem Sommerwetter nicht mehr im Garten.

Auch in der Schule vermied sie es, andere Kinder zu sich nach Hause einzuladen. Als sie einmal krank war, brachte ein Mädchen aus der Nachbarschaft die Schularbeiten. Da fragte die Mutter nach, warum sie denn gar nicht mal sonst zu ihnen käme, worauf sich die Gefragte mit ihren Händen in den Ärmeln vergrub, die verpackte Faust vor den Mund hielt und dann herauspreßte: »Meine Eltern möchten das nicht, weil es hier so komisch ist.« Auf die Nachfrage, was denn so komisch sei, zuckte sie mit den Schultern und murmelte: »Weiß nicht, aber Mama meint, das sei nicht gut für mich hier.«

Die Mutter wäre am liebsten mal zu den Eltern gegangen und hätte sie offen auf das Problem angesprochen, denn sie konnte das Leiden der Tochter nicht länger mit ansehen. Aber sie tat es nicht, denn es war ihr klar, daß sie die Einstellung der Eltern nicht hätte ändern können, sondern sie hätte sie über diesen direkten Weg nur gezwungen, eine noch eindeutigere Haltung gegenüber anderen Lebensformen einzunehmen.

Eine andere Frau schilderte die Ablehnung ihres Kindes durch die Kinder in der Nachbarschaft ähnlich:

Auch ihre Tochter zog sich immer mehr zurück, hatte aber nichts über die Anfeindungen von Spielkameraden erzählt, denn sie hing sehr an der Freundin der Mutter. Als einmal ein Junge auf dem Spielplatz sagte: »Ihr seid Schweine, die Frau da in euerm Haus ist

ja eine Nutte!«, wußte das Mädchen zwar nicht, was eine Nutte ist, aber es wußte, daß es sich auf keinen Fall um etwas Gutes handeln konnte, und vor allem merkte es, daß die Mitmutter angegriffen worden war. Es zog sich zurück.
Aber als ein Mädchen einmal zu ihr gesagt hatte: »Deine Mutter liebt ja eine Frau!«, hatte sie keine Probleme, sondern sagte in ganz erstauntem Ton: »Und was ist schlecht daran, wenn sich zwei lieben?«
An diesen Beispielen wird deutlich, daß eigentlich nicht die Kinder untereinander diese Art von Ablehnung entwickeln, sondern daß Erwachsene dahinter stehen, die entweder verdeckt oder sehr offen ihre Intoleranz in die Erziehung mit einfließen lassen. Selten erzählen sie ihren Kindern etwas über Homosexualität, sie verpakken es eher in andere Zusammenhänge. Kinder spüren sehr deutlich auch zwischen den Zeilen, wenn etwas nicht koscher ist. Über diesen Weg werden die Vorurteile von Generation zu Generation weitergegeben. Das oben zitierte Kind hat recht, wenn es danach fragt, was denn daran schlecht sei, wenn sich zwei Menschen (Frauen) lieben. Leider wird diese Frage viel zu selten gestellt.

Kindergarten und Schule

Maria, sie ist Erzieherin in einer Kindertagesstätte, hatte von Anfang an nur Frauenbeziehungen. An ihrem Arbeitsplatz hat sie niemals etwas darüber erzählt, weil sie Angst hatte, man könne an ihrer Fähigkeit, Kinder zu erziehen, zweifeln. In eindrücklicher Weise hatte sie damals, als sie an der Fachschule für Sozialpädagogik ihre Ausbildung absolvierte, erlebt, wie ein Gremium über einen ihrer Kommilitonen verhandelte. Er war schwul, und er machte kein Hehl daraus. Das war der Anlaß für Überlegungen, ob man diesem jungen Mann, der im übrigen recht gut in der Fachschule war, die staatliche Anerkennung als Erzieher verleihen sollte oder nicht. Man gab sie ihm, aber die Tatsache, daß man überhaupt darüber verhandelt hatte, hatte sich so tief in Marias Erinnerung eingegraben, daß sie stets darauf achtete, nichts von ihrem Privatleben preiszugeben.

Als sie Regina, die Mutter von Axel und Jens, zwei ihrer Kindergartenkinder, kennenlernte, hatte sie sofort das Gefühl, daß auch diese Frau lesbisch sei. So interessierte sie sich besonders für sie, führte viele pädagogische Gespräche mit ihr und fühlte sich immer mehr zu den beiden Jungen hingezogen.

Es tat ihr sehr weh, als sie eine Praktikantin hörte, die in einer Teambesprechung erzählte, daß die Mutter von Axel und Jens irgendwie anders sei. Die Jungen hätten – im Spiel – irgendwas davon erzählt, daß die Mutter sich das Bett mit einer anderen Frau teile. Das sei ja sicherlich nicht richtig, denn wenn diese Frau lesbisch sei, dann hätte sie doch nicht gleich zwei Kinder.

Maria wußte nicht, wie sie sich in der Besprechung verhalten sollte. Panik ergriff sie, denn sie hatte Angst, sich verraten zu können. Andererseits hatte sie das Gefühl, sie müsse etwas gegen diesen negativen Beigeschmack, der zwischen den Worten mitklang, sagen.

Wochenlang beschäftigte sie sich mit den Äußerungen, und sie war

froh, als die Praktikantin ihre Zeit um hatte und verschwand, denn mit ihrem Weggang war auch das Thema erledigt. Keine der Kolleginnen sagte noch einmal etwas darüber.
Regina ging es kurz darauf ziemlich schlecht. Auch die Jungen berichteten, daß ihre Mutter viel weinte. Vorsichtig fragte sie nach dem Grund. Axel, der Ältere, meinte, daß sie wohl traurig sei, weil seine Patentante ausgezogen sei. Vielleicht sei es aber auch besonders schlimm, weil diese Tante seinen Papi heiraten wolle.
Maria faßte sich ein Herz und fragte Regina, ob sie sich mal zu einem Gespräch treffen könnten. Es ging um die Kinder, die Frage, ob sie gemeinsam etwas dafür tun könnten, daß es ihnen wieder besser ging, denn sie litten auffallend.
Regina tastete sich zunächst langsam heran, aber dann »gestand« sie der Kindergärtnerin ihrer Kinder ihre Geschichte. Sie hatte seit Jahren ein inniges Verhältnis zu ihrer Cousine. Diese hatte bei ihnen gewohnt, weil sie kein Studentenzimmer finden konnte, aber auch, weil sie eines der Zimmer aus finanziellen Gründen hatte vermieten müssen, nachdem sich ihr Mann, der Vater ihrer beiden damals ein- und dreijährigen Söhne, von ihr getrennt hatte. Es sei ziemlich lange recht gut mit ihnen gegangen. Die Cousine war Patentante des Ältesten und lebte »irgendwie wie ein normales Familienmitglied« in ihrer Wohnung. Nun aber sei sie ausgezogen, und das mache ihr doch sehr zu schaffen.
Maria brannte auf den Nägeln, näher nachzufragen, etwas über die Art der Beziehung zu sagen, aber sie hatte große Scheu. So blieb das Gespräch auf der halboffenen Ebene. Es ging um den Verlust gewohnter Menschen, um Verarbeitungsmechanismen bei Kindern etc., aber nicht um das Hauptthema.
Die beiden Frauen trafen sich danach öfter. Erst Monate später rutschte es Regina heraus, daß sie ihre Cousine geliebt habe, daß sie schon seit langem wisse, daß sie lesbisch sei, daß sie es aber selber lange nicht wahrhaben wollte und sich deshalb zur Heirat und zum Kinderkriegen gezwungen habe, um als »normal« angesehen zu werden.
Maria wiederholte die Aussage der Praktikantin, Regina habe mit der Cousine in einem Bett geschlafen. Regina erschrak furchtbar, denn es wurde ihr bewußt, was Kinder im Kindergarten erzählen oder nachspielen. Sie erzählte unter Tränen, daß dieses Gerücht

fälschlicherweise aufgekommen sei, denn es sei zwischen ihrer Cousine und ihr nie zu sexuellen Handlungen gekommen. Es seien nur von ihrer Seite aus mehr Gefühle dagewesen, aber sie habe sich stets zusammengerissen, Ja, es stimme, daß die Cousine eine Weile mit in ihrem ehemaligen Ehebett geschlafen habe, weil deren Zimmer aufgrund eines Wasserschadens und Schwammbildung über Monate nicht brauchbar gewesen sei.
Irgendwann »beichtete« Maria Regina, daß sie diese Gefühle sehr gut nachvollziehen könne, denn sie sei auch lesbisch, und auch sie habe große Ängste davor, daß irgend jemand davon wüßte. Aus diesen offenen Gesprächen entstand eine enge Freundschaft und irgendwann auch eine Liebesbeziehung.

Es geht lesbischen Müttern häufig so, daß sie Angst davor haben, man könne im Kindergarten oder in der Schule von ihrer Homosexualität erfahren. Es ist aber äußerst selten, daß aus der Erzieherin oder Lehrerin der Kinder die Geliebte der Mutter wird, denn meistens empfinden gerade diese beiden eine gewisse Scheu voreinander.
Sowohl ErzieherInnen als auch LehrerInnen befassen sich in Teamgesprächen oder Konferenzen mit den Kindern. In Schulen werden sogar Akten angelegt, die noch viele Jahre nach der Schulentlassung aufgehoben werden, in die aber weder die Eltern noch die SchülerInnen selbst Einsicht nehmen dürfen.
Eltern sehen in den ErzieherInnen und LehrerInnen ihrer Kinder zwar nicht mehr solche Autoritäten wie früher, aber sie sind von ihnen in gewisser Weise abhängig. Die BerufspädagogInnen sind wesentliche Miterzieher der Kinder, d. h., sie haben relativ großen Einfluß auf sie. Außerdem entlasten ErzieherInnen die Eltern, insbesondere diejenigen, die in Kindertagesheimen arbeiten, da dort vorwiegend Kinder sind, die entweder nur mit einem Elternteil leben oder deren Mütter berufstätig sind. So entsteht ein gewisses Abhängigkeitsverhältnis.
Es ist nachvollziehbar, daß die PädagogInnen sich nicht nur mit den Kindern befassen, sondern auch mit deren sozialem Umfeld bzw. den Bedingungen, unter denen die Kinder leben. So kommen die Eltern schnell ins Spiel, und das ist gerade den lesbischen Müttern sehr bewußt.

Selbst wenn man davon ausgehen kann, daß gerade junge ErzieherInnen keine Moralapostel sind, so ist doch anzunehmen, daß sie die Lebensbedingungen der Kinder unter sozialwissenschaftlichen Gesichtspunkten beleuchten. Und diese sehen erschwerte Sozialisationsfaktoren bei Randgruppen. Lesbische Mütter zählen dazu, denn sie verhalten sich abweichend von der Norm. So ist es nur allzu verständlich, daß lesbische Mütter Angst davor haben, mit ihrer Homosexualität in die pädagogische Debatte zu kommen, denn der Weg von einer lesbischen Mutter zu einer angeblich schlechten Mutter ist nicht weit. Hier spielt wieder das Mutterbild eine Rolle, zu dem gehört, daß die gute Mutter alles, aber auch alles Störende von ihrem Kind fernhält. Das haben wir internalisiert, die PädagogInnen ebenso wie die Mütter.
Eine lesbische Frau aber kann dieses angeblich Negative, da nicht der Norm entsprechend, nicht von ihrem Kind fernhalten, wenn sie sich nicht selbst verleugnet und ihren Bedürfnissen völlig entsagt. (Und selbst wenn sie das tut, ist es sehr fraglich, ob sie ihrem Kind dadurch tatsächlich etwas Gutes tut.)
Ich möchte hier noch einmal Goffmann anführen, den amerikanischen Soziologen, der deutlich macht, daß es kein abweichendes Verhalten gibt, das an sich negativ ist, also als falsches, schlechtes Verhalten deklariert werden kann. Ein Verhalten oder eine Eigenart wird erst dann abweichend, wenn es andere als solches definieren.
Das schafft die Probleme der lesbischen Mutter: Nicht ihr Lesbischsein macht sie zu einer von der Norm abweichenden Mutter, sondern die Stigmatisierungen, die sich darum ranken. Auf diesen Überlegungen fußt meine Annahme, daß lesbische Mütter besondere Angst vor PädagogInnen haben, die ihre Kinder miterziehen. ErzieherInnen und LehrerInnen müssen nicht unbedingt Homosexualität verdammen, sie können auch offen und bejahend dazu eingestellt sein, aber sie wissen sofort, daß es etwas Besonderes ist – und was für den einen besonders ist, ist für den anderen »unnormal«. Die Übergänge sind fließend.

Caroline erzählte mir ein Erlebnis, das als gutes Beispiel hierfür dienen kann:
»Nina, meine Tochter, war im Kindergarten sehr ruhig, manchmal

verschlossen. Sie ging nicht gern hin, weil sie es haßte, von der Erzieherin zum Essen gezwungen zu werden. Außerdem hatte sie wohl auch Angst vor einem Jungen, der sehr rauhbeinig war. In der Gruppe, in der sie vorher war, war sie kiebiger und ausgelassener. Da fühlte sie sich auch wohl.
Die Kindergärtnerinnen haben sich jedenfalls wohl über Nina unterhalten, und die ehemalige Gruppenleiterin war sehr verwundert. Sie sprach mich auch mal an, als ich Nina abholte, und fragte, ob sich etwas bei uns verändert habe oder woran Ninas verändertes Verhalten denn liegen könne. Ich sagte ihr, daß Nina nicht mehr gerne in den Kindergarten gehe, und erzählte dann, was sie alles über die Jungen und die Erzieherin zu Hause berichtete.
Ein paar Tage später kam meine Freundin Esther mit Nina aus dem Kindergarten. Sie war angesprochen worden, ob sie eigentlich bei uns wohne, was sie bejaht hatte.
Wieder ein paar Tage später meinte die Erzieherin zu mir: Sagen Sie mal, Sie haben uns gar nichts über die gravierenden Veränderungen in Ihrem Haus erzählt. Da ist es kein Wunder, daß Nina so anders geworden ist. Ich wußte gar nicht, wovon sie sprach. Die Frau redete immer um den heißen Brei herum, bis ich endlich raus hatte, daß sie eine lesbische Beziehung vermutete, bei uns ja nicht zu Unrecht, aber daß sie vor allem etwas ganz Negatives für Nina davon ableitete. Sie war außerdem der Meinung, daß Esther gerade erst zu uns gezogen sei, was gar nicht stimmte. Wir lebten bereits zusammen, als Nina noch in der alten Gruppe war.
Uns fiel dann auf, daß man im Kindergarten besonders nett und rücksichtsvoll mit Nina umging, nach dem Motto: Wir müssen hier alles an dem Kind wiedergutmachen, was zu Hause schiefläuft. Aber sowohl Esther als auch mich fertigte man ziemlich kurz und bündig ab.
Dann kam der Clou: Die Sozialarbeiterin, die Jahre vorher schon mal wegen der Sorgerechtsregelung bei uns war, tauchte wieder auf. Angeblich müsse sie noch einmal gucken, ob alles o. k. sei. Da war sie bei mir an der falschen Stelle. Ich wußte, daß diese Frau immer ins Kindertagesheim zum Mittagessen kam, also hatten sie da über uns geredet. Ich wußte außerdem, daß eine Familienfürsorgerin nicht automatisch ins Haus kommt, sondern nur,

wenn es einen wichtigen Anhaltspunkt gibt. Das habe ich ihr auch gesagt und sie gefragt, wer denn was über uns erzählt habe. Sie druckste herum, und irgendwann rückte sie mit der Story heraus. Ich bin überhaupt nicht auf das Thema Homosexualität eingegangen, ich habe ihr nur erzählt, daß wir schon seit längerer Zeit zu dritt lebten, daß aber Nina sich in der Gruppe unwohl fühle. Zum Glück konnte sie sich davon überzeugen, daß Nina völlig gut drauf war, als sie nämlich laut quietschend und lachend mit den Kindern aus der Nachbarschaft hereinkam.«

Sowohl als Mutter eines Kindergartenkindes als auch als Mitarbeiterin in Kindertagesheimen während meines Studiums habe ich erlebt, daß die MitarbeiterInnen sich viele Gedanken um die Kinder machen, daß aber Eltern in ihrer Beurteilung oft schlecht wegkommen. Es mag an der Konkurrenz liegen, die in manchen Situationen zwischen den beiden Erziehungsinstanzen auftreten und zu offenen oder verdeckten Wettkämpfen führen kann. Eltern haben außerdem in den seltensten Fällen eine pädagogische Ausbildung, BerufspädagogInnen hingegen hätten wahrscheinlich ihren Beruf verfehlt, wenn sie sich nicht einbringen würden. In Kindertagesheimen ist es an der Tagesordnung, daß Mütter die ErzieherInnen ihrer Kinder als Seelenmülleimer benutzen. Ich habe es oft erlebt, daß Mütter abgehetzt von der Arbeit kamen und zunächst mit dem Personal statt mit ihren Kindern sprachen, wohl auch, weil sie erst einmal umschalten mußten, und auch, weil sie die Kinder noch den Rest des Tages hatten, die Angestellten aber nach Hause gingen. So bekamen wir mit, wenn sich Eltern gestritten hatten, wenn der Mann die Frau geschlagen hatte, wenn einer von ihnen den Job verloren hatte, wenn ihnen die Schulden über den Kopf wuchsen, wenn der eine den anderen verlassen hatte, wenn eine alleinstehende Mutter sich mit Ängsten herumquälte oder wenn sie frisch verliebt war und ihren neuen Partner voller Glück vorstellte.
Eine lesbische Mutter aber kann nicht einfach über den Streß reden, den sie mit ihrer Freundin hat, sie kann nicht glückselig mit ihrer neuen Geliebten dahinschweben und sie als ihre neue Partnerin vorstellen. Sie muß sehr viel mehr für sich behalten. Bei so manchen ErzieherInnen kommt diese Zurückhaltung jedoch genau gegensätzlich an, als sie gemeint ist. Es ist das gleiche wie bei

den Nachbarn: Bekommen sie keine Informationen, dann werden sie besonders neugierig.
Beiden Seiten täte Offenheit gut, denn beide kümmern sich wohlwollend um das Kind. Aber die Konventionen stehen dazwischen. Das Ganze ist eigentlich auch deshalb unverständlich, weil gerade in sozialen Berufen wie denen der Krankenschwester/pfleger, ErzieherInnen und LehrerInnen viele Schwule und Lesben anzutreffen sind.
Als meine Tochter im Kindergarten war, wurde die Nachbargruppe von einer jungen Frau geleitet, von der ich gleich von Anfang an das Gefühl hatte, sie könnte lesbisch sein. Über zwei Jahre hinweg haben wir uns nur mal zugenickt oder kurze Gespräche darüber geführt, daß sich meine Tochter offenbar öfter mal bei ihr als Gast eingestellt hatte und daß sie es eigentlich ganz schön gefunden hätte, sie ganz in ihre Gruppe aufzunehmen.
Eines Abends waren meine Freundin und ich mit anderen Paaren in einer Frauentanzbar. Am Nebentisch saß diese Erzieherin. Wir lachten uns erleichtert zu, sprachen aber nicht miteinander – und auch danach fiel niemals ein Wort zwischen uns, über uns. Ich war damals noch nicht selbstsicher genug und sie offenbar auch nicht. Es war schön zu wissen, daß da jemand war, vor der ich keine innere Habachtstellung einnehmen mußte, aber es wäre noch schöner gewesen, wenn wir uns hätten austauschen können.

Schwieriger wird es in der Schule. Hier gelten andere Gesetzmäßigkeiten und Kriterien als im Kindergarten. Die Kinder werden beurteilt, und diese Beurteilungen verfolgen sie unter Umständen ein Leben lang. Hinzu kommen die bereits vorhin erwähnten Akten.
Ich erinnere mich an den Einschulungsbogen, den ich ausfüllen mußte. Es wurden Fragen nach Kinderkrankheiten, Einnässen und Sprachentwicklung gestellt, aber vor allem auch nach der Familienkonstellation, den Berufen der Eltern und der Wohnungsaufteilung. Einige Fragen konnte ich nachvollziehen, aber die meisten empfand ich als gefährlich, weil sie eine Basis für Einordnungen – im Guten wie im Schlechten – darstellten. Obwohl damals bei uns alles noch »in Ordnung« war, schrieb ich weder den Beruf meines Mannes noch den von mir hinein; ich gab auch nur

an, daß die Kleine ihr eigenes Zimmer hatte etc. Der nur zu einem Drittel ausgefüllte Bogen wurde mit Verwunderung in Empfang genommen. Als es dann zur Einschulung kam, erhielten wir Post von der Schule, und ich traute meinen Augen nicht: Da standen unsere Berufsbezeichnungen neben unseren Namen auf dem Briefumschlag.

Es ging jedoch weiter: Die beiden ersten Klassen waren in Akademiker- und Nichtakademikerkinder aufgeteilt. Das merkte ich erst, als wir mit dem Rektor einen Tausch aushandeln wollten. Die Kindergartenfreundin durfte nicht in die Klasse meiner Tochter, weil deren Mutter Putzfrau war. Der Schulleiter raunte es mir auf die vertrauensvolle und verständnisheischende Art zu, so nach dem Motto: Wir verstehen uns doch! Nein, wir hatten uns nicht verstanden! Ich diskutierte es mit der Mutter einer anderen Freundin meiner Tochter, und wir setzten durch, daß unsere beiden »Akademikerkinder« mit dem Putzfrauenkind in eine Klasse kamen. Von da an hatte ich sowohl bei dem Rektor als auch bei der Klassenlehrerin verspielt. Ich wage mir nicht auszumalen, wie sie reagiert hätten, wenn ich ihnen auch noch erzählt hätte, daß ich mit meiner Tochter in eine lesbische Lebensgemeinschaft eingezogen war!

Die Schule ist ein Ort, an dem die Kinder in Schubladen sortiert werden, und die Auswirkungen dieser Einordnungen können den Schüler oder die Schülerin ein Leben lang verfolgen.

Zwar lernen die LehramtsstudentInnen vorwiegend die Inhalte ihrer Fächer und nur sehr wenig über Entwicklungs-, Lern-, Sozial- und andere Psychologie, doch immer mehr LehrerInnen versuchen bei der Beurteilung – und manchmal auch im Umgang – die Hintergründe der Kinder verständnisvoll mit aufzunehmen. So kommt es sehr oft zu sogenannten pädagogischen Zensuren, die dem juristischen Spruch »Im Zweifel für den Angeklagten« entsprechen.

Ich habe einige LehrerInnen gefragt, was für persönliche oder familiäre Themen der SchülerInnen in ihren Konferenzen behandelt worden seien. Genannt wurden: Krankheit des Kindes oder eines der Elternteile; Arbeitslosigkeit der Eltern; Auswirkungen des Status des Vaters in der Öffentlichkeit (hoher Politiker) auf die Entwicklung des Kindes; Integrationsprobleme von Ausländerkindern, insbesondere der Kinder aus orthodoxen islamischen Familien; Inhaftierung des Vaters aufgrund von Kapitaldelikten, z.B. aufgrund von Mord; Stadtteilprobleme; Drogen- und andere Süchte; Geschwisterkonstellationen...

Eine Lehrerin erzählte über ein Kind, das sich von einer verhaltensmäßig unauffälligen, aber guten Schülerin in eine sehr aggressive verwandelt hatte. Sie gab den Verlauf der Konferenz in etwa so wieder:

Die Klassenlehrerin, eine fast fünfzigjährige ehrgeizige Frau, verheiratet mit einem stadtbekannten Rechtsanwalt, berichtete über die Verhaltensänderungen der neunjährigen Suse. Die beiden anderen Kolleginnen, die auch in der vierten Klasse unterrichteten, stimmten dem zu und schmückten die Geschichte durch eigene Beobachtungen aus.

Als es darum ging, die Gründe für diesen Wandel zu eruieren, wurden sie verhaltener und vertieften Einzelheiten. So kamen sie auf Streitereien, die Suse mit Klassenkameraden hatte. Der eine hatte den anderen »schwule Sau« genannt, und Suse war auf ihn losgegangen. Als Suse mit ihrer Freundin Arm in Arm über den Schulhof ging, rief ein Junge: Liebespaar, küßt euch mal! Wieder sei Suse – im Gegensatz zu ihrer Freundin – wütend geworden und habe sich mit dem Knaben geprügelt.

Im Sexualkundeunterricht habe Suse sich mit der Kollegin angelegt, als es um Fortpflanzung ging. Sie meinte, der Unterricht sei nur auf Heterosexualität ausgerichtet, was sie althergebracht und einseitig fände. Suse habe wie eine Erwachsene debattiert und auch die MitschülerInnen total überfordert. (Und wohl auch die Lehrerin.)

So nach und nach pendelte sich das Gespräch auf das Thema Homosexualität ein, man habe diskutiert, ob denn schon eine Neunjährige lesbisch sein könne. Die Klassenlehrerin hielt sich plötzlich sehr bedeckt, was einer Kollegin auffiel. Sie fragte nach. Unter dem Siegel der Verschwiegenheit, in flüsterndem Ton, erzählte die Anwaltsfrau aus der Praxis ihres Mannes. Die Eltern hätten sich vor gar nicht langer Zeit scheiden lassen (was bekannt war), und die Mutter lebe nun mit dem Scheidungsgrund, einer Frau, zusammen.

Nun war alles klar: Das arme Kind erlebte also völlig abnormes Verhalten zu Hause, es wurde von den lesbischen Frauen aufgehetzt und zur Männerhasserin erzogen!
Man überlegte sich Strategien, wie man erstens verhindern könne, daß andere SchülerInnen der Schule davon erfuhren, zweitens die MitschülerInnen davon abhalten könne, zu Suse nach Hause zu gehen, drittens der armen Suse helfen könne, viertens mit der Mutter ein entsprechendes Gespräch führen könne.
Die Schulleiterin merkte am Ende der Sitzung an, daß sie – trotz der guten Leistungen des Mädchens – besser keine Gymnasialempfehlung aussprechen sollten, denn es sei doch abzusehen, daß es bald in der Gosse landen würde, und darunter müßten die Schulleistungen leiden. Das aber würde negativ auf ihre Schule zurückfallen, was unbedingt zu vermeiden war.
Eine lesbische Mutter ist für die meisten LehrerInnen offenbar eine Exotin, und mit Exoten umzugehen ist immer eine schwierige Sache. LehrerInnen behandeln Homosexualität sicherlich nicht nur aus eigener Anschauung heraus, sondern sie werden auch berücksichtigen, was andere darüber denken. Hier kommt wieder der »generalisierte andere« ins Spiel: Wie wir alle, haben auch BerufspädagogInnen internalisiert, daß die meisten Menschen Probleme im Umgang mit Homosexualität haben und daß vor allem Mütter heterosexuell zu sein haben. Also erwarten auch LehrerInnen diese Vorbehalte bei ihren KollegInnen, bei den Eltern der anderen Kinder etc.
Wer sollte sich auch dafür stark machen? Selbst betroffene LehrerInnen halten sich meistens bewußt zurück, denn sie würden sich sonst verdächtig machen. Heterosexuelle LehrerInnen mit »humaner« Einstellung könnten Veränderungen bewirken, aber sie tun es selten. Vielleicht ist ihnen das Thema zu fern, vielleicht haben sie zuwenig Motivation aus anderen Gründen, vielleicht ist es ihnen zu mühsam, weil sie sonst selbst in Verdacht geraten könnten...

Die Erlebnisse aus den Schulen ihrer Kinder schilderten die meisten Mütter als negativ.
Bärbel, Mutter von Tobias, war bereits im Kindergarten mit auf Gruppenreisen gefahren, so auch in der ersten Klasse auf Klassen-

reise. Sie verstand sich mit der Lehrerin sehr gut, und es waren schöne Tage. Bärbel wurde Sprecherin des Elternrates. Aus diesem Grund hatte sie immer wieder mit den Lehrern zu tun. Nach den Sitzungen gingen sie öfter in eine Kneipe, wo sie bis spät in die Nacht klönten.
Irgendwann kam Britta, Bärbels Freundin, hinzu. Sie wollte sie mit dem Auto abholen, weil sie wußte, daß Bärbel Alkohol getrunken hatte. Es war gute Stimmung, die Freundin wurde in die Gespräche einbezogen, und bei der Verabschiedung ging es fröhlich her, was Britta veranlaßte, für kurze Zeit den Arm um Bärbels Schulter zu legen.
Beim nächsten Treffen war die Klassenlehrerin sehr reserviert, und irgendwann erfuhr Bärbel, daß sie die nächste Klassenreise nicht wieder als mithelfende Mutter begleiten sollte.
Tobias, der sehr viel mit seiner Mitmutter unternahm und auch gern über sie in der Schule erzählte, bekam einmal einen Rüffel von der Lehrerin. Er solle doch mehr über seine Mutter sprechen, weniger über diese Frau, man würde sonst gar nicht mehr durchfinden, wer denn nun wer sei.
Bärbel war überzeugt, daß die Lehrerin ihre lesbische Beziehung registriert und Probleme damit hatte. Sie hat es aber nie gewagt, sie darauf anzusprechen. So war das anfänglich nette Verhältnis getrübt.
Elisabeth hingegen war offensiver. Sie ging gleich zu der Klassenlehrerin ihrer Tochter und schenkte ihr reinen Wein ein:
»Die Lehrerin der Erstkläßler war so ein richtiges Muttchen. Ich hatte sie ganz offenbar überfordert, ihr vielleicht aber auch mit meinem Vertrauen geschmeichelt. Jedenfalls tat sie danach auf jedem Elternsprechtag und an den Elternabenden so, als hätten wir ein großes Geheimnis miteinander, das andere auf keinen Fall teilen sollten. In ihren mündlichen Beurteilungen bezüglich meiner Tochter ließ sie immer so was Dubioses durchblicken. Sie sagte z.B.... Na, unter den Bedingungen von Miriam... Oder: Wenn man bedenkt, unter welchen Erschwernissen sie aufwächst... Ich habe dann die Rolle der Trösterin und der Beraterin eingenommen, und ich glaube, ich habe es geschafft, der Frau einige Sorgen zu nehmen!
Als Miriam in die weiterführende Schule kam, machte die Klassen-

lehrerin gleich im ersten Halbjahr Hausbesuche. Dabei habe ich auch ihr meine Freundin vorgestellt und sie gefragt, was sie denn davon hielte, wenn wir zu zweit auf die Elternabende gingen, zumal ich sowieso manchmal von meiner Freundin vertreten werden mußte, wenn ich auf Dienstreisen war. Diese Lehrerin war jünger und offenbar einigen Kummer gewohnt. Sie sprach klar und deutlich mit uns, das Thema sei für sie kein Problem, und sie wolle auch darauf achten, daß Miriam keine Nachteile erführe. Vertretung sei o. k., aber zu zweit, sozusagen als Elternersatz, sollten wir nicht erscheinen. Wenn meine Freundin dann mal allein käme, könne sie sie immer noch als Patentante vorstellen. Sie gab mir außerdem den Rat, es nicht den anderen Kollegen zu erzählen, denn die hätten sicherlich Schwierigkeiten mit unserer Art.
Ich hielt mich an ihren weisen Rat, vor allem weil Miriam es so wünschte.«
Elisabeth war eine Ausnahme. Grundsätzlich versuchen lesbische Mütter eher, ihre Beziehung in der Schule zu verheimlichen. Sie haben Angst vor Sanktionen, insbesondere vor Benachteiligungen, unter denen ihre Kinder leiden könnten.
Ich habe aber den Eindruck, daß diese Angst größtenteils unberechtigt ist. Die Kinder erhalten sicherlich keine schlechteren Zensuren aus diesem Grund. Der Angst vor der Aktenkundigkeit könnte in der Form begegnet werden, daß die lesbische Mutter nicht gleich am Anfang etwas darüber erzählt. Am besten wäre es, wenn sie sich zunächst über andere Themen bei den LehrerInnen bekannt machen würde, so daß ein Bild entsteht, das zwar individuell, aber weniger »exotisch« ist. Erst im zweiten Schritt würde ich die Mitmutter ins Gespräch bringen.
Falls die LehrerInnen nämlich wirklich Vorurteile gegen lesbische Mütter haben, so werden sich diese vor allem auf den sozialen Kontakt zwischen ihnen und den Müttern auswirken. Tritt die lesbische Mutter »normal« auf, damit ist ein selbstsicheres, selbstbewußtes Erscheinen gemeint, das ein inneres Gefühl der Akzeptanz vermittelt, werden die Vorbehalte geringer, und wenn da trotzdem welche wären, würde dies auch nicht mehr so viel ausmachen.

Im September 1992 fand in Berlin ein Kongreß für PädagogInnen zu dem Thema gleichgeschlechtliche Lebensweisen statt. Ich besuchte die Veranstaltung, in der es um lesbische Mütter ging. Die Eröffnung gestaltete sich folgendermaßen: In einem Hörsaal standen im Halbkreis Stühle, die nach und nach von siebzehn Frauen und einem Mann besetzt wurden. Die erste Reihe blieb zunächst frei. Es zogen ein paar Frauen ein, nahmen vorn Platz, eine setzte sich an den Tisch in der Mitte vor eine Tafel, auf der die Tagesordnung eines Elternabends stand: Sexualkundeunterricht.
Es ging zunächst um das Zusammenleben von Vater und Mutter, und sehr schnell kamen die Frauen in der ersten Reihe, die sich als gute Schauspielerinnen entpuppten, auf andere Familienkonstellationen zu sprechen. Die Forderung, die Kinder sollten im Unterricht lernen, auch gleichgeschlechtliche Lebensweisen als normal anzusehen, wurde klischeehaft, aber dennoch realistisch, nämlich abwehrend diskutiert. Mit Hinweis auf die Tierwelt wurde es als unnormal und pervers abgelehnt. Eine andere zog Parallelen zwischen Kriminellen, Vergewaltigern und Homosexuellen. Die nächste äußerte die Angst, ihr Kind könne durch den »schlechten Umgang« angesteckt werden. Überhaupt kam Sorge auf, daß der Einfluß auf die Kinder sehr negativ sein könne.
Während dieses »Theaterstücks«, das von lesbischen Lehrerinnen dargestellt wurde, die zum großen Teil auch Kinder hatten, schaute ich in die Runde und beobachtete die Kongreßteilnehmerinnen. Ich erkannte zustimmendes Nicken, nach dem Motto: Ja, so ist diese Welt, oder: Ja, diese Argumente kenne ich. In anderen Gesichtern sah ich Wut und Empörung.
Danach wurde diskutiert, wie man diesen Vorurteilen begegnen könne und ob die LehrerInnen, die Homosexualität als etwas Natürliches gleichberechtigt im Unterricht behandelten, juristisch überhaupt abgesichert seien, was – auf Berlin bezogen – bestätigt wurde.
Dann wurde diskutiert, in welches Unterrichtsfach diese Thematik eigentlich gehöre: Sozialkunde oder Sexualkunde? Man konnte sich nicht einigen, ich hatte den Eindruck, daß die meisten Teilnehmerinnen die Notwendigkeit des Themas in beiden Fächern sahen: Wenn im Sexualkundeunterricht über Sexualpraktiken gesprochen wird, weil man die Kinder/Jugendlichen für das Leben

vorbereiten will, dann müssen viele Varianten zwischen allen Geschlechtern berücksichtigt werden, denn auch unter den Kindern von heute werden schwule und lesbische Erwachsene von morgen sein. Und gemäß Grundgesetz ist die Gleichberechtigung zu bedenken. Will man also Kindern die geschlechtliche Identitätsentwicklung erleichtern, ihnen ihre Ängste und Fragen nehmen, so muß dieses eigentlich erst recht bei denjenigen passieren, die besonders große Ängste haben könnten. Und das sind voraussichtlich vor allem diejenigen, die sich irgendwann als nicht »normal« erleben. Hat ein junges Mädchen, das bei sich entdeckt, daß es sich weniger in Jungen als in Mädchen oder Frauen verliebt, bereits in der Schule gelernt, daß das eine Möglichkeit aus der bunten Palette des menschlichen Lebens sein kann, so wird es weniger in Identitätskrisen stürzen.

Geht man in diesem Unterricht auf den erweiterten Begriff von Sexualität ein, so gilt das gleiche. Genitales Liebesspiel findet nicht in der Öffentlichkeit statt. Soziales, sexuelles Miteinander im weiteren Sinne jedoch ist ein wichtiger Bestandteil einer Beziehung. Durch die Demonstration von Zusammengehörigkeit zweier Menschen innerhalb einer Gruppe erleben die meisten Paare eine Bestätigung, ihre (Selbst-)Sicherheit wird gestärkt und somit oft auch die Beziehung selbst.

Sozialkunde hat u. a. zum Ziel, die SchülerInnen zu Bürgern zu erziehen, die sich innerhalb ihrer sozialen Ordnung selbstbewußt, aktiv und ihre Mitmenschen achtend bewegen können. Hierbei ist es eine wichtige Frage, ob diese Ordnung auch gleichgeschlechtliche Beziehungen vorsieht oder ob sie negiert werden. Der Paragraph 175 in seiner Altfassung ist zum Glück gestrichen. Solange es einen gesetzlichen Unterschied zwischen Homo- und Heterosexualität gab, war ein Unterricht, der auf Gleichberechtigung ausgerichtet war, in einer gewissen Zwickmühle. Da diese Gesetzesänderung erst kürzlich geschehen ist, ist nicht davon auszugehen, daß schon eine Veränderung in der sozialen Einstellung stattgefunden hat. Um aus diesem Dilemma herauszukommen, braucht es LehrerInnen, die in der Lage sind, vorhandene Gesetze, Normen, Verordnungen etc. im Unterricht mit den Kindern zu hinterfragen und dabei stets Kritikfähigkeit und soziales Engagement zu fördern.

Gleichgeschlechtliche Lebensweisen sind meiner Meinung nach aber nicht nur im Sexual- und Sozialkundeunterricht zu thematisieren. Eng damit verknüpft sind die Fächer Religion und Ethik. Gerade ReligionslehrerInnen sind hier gefordert, sich mit der Lehre ihrer Kirche auseinanderzusetzen.

Bezüglich weiterer Unterrichtsfächer wäre es wünschenswert, wenn auch im Deutsch- oder anderen Sprachunterricht Literatur über homosexuelle Beziehungen integriert wäre. Dabei taucht natürlich das Problem der geringen Auswahl auf. Aber auch wenn es nicht viele »Klassiker« zu diesem Thema gibt, so kann man – wenn man will – einiges auf dem Markt finden, insbesondere aus der Moderne. Ferner bieten auch die Romantiker viel Material, das leider in den meisten Schulen einseitig abgehandelt wird, d.h., die homoerotischen Anteile werden unberücksichtigt gelassen.

LehrerInnen sind ganz wichtige Personen, die die Einstellungen der Kinder und Jugendlichen prägen, und zwar nicht nur durch die konkreten Lehrinhalte, sondern gerade auch durch ihre Methodik. Kinder, die lesbische oder schwule Eltern haben, brauchen, um sich im positiven Sinne sozial entwickeln zu können, reflektierte und die Realität akzeptierende LehrerInnen, ebenso wie diejenigen, die selber homosexuell sind oder werden.

Kinder merken sehr deutlich, ob der Lehrer oder die Lehrerin Schwul- oder Lesbischsein als abnorm, pervers oder sonstwie negativ bewertet oder ob er/sie offen und neutral dazu steht.

Meine Tochter hatte im Gymnasium einen Biologielehrer, der mit den damals ca. Zwölf- oder Dreizehnjährigen über Sexualpraktiken redete. Sie erzählte mir, daß Mann und Frau es so oder so oder so »miteinander machen« können, Männer untereinander so oder so oder so, Frauen untereinander so oder so oder so...

An einem anderen Tag kam sie aus der Schule und war ganz aufgeregt: Ihre Mitschüler hatten sich gegenseitig »an die Säcke getatscht« (ein sehr beliebtes Spiel in der Klasse) und sich dann als »schwule, geile Säue« tituliert. Der Biologielehrer hatte es mitbekommen und sich mit ihnen über Vorurteile gegenüber Minderheiten unterhalten. Zum Schluß habe er es sich verbeten, daß noch einmal in seinem Dabeisein irgend jemand im negativen

Sinne als schwul bezeichnet werde. Wenn sie Fragen dazu hätten, auch in bezug auf sich selbst, dann könnten sie sie stellen, entweder in der Klasse oder allein bei ihm.

Dieser Lehrer war also o. k. Er strahlte damals etwas sehr Beruhigendes auf meine Tochter aus, denn sie fühlte, daß nicht nur Leute aus unserem Freundeskreis unproblematisch mit dem Thema Homosexualität, und somit mit uns, umgingen. Außerdem war dieser Unterricht für all die Schülerinnen und Schüler gut, die bereits zu dieser Zeit oder später ihre eigenen homosexuellen Gefühle entdeckten. Es wäre zu wünschen, daß es mehr LehrerInnen dieser Art gäbe, die der heranwachsenden Generation eine »normalere« Einstellung vermittelten.

Gern hätte ich diesem Lehrer die Wahrheit über mich gesagt, aber meine Tochter wollte es nicht, also ließ ich es. Eigentlich schade (und feige), denn bezüglich der Veränderungen im schulischen Bereich können nicht nur die Lehrenden etwas tun, sondern auch die lesbischen Mütter selbst. Treten wir aus dem Versteck heraus, zeigen wir – ganz selbstverständlich –, daß es uns gibt, dann verlieren wir an Exotik.

Kürzlich stand in der »Hamburger Morgenpost« ein Artikel über eine Lehrerin, die eine Klasse abgeben mußte, weil sie Ausländerkinder diskriminiert hatte. Ob ihr diese Sanktion auch widerfahren wäre, wenn sie ein Kind einer lesbischen Mutter so behandelt hätte? Ich vermute, nicht, denn erstens hätte sie das dann nicht so offen, sondern versteckter getan, zweitens hätte die lesbische Mutter sicherlich eine kleinere Lobby hinter sich gehabt, und drittens ist es für eine lesbische Mutter viel schwieriger, sich öffentlich darzustellen, als für eine Mutter mit einem ausländischen Paß.

Sowohl LehrerInnen als auch wir Eltern müssen noch viel lernen, vor allem aber das Grundsätzliche, auf dem alles andere aufbaut: Sexualität ist nicht nur eine biologische Vorgabe, sondern hat insbesondere eine soziale Komponente. Und Schule ist nicht nur ein Ort der Stoffvermittlung, sondern vor allem auch eine Institution, in der soziale Werte weitergegeben werden.

Beruf

Die meisten lesbischen Mütter sind berufstätig, denn sie haben keinen Mann an ihrer Seite, der für sie und ihre Kinder das Geld verdient. Einige Frauen habe ich kennengelernt, die zusammenleben, sich als Familie empfinden und deshalb Job-sharing gemacht haben. Sie haben beide nur halbtags gearbeitet, oder für ein paar Jahre verdiente die eine und dann die andere das Geld. Es gibt natürlich auch lesbische Mütter, die nur stundenweise oder gar nicht arbeiten, weil ihre Kinder noch zu klein sind, und die entweder von dem Unterhalt des (meistens nicht informierten) ehemaligen Ehemannes oder von der Sozialhilfe leben.

Die meisten lesbischen Mütter aber müssen sich ihren Lebensunterhalt selbst verdienen. Frauen verdienen in dieser Gesellschaft bekanntlich nach wie vor weniger als Männer, so daß das Gehalt nur einer Frau nicht reichen würde. Hinzu kommt, daß Frauenpaare gesetzlich nicht anerkannt werden, wenn es um die Altersversorgung geht. Zwar muß die Verdienende die Nichtverdienende finanziell unterstützen, wenn sie bei der Beantragung von Sozialhilfe angibt, daß sie einen gemeinsamen Haushalt führen, aber wenn es um Rentenansprüche geht, dann findet die Frau der Frau keine Anerkennung, ebenso wie bei der steuerlichen Belastung.

Das heißt also, daß eine lesbische Mutter oder Mitmutter, die nicht arbeitet, keine gesetzlichen Rentenansprüche erwirbt. Witwenrente ist nicht zu erwarten, es sei denn die eine würde so viel Geld verdienen, daß sie die andere privat in der gleichen Höhe versichern könnte. Das aber ist sicherlich äußerst selten, jedenfalls habe ich kein solches Frauenpaar kennengelernt.

Abgesehen von dem finanziellen Aspekt legten die meisten Frauen, mit denen ich gesprochen habe, großen Wert auf ihre Berufstätigkeit. Sie konnten es sich nicht anders vorstellen, als – neben Haushalt und Kind oder Kindern – auch berufstätig zu sein.

Zwar träumten manche davon, mal für eine Zeit auszusetzen, aber generell zählte ihre Berufstätigkeit mit zu den lebenserfüllenden Faktoren, die sie weder für sich selbst noch in bezug auf die Kinder missen wollten. Sie hatten größtenteils bewußt eine Ausbildung gemacht und meinten, sie wären schlechte, da sehr unausgefüllte Mütter, wenn sie nur Hausfrauen wären.
Durch die Berufstätigkeit ergibt sich aber ein weiteres soziales Umfeld, in dem die meisten lesbischen Frauen, und erst recht Mütter, vorsichtig sind, etwas über sich zu erzählen.

Unter meinen Gesprächspartnerinnen war nur eine Frau, die als Fabrikarbeiterin tätig ist. Sie schilderte mir die Verheimlichung ihres Privatlebens so:
»In den Pausen quatschen wir immer mal über Familie, Wochenende und so. Ich muß dann auch mal was erzählen. Also mach ich aus meiner Freundin einen Freund. Das finden die anderen dann auch ganz irre, was er so mit den Kindern anstellt. Wenn die wüßten, daß das eine Frau ist! Dafür fragen sie aber auch andauernd, wann wir endlich heiraten wollen, das nervt. Ich hab Angst, daß mal eine Kollegin zu Hause vorbeikommt. Dafür habe ich mal eine große Flasche Rasierschaum gekauft, die steht im Bad – für alle Fälle.«
Sie äußerte vor allem Angst vor Witzeleien, die über sie gemacht werden könnten und denen sie dann nicht gewachsen wäre. Schwulenwitze seien an der Tagesordnung. Lesben seien noch nicht unter den Frauen thematisiert worden – dafür mehr unter den Kollegen, die sich daran aufgeilten. »Und wenn ich mir vorstelle, daß diese Kollegen was von mir wüßten, dann kriege ich eine Gänsehaut, so wie die vielleicht sofort einen hochkriegen«, meinte die Frau, »vor allem der eine Kollege, der protzt immer mit seinen sexuellen Erlebnissen rum. Ich glaub dem kein Wort, alles Phantasien. Aber wenn der von meinem Lesbischsein wüßte, dann würde der bestimmt alles mögliche versuchen...«
Vielleicht hat sie recht, vielleicht würde es ihr aber ganz anders ergehen. Männer betrachten lesbische Frauen ja oft in ganz widersprüchlicher Weise: Sexuell scheinen sie sie zu stimulieren, im normalen Alltag aber sind Lesben die abzulehnenden »Mannweiber« oder »Flintenweiber«.

Letzteres hat eine andere Frau, Gesine, stark zu spüren bekommen:

Gesine war in einem mittelständischen Unternehmen beschäftigt. Ihr Chef wußte, daß sie mit ihrer Freundin zusammenlebte. Auf einem Betriebsausflug machte er sich in eindeutiger Weise an sie heran. Sie konnte es nicht verhindern, mit ihm zusammen nach Hause zu fahren, denn er hatte getrunken, und sie hatte vorher die Zusage gemacht, nüchtern zu bleiben, um Chauffeuse zu spielen. Alle Versuche, noch weitere KollegInnen in dem Auto mitzunehmen, schlugen fehl. Der Chef bedrängte sie. Er wollte sie zwingen, in einem Waldstück anzuhalten, was ihm nicht gelang. Er fummelte an ihr herum, und als sie das abwehrte, sprach er sie auf ihr Lesbischsein an. Sie solle doch mal versuchen, mit einem richtigen Mann zu schlafen, mit einer Frau könne das doch auf Dauer kein Vergnügen sein.

Sie konnte es nicht verhindern, daß er noch mit zu ihr nach Hause kam, weil er dort deponierte Schlüssel holen mußte. Ihre Freundin, die nichts von den Geschehnissen wußte, bat ihn freundlich herein, bot ihm einen Kaffee an, und sie kamen ins Gespräch, das schnell auf das Thema des Zusammenlebens der beiden Frauen mit Kind kam. Gesine und ihre Geliebte machten keinen Hehl aus ihrer Liebesbeziehung, was ihn sehr reizte.

Zum Schluß versuchte er sogar mit dem Versprechen einer Gehaltszulage, mit den beiden Frauen einen Hoteltermin abzumachen, denn in der Wohnung sei das Kind, das nichts davon mitkriegen müsse. Gesine befand sich in einem Konflikt: Wie sollte sie sich verhalten, denn es war doch ihr Chef, eine Gehaltserhöhung hätte sie gern bekommen, aber keinesfalls über solch einen Weg. Würde sie ihre Ablehnung ganz deutlich äußern, dann drohte ihr eher eine Kündigung als eine Verbesserung ihrer Situation. Zum Glück gelang es ihrer Freundin sehr diplomatisch, den angetrunkenen Mann hinauszukomplimentieren.

In den darauffolgenden Tagen fand ein Spießrutenlaufen statt. Der Chef, nun nüchtern, wußte offenbar nicht, wie er sich verhalten sollte. Einerseits hatte er weiterhin seine Gelüste, und dies machte er auch deutlich, andererseits schien er ein schlechtes Gewissen zu haben. Gesine versuchte, ihm aus dem Weg zu gehen, was er aber nicht zuließ. Also meldete sie sich krank.

Kurz darauf ließ sie sich zur Betriebsrätin wählen. Der charmante oder bedrängende Umgangsstil des Chefs war nun einer harten Gangart gewichen. Gesine wurde als knallhartes Mannweib dargestellt; im Nu war im ganzen Betrieb bekannt, daß sie lesbisch lebte.

Gesine bekam ein Gespräch zweier Kollegen mit, in dem der eine über das Gerücht ihrer Homosexualität sprach und der andere meinte, das könne gar nicht sein, denn schließlich habe sie doch einen Sohn, und verheiratet sei sie auch gewesen. Gesine nahm dies zum Anlaß, sich mit dem von dem Kollegen genannten Alibi zu schützen. Plauderte sie mit anderen im Betrieb, dann ließ sie den Namen ihres Sohnes einfließen, sie erzählte auch mal eine witzige Story, die an ihrer Hochzeit passiert war, etc. Sie hoffte, dadurch die Aufmerksamkeit von sich zu lenken.

Doch der Chef konnte es nicht verkraften, abgewiesen zu werden. Er insistierte so lange, bis Gesine sich einen anderen Arbeitsplatz gesucht hatte.

Gesines Fall ist typisch für sexuelle Belästigung am Arbeitsplatz, die viele Frauen erleben müssen. Lesbische Frauen machen sich in besonderer Art und Weise angreifbar, wenn sie etwas über sich erzählen. Entweder werden sie zum Lustobjekt, oder sie sind abzulehnende »Mannweiber«, die als Konkurrenz angesehen werden. Solche Herren lassen ihre Doppelmoral walten, und wenn die Frauen sie abweisen, dann setzen sie sie moralisch unter Druck, insbesondere dann, wenn sie wissen, daß die Frauen auch noch ein oder mehrere Kinder zu versorgen haben.

Lesbische Frauen ohne Kinder können im Beruf freier leben und agieren. Sobald sie aber Verantwortung für andere, z. B. Kinder, tragen, haben sie selbst das Gefühl der Abhängigkeit. Aber auch die anderen, die Vorgesetzten, kennen und nutzen diesen Umstand. Entsprechend verlaufen dann auch die Verhandlungen über einen möglichen Aufstieg.

Eine Gesprächspartnerin erzählte mir dazu ihre Erfahrungen:

»Ich arbeite seit über zehn Jahren bei einer Versicherung, vorher hatte ich in einem anderen Büro Versicherungskauffrau gelernt, mit sehr gutem Abschluß. Man nahm mich also mit Handkuß. Nach zwei oder drei Jahren war ich gut im Geschäft, es war ir-

gendwie toll. Ich spielte mit Kollegen zusammen Tennis, und da lernte ich Regine kennen. Also spielte ich auch mit ihr, manchmal auch mit ihrem Sohn Ronald, der damals zehn Jahre alt war.
Nach und nach bekamen die Kollegen mit, was so zwischen uns abging. Sie machten Bemerkungen, jedenfalls habe ich das so empfunden. Ich wurde vorsichtig, erzählte von einem angeblichen Freund, der aber leider ganz unsportlich sei. Irgendwann bei einem Turnier wurde wieder gefragt, wo denn dieser Freund sei, man wolle ihn doch endlich mal kennenlernen und gucken, ob er genehmigt werden könne. Ich erzählte, er sei auf Geschäftsreise und bedauere selber sehr, nicht mal zugucken zu können, wie ich die Herren vom Platz scheuchen würde. Ich gewann das Turnier tatsächlich, Regine und Ronald waren auch da, und wir fielen uns vor Freude spontan in die Arme. Das muß eindeutiger ausgesehen haben als bei anderen Frauen.
Jedenfalls nahm man ziemlich schnell von mir Abstand. Kurz darauf bewarb ich mich als Abteilungsleiterin. Ich bekam den Job nicht, obwohl meine Leistungen erheblich über denen des Kollegen lagen, der den Posten bekommen hat.
Bei dem Bewerbungsgespräch wurde auch ein Test mit dem Hauspsychologen gemacht, viele Fragen betrafen den privaten Bereich. Ich war inzwischen mit Regine zusammengezogen; eine der Fragen war auch, wie viele Personen in meinem Haushalt lebten, und ich antwortete wahrheitsgemäß mit »drei«. Obwohl nicht weiter nachgefragt worden war, wer diese Personen seien, war meinem Boß dann plötzlich klar, daß ich »mit dieser Frau und dem Kind vom Tennisplatz« zusammenlebte, wie er sich auszudrücken beliebte.
Ich war es leid zu lügen, vor allem, als wir in eine ganz schlimme Situation gekommen waren. Regines Mann war gestorben, er hatte aber eine weitere Frau mit mehreren Kindern hinterlassen, so daß es so gut wie keine Rente für sie und Ronald gab. Regine hatte bald darauf einen Verkehrsunfall und konnte danach ihren Beruf nicht mehr ausüben. Da mußte ich einfach mehr Geld verdienen, damit es weiterging.
Also bewarb ich mich erneut auf eine freigewordene Stelle und erhielt wieder eine Ablehnung, aber mit dem Angebot einer Auslandsstelle. Ich erklärte sehr deutlich meine Situation und meine

Verantwortung für den Jungen, der inzwischen im Abitur steckte und nicht auch noch was dazuverdienen konnte. Du hättest mal das Gesicht vom Boß sehen müssen, er war völlig konsterniert. Für den Sohn einer Freundin sollte ich sorgen müssen? Ob ich zu den barmherzigen Schwestern übergesiedelt sei, wollte er wissen, und das ganz ohne Ironie, aber wohl doppeldeutig.
Von da an wurde ich ziemlich schikaniert. Sie wußten nun alle, daß ich lesbisch bin, und sie wußten, daß ich von dem Job abhängig war.
Das ist nun meine Situation seit fast vier Monaten: Regine mit ihrer Arbeitslosigkeit und ständigen Schmerzen, Ronald quält sich mit seinen Prüfungen, und ich komme genervt nach Hause. Im Moment kann ich mich nicht bei einer anderen Versicherung bewerben, denn in dieser Verfassung könnte ich mich nicht gut verkaufen. Außerdem weiß ich nicht, ob die Herren meiner Firma nicht in Kontakt mit der neuen treten würden, um den Tratsch gleich weiterzugeben.
Eines steht für mich aber fest: Wenn ich mal wechsle, werde ich nichts von meiner lesbischen Beziehung erzählen.«

Eine Diplompsychologin berichtete über ähnliche Erfahrungen:
Gerda bewarb sich innerhalb eines Großkonzerns um eine Stelle als Projektleiterin. Ihre Erfahrungen und Fähigkeiten waren eindeutig und anerkannt. Im Auswahlausschuß wurde sie abgelehnt. Begründung: Diese Frau habe Kinder zu versorgen, also werde sie den erhöhten Anforderungen, insbesondere den zeitlichen, nicht gewachsen sein. Gerda legte Widerspruch ein, ihre Kinder seien schon neun und zehn Jahre alt. Während ihrer siebenjährigen Betriebszugehörigkeit habe sie noch nicht einen der ihr bei Krankheit der Kinder zustehenden freien Tage beansprucht. Überstunden seien auch in der jetzigen Position keine Seltenheit. Sie wurde trotzdem abgelehnt.
Über inoffizielle Wege hatte sie gehört, daß es in den Chefetagen sehr wohl bekannt war, daß sie mit einer Frau zusammenlebte, daß ihr »abnormaler Lebenswandel« der tatsächliche Grund sei.
Da man ihr diese Information nur im Vertrauen gegeben hatte, konnte sie nicht weiter dagegen angehen. Auf meine Frage, ob sie

sich denn gewehrt hätte, wenn sie nicht bei diesem Informanten im Wort gestanden hätte, runzelte sie die Stirn: »Das mit der Informationsquelle hätte ich regeln können, aber wegen der Kinder bin ich sehr vorsichtig. Sie hätten leiden müssen, und den möglichen Folgen des Drucks, der dann entstanden wäre, wären wir vielleicht alle vier nicht gewachsen gewesen. Selbst wenn ich juristisch recht bekommen hätte, so hätte ich den Posten aus anderen fingierten Gründen nicht bekommen. Und ich vermute, man hätte sich ganz von mir getrennt, weil dann das Vertrauensverhältnis zwischen Arbeitgeber und mir, einer leitenden Angestellten, als gestört gegolten hätte und man mich als illoyal abgestempelt hätte.
Wenn meine Freundin und ich alleine lebten, dann könnten wir uns solchen Ärger und die Gehaltsreduzierung leisten, aber mit den Kindern wird es knapp. Zumal ich auch das Gefühl habe, daß ich für die Kinder aufkommen muß. Meiner Freundin würde ich höchstens mich als Mittellose zumuten, aber nicht die Kinder, die doch nicht die ihren sind.«

Hier wird ein weiteres Problem deutlich: Lesbische Mütter müssen für den Lebensunterhalt ihrer Kinder sorgen und verlassen sich dabei anscheinend weniger auf ihre Frauen, als sie es bei den Vätern ihrer Kinder täten. Dieses Phänomen ist auch häufig in Heterobeziehungen anzutreffen, in die die Frau Kinder mit eingebracht hat. Eine Freundin von mir, die das zweite Mal verheiratet ist, hat oft ein schlechtes Gewissen, wenn ihre bereits erwachsenen Kinder mal Geldsorgen haben, aus denen sie ihnen heraushelfen muß, oder sogar wenn es nur um die häufigen Sorgen geht, die die Söhne ihr bereiten. Wäre ihr erster Mann nicht verstorben, wäre es für sie keine Frage gewesen, daß es ihre gemeinsame Sache sei.
Trotz dieses Beispiels ist da aber immer noch ein Unterschied, ob es sich um einen »Mitvater« oder um eine »Mitmutter« handelt. In der Regel wissen Männer, wenn sie eine Beziehung mit einer Frau eingehen, die Kinder hat, daß sie für diese mit einstehen müssen. Jedenfalls haben sie das alte Rollenschema internalisiert, daß der Mann der Verdiener ist. In lesbischen Beziehungen gibt es diese Rollenvorgabe nicht, und viele lehnen sie auch ab.
In den seltensten Fällen ist die Mitmutter seit der Zeugung des Kindes für dieses mitverantwortlich, meistens lernt sie die Mutter

mit ihrem Kind erst später kennen. Das mag ein Grund dafür sein, daß sich die biologische Mutter in besonderem Maße finanziell verantwortlich fühlt und diese Verantwortung höchstens mit ihrer Partnerin teilen, nicht aber auf sie delegieren will. Hinzu kommt die Angst, die kinderlose Freundin durch zu große Belastungen zu verlieren. Das beschrieb Agnes:
»Zu dem Vater meines Kindes habe ich seit sechs Monaten vor der Geburt keinen Kontakt mehr. Er zahlt nichts, wir wissen auch nicht, wo er wohnt. Das ist für mich egal, für das Kind nicht. Ich lebe seit drei Jahren mit einer Frau zusammen, die vorher nichts von Kindern wußte. Das war eine große Umstellung. Vorher hat sie mit einer anderen Frau gelebt, da hatten sie Gemeinschaftskasse. Das wollte sie jetzt auch wieder. Aber ich kann das nicht annehmen. Mein Kind ist Diabetiker, das beinhaltet hohe Kosten. Meine Freundin hat zwar ein gutes Einkommen, aber sie hat auch teure Hobbys, und sie gibt gerne Geld aus. So kaufe ich meistens ein, damit es nicht so teuer in ihren Augen aussieht, weil eben die Diätkosten schon höher sind und weil sie nur einen Zweierhaushalt kennt, nun sind es drei. Ich glaube, sie wäre ganz schön sauer, wenn sie wegen des Kindes auf etwas verzichten müßte, auch wenn sie sagt, daß sie für uns sorgen würde, wenn ich arbeitslos wäre. Zum Glück bin ich bisher vom Stellenabbau in unserer Firma verschont geblieben. Vom Arbeitslosengeld könnte ich nicht so viel zuschustern, und dann würde sie merken, daß ich mehr bezahle als sie. Ich hätte Angst, daß sie dann irgendwann gehen würde.«

Eine andere Frau, Nadja, hat bereits diese bittere Erfahrung machen müssen, vor der Agnes Angst hat:
»Meine Freundin hatte immer nur einen Zweidritteljob, weil sie viel Zeit für sich braucht und immer mit ihrem Geld auskam, als sie alleine lebte. Ich war vollbeschäftigt, meine Tochter besuchte einen Kindergarten nach der Schule. Als wir zusammenzogen, hatten wir geringere Mietkosten. Darum beschlossen wir, daß ich auch Stunden reduzieren sollte. Zuerst ging alles gut. Dann kamen aber so nach und nach Mehrausgaben für die Kleine. Sie kam ins Gymnasium, brauchte irgendwie mehr Klamotten und Geld für Klassenreisen und so. Bei unseren Urlaubsreisen mit dem Flug-

zeug mußte sie auf einmal wie eine Erwachsene bezahlen. Da gab es dann Ärger. Sicherlich spielten auch andere Faktoren dabei eine Rolle, daß wir nicht mehr so gut miteinander zurechtkamen, aber der auffallende Streitpunkt war das Geld, das wir für das Kind ausgeben mußten. Ich stockte also wieder auf, arbeitete die volle Stundenzahl. Dann ging es besser mit uns.

Ich fühle aber bis heute Betroffenheit über diese Phase, denn meine Freundin hatte am Anfang der Beziehung immer davon geschwärmt, daß sie nun auch ein Kind habe, sie würde gern für es sorgen. Heute reden wir nicht mehr darüber, aber es war ein richtiger Knacks für mich, und ich werde mich nie wieder auf sie so verlassen, wie ich es früher getan habe. Ich merke, daß ich, was das Kind angeht, Alleinversorgerin bin, allerdings nicht Alleinerziehende, denn meine Freundin ist weiterhin Ansprechpartnerin für meine Tochter und hat auch Einfluß auf sie.«

Nadja beschrieb weiter, welche Belastung die Arbeit für eine Beziehung sein kann:

»Ich arbeite als Krankenschwester auf einer Intensivstation. Das schlaucht ungemein, vor allem der Schichtdienst. Früher habe ich auch Nachtwache gemacht. Das muß ich seit der Geburt meiner Tochter nicht mehr. Meine Freundin ist Anwaltsgehilfin. Sie hat geregelte Arbeitszeiten, am Wochenende immer frei. Manchmal unternimmt sie was mit meiner Tochter, während ich arbeite. Früher war ich dann glücklich, daß die beiden miteinander beschäftigt waren. Jetzt habe ich eher ein schlechtes Gewissen. Ich müßte mehr Zeit für das Mädchen haben, aber der Beruf frißt mich auf. Wenn ich nach Hause komme, bin ich ziemlich fertig. Und dann kommt die ganze Hausarbeit, die wir uns zwar teilen, aber ich habe immer das Gefühl, ich müsse mehr machen als die anderen beiden.

Schlimm war es letztes Jahr zu Silvester. Ich hatte Spätschicht, sollte um 20 Uhr abgelöst werden. Doch es wurden einige Kollegen krank. Also ging es weiter bis nach Mitternacht. Viele Schwerverletzte kamen zusammen, denn da hatten welche von der nahegelegenen Kaserne Munition mitgehen und in der Nacht hochgehen lassen. Als ich nach Hause kam, empfingen mich zwei muffige Leute: Sowohl meine Tochter als auch meine Freundin waren sauer, daß ich sie mit ihrem Blei und anderen Schnickschnack hatte sitzenlassen. Klar, kann ich verstehen, sie hatten sich darauf eingestellt, daß ich komme. Aber ich? Ich habe das Gefühl, als wenn ich nicht vorkäme mit all dem Kram, den ich verarbeiten muß.

Manchmal denke ich, es wäre mit einem Mann besser. Der würde vielleicht auch den Anspruch haben, daß ich mehr zu Hause bin. Aber der hätte dann auch einen besseren Verdienst als wir und vielleicht das Männerding drauf, daß es Ehrensache ist, für uns zu sorgen. Aber wenn ich daran denke, daß ich dann auch dafür mit ihm ins Bett gehen müßte... Nein, das wäre es auch nicht! Eine andere Frau? Ich weiß nicht, ob wir dann weniger Probleme hätten, denn ich glaube, daß das mehr von mir ausgeht, daß es in mir steckt, alles schaffen zu müssen...«

In einer Kleinstadt traf ich auf ein mich sehr beeindruckendes Projekt:

Drei Krankenschwestern, die auch lesbische Mütter sind, arbeiten auf einer Station. Alle drei sind schon seit Jahren mit ihren Freundinnen liiert, von denen zwei ebenfalls im selben Krankenhaus arbeiten. Ihre Kinder gehen nach der Schule in den Betriebskindergarten, um dort zu essen. Dann treffen sie sich in der Wohnung von Beate, deren Freundin Lehrerin mit einer halben Stelle ist. Diese Freundin wird von den anderen beiden Paaren dafür bezahlt, daß sie bis zu deren Dienstschluß für die insgesamt fünf Kinder als Tagesmutter bereit ist.

Ihr Wochenplan sieht so aus, daß sie an dem Tag, an dem Beate frei hat, keine Kinder zu versorgen hat, weil dann eine der anderen Mitmütter, die nicht auf derselben Station arbeitet, ebenfalls einen freien Tag nimmt und dann für die Kinder da ist. Dadurch haben die beiden Frauen mit den Kindern freie Zeit, die sie gemeinsam verbringen können, wenn sie es möchten.

Hinzu kommt eine weitere erleichternde Regelung: Die drei Frauenpaare leisten sich eine Putzfrau, und diese Frau hat es auch gut getroffen, denn sie ist ebenfalls lesbisch und kann wegen ihres schwerbehinderten Kindes, mit dem sie allein lebt, nicht mehr ihrer Beschäftigung als MTA nachgehen, weil es keinen Kindergartenplatz für den pflegeaufwendigen Sohn gibt. Durch ihren Job hat sie nicht nur einen Nebenverdienst, sondern sie kann sich mit anderen Lesben austauschen, und ihr Sohn hat Kontakt zu anderen, nichtbehinderten Kindern.

Auf meine Frage, ob sie es für möglich hielten, alle zusammen in ein Haus zu ziehen, weil doch die Wege zwischen den einzelnen Wohnungen recht weit auseinander liegen, wehrten die Frauen ab. Sie wollten auch nicht, daß ich Genaueres über sie schreibe, anhand dessen die LeserInnen sie identifizieren könnten. Sie arbeiten nämlich in einem konfessionellen Krankenhaus, in dem angeblich bereits eine Schwester wegen ihrer Liebe zu einer anderen Frau ihre Stelle verloren haben soll. Sie wollen nicht ein solches Risiko eingehen.

Ich wunderte mich, daß sie meinten, ihre Verbindungen verheimlichen zu können. Die Antwort war: Beate ist Stationsschwester und macht die Dienstpläne, braucht also im einzelnen nichts anderen gegenüber zu erklären. Offiziell heißt es, daß sie eine Mütter-Selbsthilfegruppe gebildet haben, um den Dienst aufrechterhalten zu können und weil die Kinder Kontakt zu anderen haben sollen, die in ihrer Nähe wohnen, sie also nicht so lange im Kindertagesheim bleiben müssen.

Die Kindergartenleiterin ist eine alte Schulfreundin von Beate, sie ist ebenfalls sehr verschwiegen, und auch die Kinder erzählen stets nur von ihrer »Selbsthilfegruppe«.

Ich finde es hervorragend, wie sich diese sechs Frauen arrangiert haben. Und da ich mehrere lesbische Mütter gesprochen habe, die Krankenschwestern sind, habe ich die sechs gefragt, wie sie sich denn kennengelernt haben, in der Hoffnung, daß ein Tip für die anderen dabei herauskommen könnte. Es war so: Die Frauen hatten sich an verschiedenen Orten kennengelernt, aber ihre Beziehungen am Arbeitsplatz verschwiegen. Die Kindergartenleiterin hat irgendwann Beate gegenüber eine vorsichtige Bemerkung gemacht, daß es sein könne, daß noch weitere Kinder von lesbischen Müttern im Kindergarten seien. Dann hat Beate am Elternabend Kontakt zu einer der anderen Mütter aufgenommen. Es kam zu gegenseitigen Einladungen der Kinder und näherem Kennenlernen der Frauen, und dann erst haben sie sich »offenbart«. Es war also ein vorsichtiges, langwieriges Unterfangen.

Beate verabschiedete sich von mir mit den Worten:

»Wenn du dein Buch drucken läßt, dann schreib den anderen

Frauen, daß sie nicht so lange warten sollen, wie wir es getan haben. Es gibt so viele Frauen, gerade bei der Kirche, die lesbisch sind, und viele von ihnen haben auch Kinder. Sag den anderen Frauen, daß sie sich nicht blenden lassen sollen. Wenn zwei Frauen zusammenleben, dann ist die Chance groß, daß es sich um Lesben handelt. Sind sie es nicht, dann werden sie aber auf jeden Fall diesem Thema gegenüber nicht allzusehr verschlossen sein. Und wenn man sie näher kennenlernt, erfährt man ihre Solidarität!
Wir sind leider noch nicht so weit, den Rausschmiß einer ehemaligen Kollegin zu vergessen, sonst würden wir offener leben, was auch für die Kinder einfacher wäre. Aber wir hoffen darauf, daß sich durch die Aktivitäten von kirchlichen Powerfrauen bald auch für uns was tut. Wir haben beschlossen, sollte uns hier etwas passieren, gemeinsam wegzuziehen und unsere Arbeit in einem staatlichen Krankenhaus aufzunehmen. Pflegekräfte werden gesucht. Man muß sich immer vor Augen halten, daß die kirchliche Moral das eine ist, daß andererseits aber wir Lesben und Schwule für sie, die Kirche, unverzichtbar sind.
Ich hoffe auf Veränderungen. Wenn ich im Moment noch nicht viel dazu beitragen kann, dann liegt es daran, daß meine Kinder erst die Grundschule hier fertigmachen sollen. So bin ich auch ein bißchen beschämt, daß ich nicht in vorderster Front stehe und statt dessen andere für meine Belange kämpfen lasse. Aber wenn die Kinder größer sind, werde ich auch dabei sein!«
Es hat mich betroffen gemacht, wieder zu hören, wie viele Ängste gerade lesbische Mütter zu haben scheinen. In diesem Fall war es die Angst vor dem Verlust der Arbeitsstelle. Und diese ist bei kirchlichen Trägern nicht ganz unbegründet.

Kirche

Homosexuelle kirchliche »Amtsträger« sind sehr gefährdet, haben sie doch Verträge unterschrieben, in denen sie sich verpflichten, in ihrem Lebenswandel vorbildlich zu sein. Und dieses Vorbild ist durch die Amtskirche in unterschiedlichem Maße geregelt. PastorInnen legen Ordinationsgelübde ab, in denen sie auf die Einhaltung dieser kirchlichen Regeln einen Eid leisten. Aber auch andere Kirchenbeamte und Angestellte unterliegen dieser »Lebenslehre«.
Sowohl die katholische als auch die evangelische Kirche haben Probleme mit der Homosexualität, und beide Kirchen gehen entsprechend doppeldeutig damit um.
Die katholische Kirche hat schon immer die Lust an der Sexualität negiert. Sogar Ende des zwanzigsten Jahrhunderts schreckt der Papst nicht davor zurück, Verhütungsmittel zu verbieten, Sex nur zu Fortpflanzungszwecken zu gestatten und den Zölibat seiner Kirchenbrüder aufrechtzuerhalten. Gleichzeitig gibt es aber Alimententöpfe, gespeist aus kirchlichen Geldern, die klammheimlich der Ernährung der Priesterkinder und der Unterstützung der (nicht mehr ganz) schweigsamen Priesterbräute dienen.
Im Mai 1992 hörte ich im Radio von einem schwulen Reporter, der in Rom herumgefahren ist und über verschiedene Wege Kontakt zu Klerikern verschiedener Rangordnungen aufgenommen hat. Er suchte nach seinen schwulen Brüdern und war äußerst fündig.
In dem Buch »Die ungehorsamen Bräute Christi« wird anschaulich beschrieben, wie liebevoll homoerotisch Nonnen leben und gelebt haben. Längst vor Erscheinen dieses Buches war natürlich bekannt, daß es Verbindungsgänge zwischen Kloster- und Mutterhäusern und der Außenwelt gab, die den GottesdienerInnen hetero- wie homosexuelle Wünsche erfüllen halfen.
Es ist den Kirchenherren also seit Jahrhunderten bewußt, daß ihre eigenen »Zufluchtsorte« wunderschöne Liebesnester bieten, aber

sie halten an ihren Dogmen fest und betreiben Doppelmoral, ohne rot zu werden.
Das Befreiende an der christlichen Lehre wird durch die Unterdrückung natürlicher Empfindungen überschattet. Wie weltliche Machtinhaber, so benutzen auch die Oberen der Kirche elementare Bedürfnisse, um Menschen zu steuern, sie sich hörig zu machen. Sexualität gehört dazu, egal welcher Art. Man beruft sich darauf, daß die Vereinigung zwischen Mann und Frau die einzige natürliche Form der Sexualität sein kann, weil nur über diesen Weg die Fortpflanzung gewährleistet ist. Was bei dieser Argumentation vergessen wird, ist die Tatsache, daß unser Körper und unsere Seele wunderschöne Empfindungen dabei haben. Und diese Empfindungen sind es doch vorwiegend, die die sexuelle Anziehungskraft zwischen zwei Menschen ausmachen. In dem Zeitalter vor der Pille und in Gesellschaften, in denen sich die Verhütungsmittel noch nicht durchgesetzt haben (z. T., weil es die katholische Kirche erfolgreich verhindert), wurden und werden viele unerwünschte Kinder geboren. Das würde nicht passieren, wenn Gott uns unsere Sexualität nur zum Zwecke der Zeugung mitgegeben hätte. Schlafen, essen und trinken zu wollen und Wärme zu suchen sind anerkannte Grundbedürfnisse. Wir müssen sie befriedigen, um zu überleben. Zur Erfüllung sind materielle Voraussetzungen zu schaffen. Zuwendung wird als weiteres elementares Lebenselixier eingestuft; Babys können ohne sie nicht überleben, wie verschiedene Experimente gezeigt haben. Aber auch Erwachsene, die ohne menschliche Zuwendung leben müssen, entwickeln sich nicht zu gesellschaftsfähigen Wesen. Selbst der vielzitierte Robinson Crusoe hatte seinen Freitag dabei…
Sexuelle Gefühle sind also natürlich, da von der Natur ermöglicht. Wie sie ausgelebt werden, hängt von der jeweiligen Gesellschaft ab. Verschiedene Kulturepochen haben unterschiedliche sexuelle Normen hervorgebracht. Normen sind aber nichts Natürliches, sondern etwas Soziales, von Menschen gegeben. Sie steuern unser menschlich-soziales Miteinander – und sie sind Instrumente zur Durchsetzung von Machtstrukturen.
Normen und Werte einer Gesellschaft sind stark von den dort herrschenden Religionen geprägt. »Herrschend« – dieses Wort

habe ich bewußt gewählt, weil die z.T. unrühmliche christliche Religionsgeschichte von Herren geprägt worden ist.
Patriarchale Strukturen sind in der westlichen Welt weitestgehend aufgebrochen, nur in der Kirche tut man sich schwer, insbesondere in der katholischen. Aber auch die evangelisch-lutherische konnte lange ihre Männerbastion halten: Erst am 30.8.1992 ist zum ersten Mal eine Frau zur Bischöfin gewählt worden: Maria Jepsen in Hamburg. Ein Jahr vorher konnte Elisabeth Lingner es schaffen, die Leitung des kirchlichen Parlaments, der Synode von Nordelbien, zu übernehmen. Beide Frauen sind Wegbereiterinnen und zugleich Zeichen für Veränderungen. Aber wie lange haben sie gebraucht? Und sie sind nicht unangefochten in ihren Ämtern. Amtsbrüder haben in der Öffentlichkeit überlegt, ob sie ihren Talar ablegen sollten, weil sie noch dem alten Denkschema verfallen sind: Frauen gehören nicht auf die Kanzel!
Maria Jepsen wurde von Frauen gefeiert. Den Ruf, sie sei feministische Theologin, versuchte man so schnell wie möglich zu revidieren, indem man eigens für sie den Begriff »sanfter Feminismus« kreierte.
Statt also die jahrtausendealten patriarchalen Strukturen zu verändern oder abzuschwächen, müssen die Kirchenherren, wenn es um den sie gefährdenden Feminismus – nicht einmal um matriarchale Machtansprüche – geht, das besänftigende weibliche Attribut hinzufügen, um es für sich erträglich zu machen.
Diese beiden Frauen haben auf der Herbstsynode 1994 gewagt, eindeutig für die Anerkennung homosexueller Lebensweisen zu plädieren. Elisabeth Lingner ist bereits im Sommer 1994 mit diesem Anliegen in die Öffentlichkeit gegangen und hat sich in Kirchenkreisen Anfeindungen ausgesetzt. Dies ist ein Beispiel dafür, daß selbst »Personen mit Rang und Namen« immer noch viel Mut und Standfestigkeit aufbringen müssen, um die alten, zum Teil von der Basis abweichenden Denkstrukturen und Werte der Kirchenherren aufzubrechen.
Die Kirche als dominante gesellschaftsprägende Institution versucht bis in die heutige Zeit, ihre Auslegungen der Bibel zu Dogmen zu erheben, und benutzt diese, um ihren machtvollen Einfluß zu erhalten und Veränderungen in den eigenen Reihen zu verhindern. Darum unterliegen Personen auf Führungspositionen gro-

ßem Druck. Sie müssen sich verpflichten, auch in ihrer Privatsphäre, im Sinne des von ihnen abgelegten Gelübdes, Vorbildfunktion zu übernehmen.
Je enger aber der Lebenskodex formuliert wird, desto weniger können PastorInnen diesen erfüllen. Sie werden so Konflikten ausgesetzt, die notwendigerweise eine Doppelmoral hervorrufen, schließlich sind PastorInnen auch nur Menschen.
Die Kirchenherren treiben ihre Vertreter in Gewissensnöte mit einer angeblichen Heilslehre. Eugen Drewermann versucht dieses Paradoxon in seinen vielen Reden und Schriften aufzuzeigen. Wen wundert es, daß er durch Rausschmiß zum Schweigen gebracht werden sollte?
Geht es also schon heterosexuell lebenden KirchenvertreterInnen (in der evangelischen Kirche) manchmal schlecht mit ihrem Vorbildcharakter, so ist es Homosexuellen gar nicht möglich, ihre Lebens- und Gefühlswelt mit den Regeln (nicht unbedingt mit dem Glauben) des Dienstherrn zu vereinbaren. Sie müssen sich darüber hinwegsetzen, um vor sich selbst bestehen zu können – und schon sind sie unloyal.
Die katholische Kirche versucht, sich aus dem Widerspruch zwischen den gottgegebenen Liebesgefühlen und der eingeforderten Enthaltsamkeit mit einem Trick herauszureden: Homosexuelle Gefühle seien eine Herausforderung, der man sich stellen und die man überwinden muß. Im Klartext heißt das: Homosexuelle gehören zu den Mühseligen und Beladenen, denen Gott sein besonderes Ohr leiht, sie haben an sich zu arbeiten, und sie bekommen natürlich auch die mitleidvolle, Absolution versprechende Hilfe, wenn, ja, wenn sie diesen Bedürfnissen widerstehen, sie also nicht ausleben.
In der evangelischen Kirche geht man freier mit diesem Thema um – bis auf die Hannoversche Landeskirche, die in ihrer Argumentation sehr ihren katholischen Brüdern ähnelt und die einen schwulen Pastor, der mit seinem langjährigen Lebenspartner zusammenziehen wollte, vom Dienst suspendiert hat. Das gleicht einem Berufsverbot, das zwar nicht mit der staatlichen Verfassung, aber mit der kirchlichen in Einklang zu bringen ist.
Vor diesem Berufsverbot fürchten sich viele Lesben und Schwule, wobei auch hier Männer mehr bedroht sind als Frauen, denn weib-

liche Sexualität wird auch im Rahmen der Kirche nicht in dem Maße thematisiert wie die männliche. Außerdem sind Frauen noch nicht sehr lange in höheren Kirchenämtern – oder noch gar nicht, wie in der katholischen Kirche.

Wegen der kirchlichen Sanktionen bzw. der Nichtanerkennung von gleichgeschlechtlichen Beziehungen haben sich in Holland Schwule und Lesben zu einer eigenen Kirche zusammengeschlossen, von der es auch in Hamburg eine Gemeinde gibt. Das Verlassen der traditionellen Kirche ist jedoch vielen Homosexuellen nicht möglich, vor allem denjenigen nicht, die in dieser Institution ihr Geld verdienen. Die meisten diakonischen, karitativen und kirchlichen Einrichtungen verlangen von ihren Angestellten die (steuerzahlende) Mitgliedschaft in ihrer Kirche, und so mancher Posten ist eben mit Residenzpflicht verbunden.

Aufgrund der berufsverbotsähnlichen Sanktionen, die Schwule in der Kirche erleiden mußten, haben sie sich zu einem bundesweiten Verein »Homosexuelle und Kirche« (HuK) zusammengeschlossen. Dieses ist nicht nur ein Zusammenschluß von homosexuellen Kirchenmitarbeitern, sondern alle Kirchenmitglieder haben Zugang, die sich aktiv mit ihrem Schwulsein in Verbindung mit ihrem Glauben und der dazugehörigen Institution auseinandersetzen.

Erst viel später, Mitte der achtziger Jahre, taten sich die ersten lesbischen Mitarbeiterinnen zusammen, die einerseits ihr Vorhandensein propagieren und andererseits den möglichen Sanktionen entgegenwirken wollten.

Auf dem Kirchentag in Frankfurt 1988 fand das großartige Coming-out der evangelischen Kirchenlesben statt. Hertha Leistner, Monika Barz und Ute Wild hatten ein Buch herausgebracht mit dem richtigen und vielsagenden Titel »Hättest du gedacht, daß wir so viele sind?« Zu diesem Buch sollte eine Veranstaltung in Frankfurt stattfinden. Es war überwältigend, wie viele Frauen, vorwiegend lesbisch – was sie mit einem Button mutig demonstrierten –, in dem Kirchensaal erschienen. In den Gängen war ein Geschiebe und Gedränge, und immer wieder war zu hören: Hättest du gedacht, daß es sooo viele gibt?

Eine kurz vorher gegründete Gruppe, die ein Netzwerk für lesbische Mitarbeiterinnen bei der Arbeitgeberin Kirche aufbauen wollte, fand großen Zulauf. Und so gibt es nun die LuK (Lesben

und Kirche), analog zur HuK, das »Maria und Martha Netzwerk« für kirchliche Mitarbeiterinnen und für Theologiestudentinnen und angehende Diakoninnen das Netzwerk »Labrystheia«.
Schnell haben sich Regionalgruppen gebildet, in denen die Frauen sich treffen, um sich gegenseitig Mut zu machen und um sich, im gegebenen Fall, solidarisch zu schützen und zu unterstützen. Der Kontakt läuft über eine Postfachadresse in Berlin, um höchste Diskretion zu ermöglichen.
Als Hertha Leistner eine der Leiterinnen des Frauenstudien- und Bildungszentrums der EKD (Evangelische Kirche Deutschlands) werden sollte, lief eine (Presse-)Kampagne gegen sie als Feministin und Lesbe. Das »Maria und Martha Netzwerk« trat in diesem Verfahren für Hertha Leistner ein. Soweit ich weiß, hat es zum Glück noch keinen weiteren Anlaß gegeben, daß eine lesbische Mitarbeiterin konkrete Hilfe am Arbeitsplatz abrufen mußte. Aber es tut den Frauen gut, die anderen im Hintergrund zu wissen.
Abgeordnete der LuK und des »Maria und Martha Netzwerkes« haben inzwischen Gespräche mit KirchenvertreterInnen geführt, auf Diskussionspodien gesessen und an anderen Stellen um die gleichwertige Anerkennung gleichgeschlechtlicher Liebe gekämpft. Sie haben erreicht, daß das Thema Homosexualität und Kirche, auch auf Tagungen der Synoden, im Gespräch bleibt und bemerkt wird, daß diese Gruppe von Mitgliedern existiert und unübergehbar ist. Und sie haben die Unterstützung von nichtlesbischen Frauen wie Elisabeth Lingner und Maria Jepsen.
In den Medien wurde zunächst nur sehr wenig über diese Vorgänge berichtet, und wenn, dann ging es bisher nur über die Frage der kirchlichen Trauung von gleichgeschlechtlichen Paaren. Dieses Thema hat durch Hella von Sinnen und Cornelia Scheel an öffentlicher Bedeutung gewonnen. Diese Frauen haben auch andere Paare dazu animiert, am 19.8.1992 bei den Standesämtern das Aufgebot zu bestellen, was abgewiesen wurde, aber nun bis zum Bundesverfassungsgericht weiter verfochten werden soll. Es bleibt abzuwarten, wie sich die Kirchen zu den hoffentlich positiven Entscheidungen des obersten Gerichtes stellen werden.
Unter Homosexuellen sind bei dieser Ehefrage zwei Fronten aufgebrochen: Auf der einen Seite stehen die Lesben und Schwulen, die heiraten wollen, auf der anderen diejenigen, die diese bürger-

liche Zwangsjacke ablehnen. Gemeinsam ist ihnen der Wunsch nach rechtlicher Gleichstellung ihrer Beziehung, womit angestrebt wird, daß sich normativ etwas verändern wird. Damit ist gemeint, daß erst dann Hoffnung auf den Rückgang der Diskriminierungen aufkommen kann, wenn homosexuelle Paare den Rahmen der Legitimität überschreiten hin zur Legalität. Die davon abgeleiteten Rechte sind längst überfällig: Steuererleichterungen wie bei Heteropaaren, Auskunftsverweigerungsrechte, Erbrechte, Entscheidungsrechte im Krankheits- und Todesfall etc.

Meine Vermutung ist, daß das Verfassungsgericht und die Parlamentarier nicht mehr lange um diese Frage herumkommen. Es wird aber sicherlich keine legalisierte Homo-Ehe geben, sondern eher außereheliche Angleichungen für alle Lebensformen, ähnlich wie in Dänemark. Dann hätten all die Paare, die die Gleichstellung wollen, Genugtuung. Aber diejenigen, denen es um die Ehe an sich, vor allem um den kirchlichen Trauungssegen geht, werden ihr Ziel noch nicht erreicht haben.

Seit langem bringen schwule und lesbische Paare PastorInnen in Schwierigkeiten: Sie beantragen den Segen der Kirche für ihre Verbindung. Nun segnen zwar Amtsbrüder beider großer christlicher Religionen Waffen, Autos, Häuser etc., aber offiziell dürfen sie keine Trauung bei Mann/Mann und Frau/Frau durchführen. Wieder die Doppelmoral!

Ein Hamburger Pastor hat einmal zwei Frauen im Talar in der Kirche gesegnet, er hat, soweit ich weiß, nicht einmal den »normalen« Trauspruch verwendet. Er wurde gemaßregelt. Wenn ein evangelischer Pastor oder eine Pastorin ein homosexuelles Paar segnen will, dann ist ihm oder ihr das in einigen Bundesländern immerhin möglich, aber längst nicht in allen, und es darf vor allem nicht mit dem »Hetero-Ritual« vollzogen werden.

Eine Frau, die sich mit ihrer Freundin hatte segnen lassen, sagte hinterher: »Es war schön feierlich, aber ich fühlte mich wie ein Mensch zweiter Klasse, der die Brosamen vom reichgedeckten Tisch zusammengefegt erhält und nur ein bißchen gesättigt wird. Wie gern hätte ich inmitten meiner Gemeinde so richtig geheiratet, mit allem Drum und Dran, so wie meine Schwester.«

Die (un)verrückte Haltung der Kirche gegenüber Homosexuellen bringt viele Menschen in Konflikte:

- die schwulen Pastoren und lesbischen Pastorinnen, die Priester und anderen OrdensträgerInnen, die sonstigen MitarbeiterInnen, die in ihrer Lebensführung Vorbilder sein sollen und die Gefahr laufen, bei Bekanntwerden ihrer praktizierten Homosexualität ihren Arbeitsplatz zu verlieren, die aber auf jeden Fall erheblichen Gewissensbelastungen ausgesetzt sind;
- die PastorInnen, die ihren lesbischen und schwulen Gemeindemitgliedern gegenüber offen sind, aber die sie nicht gleichbehandeln dürfen wie Heterosexuelle;
- die gläubigen Christen insgesamt, die mit der Doppelmoral ihrer Kirche leben müssen;
- die homosexuellen ChristInnen, die die christlich-ethischen Grundsätze von klein auf internalisiert haben und sich nun mit ihrem »sündhaften« Tun auseinandersetzen müssen.

Da ich vorwiegend über die Kirchentage lesbische Mütter kennenlernte, mit denen ich die Gespräche führte, die ich hier teilweise wiedergebe, habe ich viele solcher Leidensgeschichten kennengelernt.
Sie alle beklagten sich, daß sie als lesbische Mütter nie explizit vorkämen. Es sei zwar schon ganz toll, daß sich Frauen auf die höheren Kirchenetagen wagten, um deutlich zu machen, daß wir so viele sind, aber sie, als Mütter, hätten besondere Nöte in dieser Kirche, die die anderen Lesben nicht berücksichtigten. Es sei das Dilemma der Mütter, daß sie aus Rücksicht auf ihre Kinder und den dringend notwendigen Job, der ihren Lebensunterhalt und den ihrer Kinder sichert, nicht so mutig aufstehen könnten. Dennoch empfinden sie großen Dank gegenüber den Frauen, die entschlossen für Veränderungen streiten.
Als die mutige Pastorin Tomke Ande aus Berlin einmal in einer Talkshow bekennend auftrat, saß ich in einer Gruppe von lesbischen Müttern, die sich gemeinsam diese Sendung anschauten. Ich spürte nicht nur meine eigene Anspannung, sondern auch die Aufregung der anderen, und sie applaudierten vor dem Fernsehgerät voller Anerkennung. In einem späteren Gespräch mit Tomke fragte ich sie, wie es ihr mit ihrem pastoralen Coming-out erginge, und sie sagte das, was ich immer wieder von den offensiven lesbischen Frauen höre: Keine Probleme, mann tut mir nichts!

Das gleiche bestätigte mir Sabine, die in Berlin als kirchliche Angestellte arbeitet und die nie einen Hehl aus ihrer seit Jahren bestehenden (und von einer Pastorin »abgesegneten«) Frauen-Ehe gemacht hat.
Man könnte also glauben, alle Befürchtungen seien überflüssig, denn diejenigen, die mit ihrer homosexuellen Lebensweise in die Öffentlichkeit gehen, bestätigen, daß ihnen nichts passiert ist. Woher kommen dann diese Ängste, wenn sie anscheinend keinen realen Hintergrund haben? Vermutlich liegt es an der kirchlichen Sozialisation, die wir alle von klein auf durchgemacht haben. Da wurde ein Gefühl für »unrecht« und »recht« geprägt, und Homosexualität gehört nach den lange erlernten Normen zu den unrechten Gefühlen.

Die Diakonin Dorothea beschrieb es für sich so:
»Natürlich hat man mich bei der Einstellung nicht gefragt, ob ich in jeglicher Hinsicht normal sei, aber es war mir klar, daß ich da einen Vertrag unterschrieb, den ich nicht so ganz in deren Sinne erfüllen kann. Mein Kopf sagt mir, daß die Kirche selbst schuld ist, wenn sie mich mit meiner Homosexualität nicht voll akzeptieren kann. Aber mein Herz schmerzt manchmal, dann habe ich ein schlechtes Gewissen. Ich suche nach biblischen Argumenten, um mich innerlich von diesem Druck zu befreien. Dabei komme ich auch stets weiter, zumal mir andere Frauen aus dem kirchlichen Bereich da auch helfen. Aber es bleibt ein schlechtes Gewissen oder Gefühl. Ich kann mir selbst nicht sagen: Ich bin o. k., die Kirchenherren sind nicht o. k., das geht noch nicht. Aber ich gebe die Hoffnung nicht auf...«
Regina, eine Theologiestudentin, die mit ihrer Freundin und deren Kind in einer »Wohngemeinschaft« lebt, äußerte ihre Gedanken über eine spätere Ordination als Pastorin so:
»Ich werde noch viel an mir arbeiten müssen. Im Moment bin ich vogelfreie Studentin, aber wie werde ich mich fühlen, wenn ich ein Gelübde ablegen soll? Es hat nichts mit meinem theologischen Standpunkt zu tun, es ist etwas unstimmig in mir selbst. Ich fühle mich in meiner Liebe zu der Frau wunderbar, ich empfinde mich als Zweitmutter für das Kind, das ich nie wieder missen möchte, obwohl es nicht von mir als Frau geboren wurde.

Damit will ich sagen: Ich bin mir meiner Verantwortung bewußt und trage sie auch gerne. Das ist also stimmig in mir. Aber will ich Pastorin sein in einer Kirche, die mich als Person, mit meinen Eigenarten, nicht anerkennen wird? Die mich zum Stillschweigen auffordern wird, wenn ich deutlich sage, daß ich lesbisch bin? Werde ich es deutlich sagen können? Oder werde ich mich einfach ordinieren lassen, eine Gemeinde übernehmen und erst dann meine Freundin und das Kind einziehen lassen, um zu sehen, was die Gemeinde dazu sagt? Oder soll ich meinen Traum einer Gemeindepastorin sausen lassen, vielleicht in der Lehre oder im Krankenhaus tätig sein?
Ich weiß es nicht, denn ich kann noch nicht einschätzen, was in welcher Vehemenz auf mich zukommen würde, wenn ich das eine oder das andere täte, und vor allem weiß ich nicht, ob wir das durchhalten würden. Manchmal stelle ich mir vor, wir würden im Gemeindehaus wohnen, der Ältestenrat würde sich gegen uns stellen und meine Versetzung beantragen. Furchtbar! Vor allem für das Kind. Es würde an mir, an seiner Mutter, an der Kirche, an allem zweifeln, und wir beiden Erwachsenen müßten gerade in der Situation, in der wir selbst leiden würden, stark sein, dem Kind Stärke vorleben, ihm Identifikationsmöglichkeiten bieten. Ich weiß nicht, ob wir das schaffen könnten.«
Eine andere Frau, die jahrelang Diakonisse war, dann aus der Schwesternschaft ausgetreten ist, weil sie von einem katholischen Geistlichen ein Kind erwartete und sich diesem widmen wollte, erzählte mir folgende abenteuerliche Geschichte:
»Mein Lebensweg ist ja nun wirklich ungewöhnlich und mit vielen Irrwegen verbunden gewesen. Ich habe jedoch mein Gottvertrauen nicht verloren und komme mit allem gut zurecht. Eine Lebensphase aber war besonders schwer: Da mein Kind einen ›Inkognito-Vater‹ hat und ich zunächst von den elterlichen Erbschaften mit ihm leben mußte, habe ich mich mit einer anderen Frau zusammengetan. Wir wohnten beide in meinem Elternhaus, wofür ich Miete von ihr bekam. Wir wurden uns immer vertrauter, es kam zu leichten Berührungen und Vertraulichkeiten, aber miteinander geschlafen haben wir nie.
Nach und nach veränderte sich meine Freundin. Sie bekam Halluzinationen und sah manchmal einen bärtigen Mann im Flur stehen.

Sie hörte Stimmen, die ihr manchmal verboten, ihr Zimmer zu verlassen. Am Anfang flüchtete sie sich in die katholische Kirche, die – im Gegensatz zur evangelischen – immer geöffnet ist. Aber nach diesen Besuchen wurde sie unruhiger statt gefestigter. Sie kam in die Klinik, aber da war alles vorüber. Die Ärzte waren mehr oder weniger hilflos, denn die Frau konnte ihnen nicht viel berichten, weil sie über ihre innersten Ängste schwieg und nach außen völlig unauffällig wirkte.
Sie kam wieder nach Hause, und es wurde schlimmer. Sie aß nichts mehr, schloß sich ein und weigerte sich, sich ärztlich behandeln zu lassen. Völlig ausgehungert hat sie sich umgebracht. In einem Abschiedsbrief hat sie in großer Ausführlichkeit ihre innere Not beschrieben, die sie mit sich und ihren Gefühlen hatte. Sie hatte von klein auf homoerotische Phantasien und Wünsche, die sie als Mädchen in der Pubertät in einem christlichen Kinderheim ausgelebt hatte. Sie muß furchtbare Strafen von den Erzieherinnen bekommen haben, die auch Diakonissen waren. Diese Geschichte hatte sie, wohl mehr unbewußt, zu mir getrieben. Sie wußte von meiner früheren Zugehörigkeit zum Mutterhaus. Aber sie hatte mir nie etwas darüber erzählt, nicht einmal, daß sie in dem Heim war.
Ich habe nach anderen Frauen gesucht, die zu ihrer Zeit in demselben Heim waren. Eine habe ich gefunden, die sich besonders an meine Freundin erinnerte. Derzufolge waren die Hauptstrafen bei sexuellen Spielereien: Einschluß in ein Einzelzimmer, Hungern und Beten. Das Ziel dieser Maßnahmen, so erklärte sie mir, sollte sein: Besinn dich auf Gott, den dich ständig Bewachenden, dem nichts entgeht. Besinn dich auf andere körperliche Entbehrungen, dann wirst du diese Laster los!
Dieses Strafmuster war wahrscheinlich so stark in die Seele meiner Freundin eingebrannt, daß sie es auf sich selbst anwandte. Aber, wie sie zum Schluß schrieb, ihr Begehren und ihr schlechtes Gewissen hatten sie nicht verlassen. Sie sah Gott mit dem Rauschebart als die große Strafinstanz über sich und verkümmerte erbärmlich. Gleichzeitig hatte sie sich zum Schweigen verpflichtet, auch mir gegenüber. Die Scham saß zu tief. Als sie im Krankenhaus war, war sie weiter weg von mir, dem Objekt ihrer verbotenen Gelüste, und vor den Autoritäten der Ärzte funktionierte ihr soziales Gerüst.«

Die Frau, die mir dies auf dem Kirchentag im Ruhrgebiet erzählte, lebt nun mit einer anderen Frau zusammen. Die beiden haben Probleme miteinander, weil dieses Erlebnis nicht verarbeitet ist und die zweifelhaften Gefühle zur Kirche zwischen ihnen stehen. Diese Frau hat ihren Arbeitgeber gewechselt: Sie arbeitet nicht mehr für die Kirche, sondern in einem städtischen Krankenhaus. Sie sagte, sie schäme sich für die früheren Schwestern und für das große Leid, das die Kirche in allen Zeiten so vielen Menschen angetan hat. Sie fühle sich mitverantwortlich, sei aber hilflos, weil sie bisher noch niemanden aus den Verantwortung tragenden Kreisen gefunden habe, mit dem oder der sie offen über alles, auch über sich, reden könnte, ohne Ablehnung zu spüren. Und vor allem fehle ihr die Perspektive, es könne sich im Umgang mit Homosexuellen in der Kirche etwas zum Positiven wenden.
Über die Gewissensnöte stark christlich sozialisierter Frauen habe ich bereits im Fall von Hanna geschrieben, bei der noch hinzukam, daß sie aus dem priesterlichen Sekretariat entlassen wurde.

Nur selten liest man in der Presse über den zwangsweisen Verlust des Arbeitsplatzes aufgrund eingestandener oder entdeckter Homosexualität, dennoch sind in Schwulen- und Lesbenkreisen einige Fälle bekannt. Meistens werden offiziell andere Gründe angegeben, selbst die Betroffenen wagen nicht, darüber zu reden, sind offenbar sogar noch froh, wenn sie diesbezüglich nicht ins Gespräch kommen. Insbesondere ist dies bei lesbischen Müttern der Fall, die ihre Kinder vor dieser Schmach schützen wollen und nicht einmal zu Hause darüber reden können.
Eine Frau hat dies so erlebt:
Bärbel arbeitete als Hebamme in einem christlichen Kreiskrankenhaus. Von ihrem Mann gleich nach der Geburt ihrer Tochter geschieden, hatte sie dort diesen Arbeitsplatz angenommen. Sie freundete sich mit einer Kinderkrankenschwester der gleichen Station an, von der man ahnte, sie könne lesbisch sein, was diese zwar nie dementierte, aber auch nie bewußt zum Thema machte.
Die beiden waren ca. zwei Jahre zusammen, ehe sie mit dem Kind in eine gemeinsame Wohnung zogen.
Ungefähr eine Woche, nachdem sie ihre neue Adresse in der Personalabteilung abgegeben hatten, wurde Bärbel zur Pflegedienst-

leitung gerufen. Diese sprach in eindringlichem Ton über die Unzulänglichkeiten, die angeblich in den letzten Monaten in Bärbels Arbeit registriert worden seien, wovon sie aber selbst nur weniges nachvollziehen konnte. So war sie, wegen des längeren Weges, einer Baustelle und des Winterwetters zweimal zu spät gekommen; außerdem war ihr bewußt, daß sie ihre Berichte über den Verlauf von drei Geburten abends zu Hause geschrieben und am nächsten Tag erst in die Akten gegeben hatte, was sofort hätte geschehen müssen. Ansonsten hielt sie sich selbst für eine verantwortungsbewußte, gute Mitarbeiterin.
Die Vorgesetzte insistierte jedoch weiter, sie solle doch mal überlegen, ob sich nicht Wesentliches in ihrem Leben verändert habe, was sie sehr viel Energie und Konzentration koste und auf Kosten der Arbeit ginge. Bärbel stellte fest, es gehe ihr gut, fing jedoch dabei an zu weinen, weil sie wußte, worauf ihr Gegenüber hinauswollte, und das machte ihr angst.
»Wir hatten solch eine Situation zu Hause so oft durchgespielt, vielleicht zu oft, aber ich war in dem Moment nicht in der Lage, selbstbewußt und abblockend zu reagieren. Statt dessen war ich die kleine, schuldbewußte graue Maus, die man auch leicht loswerden konnte«, sagte sie hinterher.
Die Pflegedienstleitung empfahl ihr, sie solle sich so schnell wie möglich eine andere Arbeitsstelle suchen, am besten nicht in einem konfessionellen Haus, denn ihr Lebenswandel sei nicht mit den Leitlinien dieses Krankenhauses vereinbar. Bärbel wisse sicherlich, was sie meine, so daß sie es nicht näher erörtern müßten. Bärbel ging im gegenseitigen Einvernehmen, was sie auch noch um das Arbeitslosengeld von drei Monaten brachte, denn sie fand nicht so schnell eine Stelle in der Nähe, wollte aber sofort, ohne etwas Neues zu haben, dort weg.
Ihre Freundin Eva wurde nicht einmal zu solch einem Gespräch geladen. Auch sie war an dem bewußten Morgen zu spät zur Arbeit gekommen, was ihr sogleich die erste Abmahnung einbrachte. Es folgten weitere wegen angeblicher Beschwerden der Schwangeren bzw. Mütter über unfreundliche Umgangsweisen. Eva gab zu, daß sie das ganze Theater um Bärbel genervt hatte und sie deshalb immer unzugänglicher gewirkt haben mußte, sie konnte sich aber genausogut daran erinnern, daß sie dies nur der Stationsleitung

und dem Arzt gegenüber gezeigt hatte; die Mütter seien ja geradezu eine Freude auf der Station gewesen; mit ihnen habe sie gescherzt und gelacht. Sie war sich sicher, daß keine Beschwerden von den Patientinnen vorlagen, daß es nur vorgeschoben war. Gleichzeitig wußte sie, daß die Leitung sie mehr fürchtete als Bärbel, denn sie war in der Gewerkschaft, was in dem kirchlichen Haus nicht gern gesehen war, und sie hatte nie Schwierigkeiten, ihre Meinung vor Autoritäten zu äußern.

Aber auch Eva verließ das Krankenhaus, ohne sich zur Wehr zu setzen. Sie wußte, daß sie arbeitsrechtlich die besseren Chancen gehabt hätte als die Leitung, aber sie wollte sich diese Arbeitsatmosphäre nicht länger antun. Sie schwieg in Rücksichtnahme auf ihre Freundin und deren Kind.

Bärbel und ihre Freundin fanden schnell neue Stellen; anders aber geht es Pastorinnen oder Diakoninnen, deren Berufsausbildung eng an die Arbeitgeberin Kirche geknüpft ist.

Maria hat als Pastorin eine leidvolle Geschichte hinter sich:

Sie war Gemeindepastorin und lebte mit ihrem Mann und den drei adoptierten Kindern im Pastorat einer Kleinstadt. Als sie sich von ihrem Mann scheiden lassen wollte, ging sie zum Superintendenten, also dem direkten Vorgesetzten, um die bevorstehende Trennung zu melden. Dieser Herr runzelte die Stirn und war zu keinem weiteren Gespräch bereit. Sie werde bald hören, was die Kirchenleitung und die Presbyter (Gemeinderatsmitglieder) dazu sagten.

Als das Thema auf der Ratssitzung diskutiert werden sollte, wurde sie ausgeschlossen. Sie erhielt einen Brief mit der Mitteilung, daß sie sich dann und dann zwecks ihrer Zukunftsregelung im Kirchenamt zu melden habe.

Sofort rief sie den Superintendenten an, der sich verleugnen ließ. Sie wählte die Nummer eines der Presbyter, den sie für am wenigsten engstirnig hielt. Dieser Mann stotterte herum, daß es schon mutig gewesen sei, sie als Frau in die Gemeinde zu wählen, sie wisse doch, daß es sich um eine recht konservative handele. Wenn ihr Mann wenigstens auch in kirchlichen Diensten wäre, dann wäre alles einfacher gewesen, aber so... Sie konterte, daß sie doch auf gute Resonanz gestoßen sei, führte lauter Erfolgsmeldungen

auf und ging gleich in die typische Verteidigungshaltung einer unsicheren Frau.
Maria wurde nach der Scheidung zwangsversetzt auf eine Stelle, die äußerst unbeliebt unter den PastorInnen war und deshalb seit längerem nicht besetzt werden konnte. Die Kinder mußten umgeschult werden, sie mußten die Trennung vom Vater verkraften, der nun über hundert Kilometer entfernt wohnte und seinen Plan, engen Kontakt zu halten, nur an den Wochenenden realisieren konnte.
Maria stellte zur Arbeitserleichterung eine Putzfrau aus dem kleinen Ort ein und holte eine junge Lehrerin als »Au-pair-Mädchen« für die Kinder ins Haus. Diese Frau kam aus den USA und hatte in Deutschland zur Zeit der Lehrerknappheit eine Stelle als Mathematiklehrerin angenommen, die nun ausgelaufen war. Sie wollte weiterhin in Deutschland bleiben und sich eine neue Existenz aufbauen und war froh, nun erst einmal bei Maria wohnen zu können. Maria war genauso glücklich über die »Ausfüllung des riesengroßen Pastorates«, in dem sie und die Kinder sich zu verlieren drohten. Die Amerikanerin gründete eine Musikgruppe in der Gemeinde und gab so manchen Kindern Nachhilfeunterricht in Mathematik und Englisch.
Maria, die Kinder und die »Au-pair-Frau« fuhren gemeinsam in den Urlaub, in dem sich ihre Freundschaft in eine Liebesbeziehung verwandelte. Sie bezogen sofort die Kinder in diese Thematik ein, und auch der frühere Ehemann, der nach dem Urlaub zu Besuch kam, wurde eingeweiht.
Ihnen war bewußt, daß die Öffentlichkeit nichts davon erfahren dürfe, weil Maria sonst nicht nur eine Versetzung, sondern nun vielleicht eine Ex-Ordination ins Haus stehen könnte. Für die Kinder war es schwer verständlich, denn sie mochten die längst zu ihnen gehörige Mitbewohnerin und verstanden es allzu gut, daß auch ihre Mutter diese Frau liebte. Es war schwer, ihnen beizubringen, daß sie vorsichtig sein müßten, und insbesondere das älteste Kind, damals zwölf Jahre alt, war kaum zu bändigen. Der Junge wollte höchstpersönlich zum Superintendenten fahren, um mit ihm zu reden. Ein längeres Gespräch zwischen Vater und Sohn machte ihm klar, wie stark ihrer aller Existenz gefährdet sei.
Es war eine schwierige Zeit, denn natürlich hatten die Kinder ein

starkes Mitteilungsbedürfnis, aber sie lebten es nur zu Hause aus, was Maria natürlich große Sorge machte. Die beiden Frauen ließen Vorsicht walten, aber sie hatten ihre Putzfrau zu wenig im Visier. Eines Tages war die Freundin krank in Marias Bett liegengeblieben. Der Putzfrau war gesagt worden, daß sie dort nicht saubermachen müsse, woran sie sich aber nicht hielt.

Schnell verbreitete sich das Gerücht, diese eigenartige Ausländerin niste sich dermaßen ausnutzend ins Pastorat ein, daß sie sich sogar im Pastorenbett versorgen ließe. Für die Freundin wurde es ein Spießrutenlaufen. Die Eltern meldeten ihre Kinder von der Nachhilfestunde ab, angeblich weil es zu teuer sei, womit der Vorwurf der ausbeutenden Raffgier noch erhärtet wurde.

Maria machte diese Entwicklung sehr betroffen, und ihre Kinder waren in ihrer Ehre verletzt, denn sie identifizierten sich mit ihrer »Au-pair-Tante« sehr. Die Jüngste erzählte im Gemeindekindergarten von der Geschichte und philosophierte vor sich hin, warum es denn schlecht sei, wenn sich zwei Frauen liebten. Die Kindergärtnerin hörte es und meldete es weiter.

So wurde Maria erneut geladen. Man setzte ihr die Pistole auf die Brust: Entweder diese Amerikanerin würde sofort das Pastorat verlassen, damit das Gerede aufhöre, oder sie müsse sich auf ein Verfahren einstellen.

Maria und ihre Kinder entschieden sich für ihre Freundin. Sie zogen erneut um in eine größere Stadt, wo nun beide Frauen als Lektorinnen arbeiten. Maria hat auf ihre kirchenbeamtlichen Pensionsansprüche verzichtet, ist aber froh, daß es in den Ablösegesprächen zu keinerlei Peinlichkeiten und Direktheiten gekommen ist. Sie hatte zunächst Probleme damit, daß sie nicht um die Anerkennung als lesbische Frau gekämpft hatte, aber tröstete sich damit, daß sie den Kirchenherren deutlich gemacht hatte, daß sie sich nicht noch mehr in ihr Privatleben hineinregieren ließe.

Maria erzählte mir diese Geschichte ungefähr fünfzehn Jahre später. Sie lebt immer noch mit ihrer Freundin zusammen und meint, in der heutigen Zeit, mit ihrem heutigen Bewußtsein, wäre sie sicherlich konfrontativer gewesen. Zwei ihrer Kinder sind aus der Kirche ausgetreten, das dritte studiert Theologie…

Die christlichen Kirchen haben immer mehr Austritte zu verzeichnen, und ich denke, daß es in mehreren Landeskirchen immerhin die ersten Anzeichen für Umdenkprozesse gibt. Die kirchlichen Arbeitsgruppen, die mutigen Frauen (und Männer), die sich darum bemühen, daß auch homosexuelle Menschen ihren Platz in ihrer Kirche finden, erhöhen den Druck, sich diesem Thema zu stellen. Und das ist sehr wichtig, denn nach meiner Erfahrung korrelieren christliche Sozialisation und »schlechtes Gewissen« ziemlich stark. Damit meine ich, daß gerade diese Frauen mit ihren inneren Problemen nicht alleingelassen werden dürfen.

Leben ohne Partnerin

Bisher beschäftigte ich mich vornehmlich mit Frauen, die entweder im gemeinsamen Haushalt oder getrennt, aber in Partnerschaft leben. Es könnte also der falsche Eindruck entstehen, daß alle lesbischen Mütter auch eine Partnerin haben. Wie in anderen Gesellschaftsgruppen, so gibt es auch in dieser die alleinstehenden, alleinerziehenden Mütter.

Ich habe allerdings vorwiegend Frauen angetroffen, die zur Zeit in engeren Beziehungen leben. Meine Vermutung ist, daß es den liierten Müttern dringender am Herzen liegt, sich über ihre Anliegen zu äußern, als den alleinstehenden. Das schließe ich daraus, daß fast alle Frauen bei der Kontaktaufnahme zunächst über den Zusammenhang zwischen ihrer lesbischen Partnerschaft und der Erziehung der Kinder sprachen.

Sonja unterstützte diese Vermutung mit ihrer Äußerung:

»Weißt du, wenn du mit Kind und Frau zusammenlebst, dann bist du mit deinen Gedanken mehr bei dem, was das bedeutet, und bist ständig damit beschäftigt, daß sie sich verstehen, daß die anderen einen nicht so anquatschen. Jetzt, da ich allein mit der Kleinen lebe, ist das gar nicht so wild. Da kommen keine blöden Fragen, keiner quatscht dich von der Seite an. Du bist einfach eine Alleinerziehende, basta. Und wenn du mich nun so fragst, ob ich was zu erzählen hab, dann ist das nichts Weltbewegendes. Ich könnte dir nun die Ohren volljammern, daß ich so alleine bin, daß ich auch jemanden zum Kuscheln haben will. Ist doch klar, braucht doch jeder. Aber das hat nichts mit dem Kind zu tun oder damit, daß ich eine lesbische Mutter bin.«

Als ich verschiedene alleinstehende Frauen um ein Interview bat, erhielt ich öfter die Antwort, es gebe nichts zu berichten. Da sei nichts, was sie von anderen Alleinerziehenden unterscheide. Andere nutzten die Gelegenheit, um über ihre Trennungsgeschichten zu erzählen, die offenbar noch nicht überwunden waren.

Wieder andere Frauen, die nun eine Partnerin haben, erinnerten sich an die Zeit, in der sie allein mit ihren Kindern gelebt haben, sich aber mehr oder weniger nach einer Partnerin sehnten. Ihnen war völlig klar, daß für sie nur eine Frau in Frage käme, daß sie sich also als lesbisch definierten. Von dieser Gruppe habe ich die meisten Informationen, z. B. erinnert sich Monika:
»Als ich mich von dem Vater meiner Kinder getrennt hatte, brauchte ich erst mal viel Zeit zum Selbstordnen. Da war so viel in mir, der Träneneimer war randvoll. Die Kinder heulten, ich heulte, es war schrecklich und erleichternd zugleich. Mir war nämlich schon seit längerem bewußt, daß ich mich viel mehr für Frauen interessierte als für Männer. Wenn ich mal so gesehen hatte, wie zwei Frauen eingehakt gingen, oder wenn ich in einem Roman von zwei Frauen las, die sich liebten, dann rührte sich was in mir. Es gab auch ein paar Frauen, die hätte ich gern mal angefaßt, oder ich war gern in ihrer Nähe. Manchmal hatte ich das Gefühl, ich könne nicht genug von ihnen bekommen. Aber so richtig bewußt wurde mir das Ganze erst, als ich dann mit den Kindern allein war. Ich erschrak über mich selbst. Ich dachte: Das kann doch nicht wahr sein. Du bist Mutter, das gehört sich nicht. Entweder kannst du ihnen einen anderen Mann antun oder gar nichts.
So habe ich lange gedacht und mich in mein Schneckenhaus zurückgezogen. Ich dachte: Nun gut, Moni, das war's, nun bist du ein sexuelles Neutrum, das sich höchstens noch mit sich selbst verlustieren kann, und tagsüber spielst du brav Mutter, Hausfrau und Geldverdienerin.
Und wenn meine jetzige Freundin nicht ihre Antennen ausgestreckt hätte, wenn die nicht gemerkt hätte, daß ich sie ganz schön spannend fand, dann wäre ich heute noch allein mit den Kindern. Ich von mir aus hätte nie den Schritt gewagt.
Hättest du mich damals angesprochen, dann hätte ich nichts zu berichten gehabt, ich hätte mich gar nicht als lesbische Mutter eingestuft. Weil das Thema doch erst eins wird, wenn du das auch praktisch auslebst.«

Margarete hatte, ebenso wie viele ältere Lesben, die ich kennengelernt habe, mit dem Ausleben ihrer Gefühle so lange gewartet, bis ihre Kinder aus dem Haus waren. Es scheinen sich sehr viele

Frauen ihrer Kinder wegen mit ihren Bedürfnissen zurückzunehmen. Heute sagt Margarete dazu:

»Aus meiner jetzigen Situation heraus kann ich nur feststellen, wie blöd ich war. Ich habe mich beschnitten, mich selbst verleugnet. Ich bin jetzt fast sechzig Jahre alt. Zwanzig davon habe ich zu Hause bei meinen Eltern gewohnt, dann im Studentenheim zwei Jahre lang, dann habe ich schon die Kinder bekommen. Mein Mann war schon fertiger Jurist, wir lebten standesgemäß, hatten ein gutes Aus- und Einkommen, es ging so seinen Gang. Ich selber aber kam gar nicht vor. Ich möchte das heute gar nicht mehr als Leben bezeichnen. Es war ein stupides Tageabreißen, Kindererziehung, Haushalt, ein bißchen Konversation hier und da. Kinderfeste, Urlaub – das waren die Highlights, ach ja, und dann noch, wenn mein Mann einen spektakulären Fall hatte, dann bibberte die ganze Familie mit.

Als mein Mann starb, war ich gerade vierzig, unsere Jüngste zwölf. Da richteten sich zunächst die meisten Gedanken auf die neue Lebensorganisation. Ich hatte vorher nie einen Scheck selbst ausgefüllt, geschweige denn irgendwelche bürokratischen Dinge erledigt wie Hypothekenabwicklung oder so. Das höchste bezüglich meines persönlichen Managements waren Elternsprechtage in der Schule oder das Rufen eines Klempners, als wir einen Rohrbruch hatten. Nun stand ich allein da. Ich nahm die Hilfe der Sekretärin meines Mannes in Anspruch. Sie hatte auch unsere privaten Akten geführt und war auf dem laufenden. Ich mochte sie sehr gern, und ich bin ihr mein Leben lang dankbar. Durch sie habe ich nämlich auch irgendwann gelernt, mal über mich und mein bisheriges Leben nachzudenken.

Ich habe zwar vier Kinder geboren, d.h., ich habe in den ersten Jahren unserer Ehe auch mit meinem Mann geschlafen. So wie es sich gehörte. Aber einen Orgasmus? Den hatte ich nie. Es war aber auch nicht so schlimm, meinte ich, darüber wurde nicht gesprochen, es schien so sein zu müssen. Das war also Sexualität, dachte ich, und: Hauptsache, der Mann hat seinen Spaß. Klar, Oswald Kolle und die anderen Sexapostel gingen auch an mir nicht ganz unbemerkt vorbei. Nur dachte ich so für mich: Das ist vorbei, das geht die Jüngeren was an. Ich habe mein Lebenswerk erfüllt.

Durch die Sekretärin bin ich aber dann in andere Kreise eingeführt worden. Sie hatte ein lesbisches Freundespaar, das auf ihren Geburtstagen und anderen Festivitäten erschien, zu denen sie mich auch eingeladen hatte. Ich muß gestehen, es fiel mir nicht leicht, so frei und selbstverständlich mit den beiden Frauen umzugehen, und ich dachte heimlich auch über die Sekretärin nach, die immer allein gelebt hatte. War sie auch so eine...?
Ich wurde immer neugieriger. Mit hochrotem Kopf holte ich mir Literatur aus der Staatsbibliothek zu dem Thema Homosexualität, natürlich verlangte ich nur Bücher über Männer, damit die Leute nicht etwa dachten, ich sei lesbisch. Vor meinen Kindern versteckte ich die Lektüre, und gern hätte ich mir mal was rauskopiert. Aber damals gab es noch nicht überall Kopierer zum Selbstbedienen. Also habe ich nächtelang mir was abgeschrieben. So entstand eine kleine Stoffsammlung, die ich peinlichst zwischen den Bettlaken im Schrank versteckte.
Es brauchte wohl so drei, vier Jahre, bis ich mit der Sekretärin, ganz unvorhergesehen, ins Gespräch über Homosexuelle kam. Darin offenbarte sie mir, daß sie auch eine Freundin in England habe, die sie sehr liebe. Es fiel mir wie Schuppen von den Augen: Das war also der Grund, warum sie nur vier Tage in der Woche arbeitete und warum sie quasi schon ein Abo für den Englandflieger hatte.
Ich hatte ganz schön viel Wein getrunken, als ich ihr mein Geheimnis offenbarte. Der Abend war ein Tag meines Coming-outs in mehrfacher Hinsicht: Ich hatte etwas über meine Gefühle gesagt, und dadurch waren sie mir überhaupt erst bewußt geworden. Ich fuhr nach Hause, schob das Ehebett meines Mannes beiseite und masturbierte bis zum ersten Orgasmus meines Lebens! Meine Phantasien dabei kreisten nur um eine Frau – irgendeine, die ich mir ausmalte, die ich noch gar nicht kannte.
Von dem Tag an war mir klar, daß ich mich auf die Suche nach ›meiner Frau‹ machen wollte. Ich wurde aktiv, ging zu Veranstaltungen verschiedener Art, kaufte mir die ›EMMA‹ und studierte die Anzeigen. Ich war furchtbar aufgeregt und erregt, wenn ich sie las. Man würde wohl sagen: Es turnte mich regelrecht an!
Dann kam die Etappe, in der ich es wagte, auf derartige Anzeigen hin zu schreiben. Aber glaub bitte nicht, daß ich meine Briefe, die

ich mehrfach umformuliert hatte, auch abschickte! O nein, das war mir viel zu gefährlich. Aber diese Briefe hatten einen eigenanalytischen Effekt: Ich schrieb über mich und kam immer mehr zu mir selbst dabei. Meine persönlichen Vorlieben, meine Eigenarten, Wünsche und Sehnsüchte bekamen Kontur.
Irgendwann war ich dann soweit, selbst eine Anzeige aufzugeben. Das erschien mir sicherer: Da gab ich nur anonym bekannt, daß ich jemanden suchte, aber keiner wußte, wer sich hinter der Chiffre-Nummer verbarg. Nach dem Erscheinen der Anzeige fieberte ich regelrecht dem Postboten entgegen, der lange brauchte, ehe er mir die ersehnten Briefe brachte. Ich wußte nicht, daß die Emmafrauen erst mal alle Antworten sammeln, um dann alles in einem Umschlag zu schicken. Ich hatte offenbar einen ansprechenden Text verfaßt. Jedenfalls bekam ich gleich sechs Antworten in einem Umschlag präsentiert! Meine Hände zitterten, als ich die Briefbögen auseinanderfaltete. Ein »Seid-umschlungen-Millionen-Gefühl« erfaßte mich, und ich rief sofort die Sekretärin an. Sie meinte, ich solle doch abends vorbeikommen und ihr die Bewerbungsbriefe zeigen. Das aber konnte ich nicht, denn ich wäre mir wie eine Vertrauensbrecherin vorgekommen. Also legte ich mich abends in mein Bett, baute alle hellblauen, rosa und weißen, ordentlich beschriebenen Briefbögen um mich herum, guckte mir die zwei mitgeschickten Fotos an und fragte mich: Bist du eigentlich verrückt? Was machst du da? Du bist doch eine anständige Mutter und Witwe, wie kannst du nur so weit sinken!
Ich hatte in einer Traumwelt gelebt und stürzte in furchtbare Trauer, Selbstvorwürfe und Selbsthaß. Ich zerriß all diese netten Briefe und warf sie in den Kamin, wo sie bis zur Unkenntlichkeit verbrannten. »Hexenverbrennung« schoß mir durch den Kopf, und meine Schuld wuchs noch mehr. Ich verfaßte einen Entschuldigungsbrief, nein, sogar zwei: Einen an die Frauen, die mir geschrieben hatten, bei ihnen wollte ich mich entschuldigen, daß ich so mit ihren Gefühlen umgegangen war; der andere ging an meine Kinder, von denen drei immer noch bei mir wohnten. Ihnen wollte ich sagen, daß sie mir das Verlassen der Mutterrolle verzeihen sollten; ich versicherte ihnen, wie unter Zwang stehend, daß ich ihnen nie wieder so etwas antun würde...

Es war eine schlimme Zeit. Ich lief in Sack und Asche herum, so als müsse ich büßen. Ich kochte wie eine Weltmeisterin, machte das Haus wie ein Putzteufel sauber, als wolle ich alle Spuren wegwischen. Irgendwann merkte ich, daß ich mich aber nicht selber auswischen konnte. Ich kam wieder zu Verstand und schloß mit mir ein Abkommen: Diese Gedanken und Gelüste würde ich auf Eis legen. Sie sollten erst wieder aufgetaut werden, wenn alle vier Kinder auf eigenen Beinen stünden. Und so war es auch. Seit acht Jahren ist das Haus kinderleer. Ich schrieb wieder Anzeigen, und ich lernte meine Traumfrau kennen. Sie ist nun unten eingezogen, die Kinder wissen, daß ich nicht allein in den vielen Räumen bin, und genießen, daß sie keinen Trauerkloß zurücklassen mußten, sondern eine freigeschwommene erwachsene Frau. Und ich hole nun alles das nach, was ich zuerst nicht erahnte, dann befürchtete und ersehnte. Es ist wunderschön, und ich hoffe, daß ich mein zweites Leben, wie ich es nenne, noch lange erleben kann.«

Ich habe diesen langen Beitrag von Margarete an dieser Stelle ungekürzt wiedergegeben, weil er den Prozeß so deutlich macht, den viele Frauen durchlaufen: zuerst das normative Leben, dann die Erkenntnis, die aus Rücksichtnahme nicht weiter verfolgt wird, und erst viel später folgt, und das leider nicht bei allen, die Erfüllung ihrer Sehnsüchte.

Ich hörte von einigen Frauen, die ihrer Kinder wegen sich selbst Wartezeiten auferlegt hatten, daß sie sich ins Putzen oder andere, schönere Aktivitäten stürzten, um sich abzulenken, um eine Sinnerfüllung zu haben (vorzutäuschen) und um ihr Gewissen vor den Kindern zu erleichtern.

Johanna steckt immer noch in dieser Phase. Sie wird einmal die Firma ihres Vaters übernehmen, in der sie zur Zeit mit einer großzügigen Arbeitszeitregelung in ihre spätere Aufgabe eingewiesen wird. Sie hatte vor der Geburt ihres Kindes nur Frauenbeziehungen, lebt nun aber mit der Kleinen allein, weil sie, wie sie sagt, ihren Eltern »nicht noch mehr Unruhe ins Haus« bringen will. Es genüge schon, daß sie ein uneheliches Kind habe, denn in ihrem Elternhaus herrsche noch ein sehr konservativer Ton. Außerdem sagt sie:

»Ich habe auch noch einiges davon mitbekommen. Ich mag meinen Vater sehr gern, er war traurig, daß er keinen Sohn bekam, der einmal sein Lebenswerk fortsetzen würde. Also habe ich Konzessionen gemacht: kein Studium, sondern Volontariate in verschiedenen Werkszweigen und -abteilungen. Dafür redet er mir nicht in mein Privatleben hinein. Ich habe mir überlegt: Jetzt ist der alte Herr noch frisch und munter, er bezahlt mir meinen Lebensunterhalt und ein bißchen drauf. Das war eine gute Zeit, ein Kind in die Welt zu setzen. So habe ich mehr Möglichkeiten, mich darum zu kümmern, und gleichzeitig kann ich viel lernen. Für eine Geliebte ist da gar kein Platz im Moment. Die Lütte kann in halbwegs geordneten Bahnen aufwachsen, ich bin nicht überfordert, meine Eltern bekommen keinen Schock. In ungefähr zehn Jahren sieht die Welt anders aus, und wenn ich bis dahin nicht faltig und häßlich bin, werde ich mich auf die Suche nach der richtigen Partnerin machen. Diese Karriere- und Familienplanung mag anderen sehr gefühllos vorkommen, für mich ist es aber der richtige Weg.«

Auf meine Frage, ob sie mit ihren achtundzwanzig Jahren nichts vermisse, meinte sie:

»Ja, schon, ich hätte gern ein paar mehr Gesprächspartner und -partnerinnen, mit denen ich mich offen austauschen könnte. Aber ich kann mich nicht überwinden, nun in die Lesbenszene einzutauchen. Also halte ich mich bei verheirateten oder zumindest heterosexuellen Frauen auf, wo es um Kindererziehung geht. Das ist auch schon ganz nett, vor allem hat die Kleine dort Spielkameradinnen. Ich spiele außerdem zweimal in der Woche im Club Tennis. Meine Mutter spielt in der Zeit Babysitter. Nach dem Match unterhalte ich mich mit den Clubleuten über dies und das. Aber natürlich kann ich dort nicht sagen: Hört mal zu, Leute, ich bin lesbisch, nun akzeptiert das mal. Also meide ich die Anspielungen, wenn sie mich z. B. fragen, wann denn endlich ein Mann ins Haus kommt.

Sicherlich meinst du aber, ob mir nicht Sexualität fehle? Oder Partnerschaft, so eng und vertraut. Na ja, das wäre schön, aber ich mach mir einfach ständig was vor, nach dem Motto: Jetzt nicht, später, jetzt ist was anderes dran, und das tut mir gut. Also, bitte nicht an meinem kleinen Lügengerüst ruckeln. Es ginge nämlich nicht anders als so. Ich weiß, daß ich mich nicht in einen Mann

verlieben könnte. Ich stehe absolut auf Frauen, das ist mein Schicksal. Am liebsten würde ich zu meinem Herrn Papa sagen: Also, Papsi, hör zu: Die Natur hat bei mir in diese Richtung zugeschlagen, was hältst du von einer Schwiegertochter? Aber nein... unvorstellbar. Vielleicht in ein paar Jahren, dann hole ich mir – nach außen hin – eine Haushälterin ins Haus, das ist standesgemäß, und wie es dann drinnen im Haus ist, geht niemanden was an. Nur wird das wahrscheinlich auch nicht gehen, denn ich kann nur Frauen mit Niveau um mich haben, und eine entsprechende Frau würde sich sicherlich nicht als meine Haushälterin ausgeben lassen. Na, abwarten...«
Johanna sah nicht gerade glücklich aus, als sie ihren Lebensplan enthüllte. Sie sagte aber zum Schluß, daß es ihr sehr gutgetan habe, endlich einmal frei darüber sprechen zu können.

Viele Frauen, die mit ihren Kindern allein leben, sind nicht lesbisch, aber es gibt offenbar doch mehr unter ihnen als erwartet. Ich habe mich beim Sortieren meines Materials besonders darum bemüht, solche Frauen zu interviewen, aber es war schwierig, denn längst nicht alle Frauen sind sich ihrer Gefühle bewußt.
Einige Frauen leben auch mit ihren Kindern allein, weil sie sich nicht neu binden wollen. Ihnen erscheint es ganz allgemein problematisch, Beziehungen zu führen. Als Beispiel dafür kann Sabrina zitiert werden:
»Ich lebe seit Jahren in Frauenzusammenhängen, und die meisten meiner Freundinnen sind lesbisch, das hat sich so ergeben im Laufe meiner dreißig Lenze. Aber glücklich sind die alle nicht auf Dauer, genausowenig wie die Heteras. Ich glaube, daß wir alle inzwischen bindungsunfähig geworden sind. Es geht zu neunzig Prozent nach der Phase des großen Verliebtseins in die Brüche. Der Alltag ist Streß, die spannende Pfadfinderei im Bett hat sich bald ausgetobt, es kommt das angeödete Ottonormalverbrauchergesicht hinter der Fassade hervor, und du fragst dich: Die hast du mal geliebt? Komisch, denn jetzt könntest du sie nur noch auf den Mount Everest schicken. Das ist so, und darum will ich gar keine Frau im Haus haben. Diese Eifersucht und dieses Machtgerangel findest du doch in allen Beziehungskisten wieder, ist doch ätzend.

Darum lebe ich brav mit meinem Pfiffikus allein in unserer Hütte, ab und zu kommt er zur Oma, und ich fahre ins Frauenferienhaus oder sonstwohin und verbringe ein paar nette Nächte mal mit der, mal mit der. Unverbindlich, spannend und wohltuend. Da merkst du deinen Körper mal wieder, weißt aber, daß du ihn behältst und nicht an die andere symbiotisch ankettest. Ganz frei kommst du nach Hause, hast aufgetankt und nicht den Beziehungsstreß. Den kannst du nämlich auch haben, wenn du nicht mit der Auserwählten zusammenziehst. Irgendwann geht der Ärger los, das will ich weder meinem Sohn noch mir antun.
Guck dir doch Anke an, die war so verknallt, sie und ihre Holde haben über Hochzeit und so was Romantisches geredet. Was ist jetzt? Sie schreien sich nur noch an, der Rest ist öde. Oder Sab mit ihrer Vera – sie leiden nur noch. Sie können sich nicht einigen, wohin sie im Urlaub fahren, sie diskutieren nächtelang, um festzustellen, daß sie sich einfach nicht verstehen. Das gleiche wie bei Heteropaaren. Nee, nicht mit mir!«
Vielleicht gibt es heute tatsächlich mehr Beziehungsprobleme als früher, als das Leben der meisten Menschen geregelter, mehr vorprogrammiert war. Es mag sein, daß die allgemeine Mobilität und die Schnellebigkeit im besonderen auf unsere Beziehungen Einfluß haben, daß rationelles und materielles Denken häufiger als früher in der Entscheidung, sich zu binden oder zu lösen, die Emotionen überdecken.
Aber ich habe trotzdem nicht den Eindruck, daß Sabrina für viele Frauen spricht. Vielmehr meine ich, daß viele der alleinlebenden Menschen nicht wirklich frei und wunschgemäß diesen Lebensstil gewählt haben, sondern daß es eigentlich in jedem und jeder liegt, eine/n andere/n an seiner/ihrer Seite zu haben und für diese/n einzigartig wichtig zu sein, so wie es diese/r für eine/n selbst ist.
Ich habe eine einzige Frau getroffen, die keine Partnerin hat, aber ihrem Kind offen über ihre lesbischen Gefühle erzählt hat. Conny und ihr Sohn Robert berichten in einem gemeinsamen Gespräch über ihr Zusammenleben:
Conny: »Wir sind ein eingespieltes Team, wir haben bestimmte Abläufe in unserem Alltag, das funktioniert, und ich denke, daß uns da auch gar keiner fehlt. Es läuft gut, da Robert nun auch

schon fünfzehn ist. Ich glaube, du wolltest auch niemanden zusätzlich haben, oder?«
Robert: »Na ja, manchmal fände ich schon einen Vater ganz gut, aber das käme bei dir sowieso nicht in Frage, du stehst ja auf Frauen. Und eine zweite Frau im Haus, nee, das wollte ich auf keinen Fall. Dann wäre ich in der Minderheit. Du hast recht, es läuft gut so. Weißt du noch, als wir mit den anderen im Urlaub waren, das war ätzend, alles mußte genau bequasselt werden, was wer wann wie machen sollte. Nervig.«
Conny: »Das ist das, was ich meine. Aber was würdest du denn sagen, wenn ich nun eine Freundin hätte, die nicht bei uns wohnen würde, nur mal zu Besuch käme, und ich würde dann auch mal bei der sein?«
Robert: »Na, was sollte ich dazu sagen, ich kann dir nicht in die Entscheidung reinreden. Dann heißt es nachher, ich hätte dir dein Leben versaut, und dann kann ich selber auch weniger machen. Da wäscht doch eine Hand die andere: Wenn du nicht darfst, darf ich auch nicht! Allerdings muß ich sagen: Komisch wäre es schon.«
Conny wies hinterher in einem Gespräch unter vier Augen darauf hin, daß sie schon manchmal Sehnsucht nach einer Liebespartnerin habe, aber daß sie sich nun noch die weiteren Jahre auf ihren Sohn einstellen wolle, bis dieser das Haus verlassen habe. Danach müsse sie sowieso ihr Leben neu ordnen. In dem seit zwölf Jahren bestehenden Kleinfamiliensystem hätte tatsächlich niemand mehr Platz.
Die anderen alleinerziehenden Frauen schieben ihre Bedürfnisse auf oder verzichten ganz darauf, weil sie Angst haben, sich den Kindern gegenüber erklären zu müssen, und sie auf sie Rücksicht nehmen wollen. Darin liegt auch der Hauptunterschied zwischen hetero- und homosexuellen Alleinerziehenden.
Wieder wird deutlich, wie sehr das Leben von den gesellschaftlichen Normen und erwarteten Sanktionen geprägt ist: Eine Frau, die sich in einen Mann verliebt und sich vielleicht mit diesem zusammentun möchte, muß ihrem Kind nicht erklären, wieso sie denn einen Mann liebt – höchstens muß sie sich die Frage stellen lassen, warum sie *diesen* Mann liebt. Erst dann werden die anderen Fragen der Lebensgestaltung und -veränderung relevant. Einer

lesbischen Mutter stehen die Konventionen im Wege, und sie muß viele verschiedene Faktoren berücksichtigen. Auch für die Kinder macht es einen großen Unterschied, ob sie sich mit einem Stiefvater auseinandersetzen müssen, was in der heutigen Gesellschaft längst üblich geworden ist, oder mit der Geliebten der Mutter.

Kinder – Leben mit lesbischen Müttern

Vorurteile

Die Situation von Kindern, deren Mütter lesbisch sind, ist meines Wissens nie erforscht worden. Vielmehr gibt es das gängige Vorurteil, diese Kinder seien schlechten Vorbildern ausgesetzt und würden mit Sicherheit auch homosexuell – was als negative Konsequenz gewertet wird. Die gesellschaftliche Geringschätzung Homosexueller geht einher mit der Ansicht, diese Menschen seien stets unglücklich. Diese Vorurteile sind absurd und menschenverachtend, wenn sie konsequent weitergedacht werden:
Homosexuelle Menschen wären genauso glücklich oder unglücklich wie heterosexuelle, wenn andere sie genauso leben ließen. Diejenigen, die Homosexualität diskriminieren, verursachen Leiden – und heucheln gleichzeitig Mitleid, wenn sie von den »armen Betroffenen« reden, so als handele es sich um Kranke, die Hilfe erfahren müßten. Sie kommen zu der Schlußfolgerung, man müsse Kinder aus diesem pathologischen Milieu herausnehmen, so als lebten sie in einem Haus mit lauter Aussätzigen. Diese Paradoxie wird noch deutlicher und gefährlicher, wenn das Herausnehmen der Kinder mit der Gesunderhaltung der Gesellschaft begründet wird. Das ist faschistoides Denken!
Diese Doppelmoral wird besonders offensichtlich, wenn man sich überlegt, was Kindern angetan wird, die so rigide erzogen werden, daß kein Spielraum für die Akzeptanz anderer Lebensformen gelassen wird. Über diese gesellschaftlichen Konsequenzen nachzudenken ist sicher lohnender, als über das Wohl eines Kindes zu spekulieren, dessen Mutter lesbisch ist. Ich werde gleich erläutern, daß das allein überhaupt nichts über eine bessere oder schlechtere Entwicklung der Kinder aussagt.
Allerdings geht die gesellschaftliche Doppelmoral noch weiter: Was wird denn generell für das Wohl der Kinder getan? PolitikerInnen fordern und hoffen auf höhere Geburtenraten – damit die Renten gezahlt werden und damit die Ausländer in unserem deut-

schen Vaterland nicht irgendwann die Anzahl der Deutschen übertreffen. Die derzeitige Regierung veranstaltete deshalb und als Maßnahme der Anti-Abtreibungskampagne Werbung fürs Kinderkriegen. So hat sie 1993 jedem Kind für 1995 einen Kindergartenplatz versprochen (nach der Wahl 1994 wurde die Einlösung dieses Versprechens wieder verschoben), die neue und jüngste Familienministerin propagiert sogar die Zahlung von eintausend Mark für jedes Neugeborene. Es gibt (ungerecht verteilte) Steuervergünstigungen für Kinder, und das Kindergeld ist um zwanzig Mark erhöht worden.

Deutschland – ein kinderfreundliches Land? Mitnichten! Wir haben eine ungeheuer hohe Säuglingssterblichkeitsrate, Kinder werden geprügelt, getötet, mißbraucht. In Hamburg, der Stadt mit den meisten Millionären, lebt jedes zehnte Kind von der Sozialhilfe. Die Kindergärten haben überfüllte Gruppen, der sowieso zu knapp bemessene Personalschlüssel wird 1995 sogar noch weiter gesenkt werden. Freizeitprojekte für Jugendliche werden gestrichen, oder zumindest werden die Subventionen gekürzt. Ausbildungsstellen sind rar, StudentInnen erleben unzumutbare Verhältnisse an den völlig überfüllten Universitäten. Die Verteilung unserer Steuergelder ist keineswegs kinderfreundlich und daher nicht zukunftsorientiert.

Aber die Vorstellungen, wie Kinder denn bitte aufwachsen sollen und was ihre Eltern dazu zu leisten haben, sind ziemlich konkret. Ich meine, daß wir uns schämen müssen, das Aufwachsen von Kindern mit so ungleichen Kriterien zu beurteilen, wie es immer wieder geschieht. Es kann nicht angehen, daß man verlangt, lesbischen Müttern das Sorgerecht zu entziehen, gleichzeitig jedoch halbtot geprügelte Kinder in ihrem Elend beläßt.

Das andere Vorurteil bezieht sich darauf, daß die Kinder von homosexuellen Eltern auch zwangsläufig homosexuell würden. In diesem Zusammenhang geht es wieder um die richtige Antwort auf die Frage: Warum sind Menschen homosexuell veranlagt?

In bezug auf die Entwicklung von Kindern schwuler oder lesbischer Eltern sind vor allem zwei Denkansätze populär: Entweder wird angenommen, daß der Einfluß und das Vorbild prägend für die sexuelle Entwicklung seien, oder es wird die Theorie vertreten, Homosexualität sei vererbbar. Diese letztere Befürchtung dürfte dann allerdings kein Grund sein, die Kinder aus dem homosexuellen Haushalt herauszunehmen, denn wenn genetisch schon alles gelaufen wäre, dann könnten ja auch heterosexuelle ErzieherInnen nichts mehr »retten«.

Ich möchte mich hier mehr der entwicklungspsychologischen Fragestellung widmen, denn es geht um die geschlechtliche und soziale Identitätsentwicklung unserer Kinder.

Wie anfangs beschrieben, sind auch lesbische Mütter in unserer Gesellschaft aufgewachsen, sie sind nicht als solche geboren worden, sondern haben im Laufe ihrer Sozialisation bestimmte Rollen erlernt, vor allem auch – schon vom Mädchenalter an – was »man« von einer Mutter erwartet, welche Familienkonstellation die richtige, die beste für ein Kind ist, etc. So wie die Allgemeinheit Homosexualität abwehrt und ablehnt, haben natürlich auch die lesbischen Mütter diese Werte verinnerlicht, und dadurch sind viele der inneren und äußeren Probleme bedingt.

Meine Gesprächspartnerinnen machten sich immer wieder Gedanken über die Auswirkungen ihrer homoerotischen Orientierung auf die Entwicklung ihrer Kinder. Dabei hatten zwei Faktoren eine besondere Bedeutung:

1. die Entwicklung der Geschlechterrollen;
2. die Integration der Kinder in die soziale Umwelt.

Im folgenden möchte ich diese beiden Aspekte näher erläutern.

Die Rolle der Offenheit in der Mutter-Kind-Beziehung

Zunächst ein paar Worte zu dem größten Problem, das oft wie eine fast unüberwindbare Hürde vor vielen lesbischen Müttern steht: Wie sag ich's meinem Kinde?

In der Einleitung zu diesem Buch wies ich darauf hin, daß ich jahrelang Angst davor hatte, mit meiner Tochter über meine Liebe zu meiner Freundin zu sprechen, und ich habe heute den Eindruck, daß ich es viel früher hätte tun sollen, weil wir Erwachsenen uns sehr viel dadurch haben entgehen lassen. Aber insbesondere meiner Tochter gegenüber wären klare Worte fairer gewesen, und diese Fairneß hätte ihr bestimmt einige Irritationen erspart. Zum Glück habe ich, mit Hilfe meiner damaligen Lebensgefährtin, mich ihr zu einem Zeitpunkt erklären können, zu dem sie einerseits noch eine sehr enge Beziehung zu mir hatte und andererseits schon in der Lage war, meine Beweggründe zu verstehen. Außerdem – und das ist sehr schön zu beobachten und erfüllt mich mit Dankbarkeit – hat das Mädchen offenbar ein tiefes Urvertrauen in ihren ersten Lebensjahren entwickeln können, das immer wieder stärkend in den Umgang mit sich und der Außenwelt einfließt.

In Gruppen lesbischer Mütter wird das Thema des Comming-outs vor den Kindern immer wieder diskutiert, wobei zum einen das »Wie« und zum anderen das »Wann« im Vordergrund stehen. Nach meinen Beobachtungen fragen sich die meisten Frauen jahrelang, ob sie es überhaupt sagen sollen, und diese Mütter sind meistens nicht in (Selbsthilfe-)Gruppen zu finden, sondern leben eher zurückgezogen, versteckt und unsicher. Sie haben sich selbst noch nicht in ihrer Situation zurechtgefunden. Natürlich gibt es auch wichtige Gründe, sich anderen gegenüber zurückzuhalten, wie ich in den vorherigen Kapiteln, insbesondere im Zusammenhang mit den Vätern oder anderen Verwandten der Kinder, beschrieben habe. Das sind dann Entscheidungen, die die Frauen be-

wußt fällen müssen, um möglicherweise durch ihr Schweigen sowohl sich als auch den Kindern viel Kummer zu ersparen.
Die Frage nach dem richtigen Zeitpunkt des Coming-outs gegenüber den Kindern kann meines Erachtens pauschal beantwortet werden:
Der richtige Zeitpunkt ist der, zu dem die Mutter, unter Berücksichtigung ihrer Situation und der des Kindes, das Bedürfnis hat, sich zu erklären.
Wie kann nun aber eine Antwort auf die wichtige Frage »Wie sag ich's meinem Kinde?« lauten?
Am einfachsten ist es natürlich in Frauenbeziehungen, in die die Kinder hineingeboren werden oder von ganz klein auf hineinwachsen. Da sind zunächst keine Worte nötig, sondern ein liebevolles, vertrautes Zusammensein. Die Vermittlung des Gefühls »Wir gehören zusammen« ist dem Kind damit quasi in die Wiege gelegt worden.

Andi, ein heute fast erwachsener junger Mann, der die ersten sechzehn Jahre seines Lebens mit seiner Mutter und deren Cousine/Lebensgefährtin aufgewachsen ist, erzählte seine Erinnerungen an diese Zeit:
»Zunächst gab es gar nichts anderes für mich. Das waren meine beiden Bezugspersonen. Ich lebte mit meiner Mutter und meiner Tante zusammen. Die beiden hatten ihr Schlafzimmer, ich hatte meins. Wir haben alle miteinander geknuddelt, gespielt, Ferien gemacht und was man so macht. Es war meine Familie. Als ich im Kindergarten war, merkte ich, daß die anderen Kinder einen Vater hatten. Das war mir noch gar nicht aufgefallen, daß das bei uns anders war. Ich fragte zu Hause und bekam Antworten. Die haben mich zufriedengestellt.
Irgendwann, so in der Pubertät, fiel dann auch zu Hause das Wort ›lesbisch‹. Das fand ich unangenehm. Schwul und lesbisch, das waren Schimpfworte in der Schule und unter uns Jungen. Ich wehrte das ab, wollte nicht, daß dieses Wort von meiner Mutter gesagt wurde. Aber der Tatbestand, daß die beiden Frauen sich liebten, so wie Mann und Frau oder so ähnlich, der war mir klar, und das war auch irgendwie o. k. Das war was von drinnen, also das gehörte einfach zu unserem Leben. Aber die Begriffe waren schrecklich.

Ich wollte nicht darüber reden. Es war wie ein Herausschlüpfenmüssen aus dem Ei. Die Schalen waren so pieksig. Ich kann es gar nicht anders erklären.
Jedenfalls muß ich das irgendwie deutlich gemacht haben, und ohne viele Worte einigten wir uns darauf, daß ich Bescheid wußte, daß aber nicht weiter darüber geredet werden sollte. Das kann ich erst heute mit meiner Mutter, aber wir tun es auch nicht soviel, denn es ist eigentlich gar kein Thema. Ich glaube, ich hatte eine ganz schöne Kindheit. Wahrscheinlich war in unserem Fall hilfreich, daß es sich bei der Frau meiner Mutter um meine Tante handelte. Das war auch nach außen hin legitimierbarer. Da haben es andere sicherlich schwerer. Vielleicht sollten die ihre Partnerinnen auch als Tante deklarieren.«
Nina, eine Zwölfjährige, sagte dazu:
»Ich weiß noch genau, wie das war: Mutti und Mausi, also so nennen wir immer ihre Freundin, die lagen mal im Urlaub zusammen im Bett und schliefen. Ich bin da in ihr Zimmer gekommen und wollte auch unter die Bettdecke schlüpfen. Ich hatte Angst vorm Gewitter, das da gerade war. Na, und da merkte ich, daß die beiden gar nichts anhatten, die waren total nackt, und ihre Beine waren so nah zusammengerangelt. Ich war so sechs Jahre alt, glaube ich. Jedenfalls wollte ich, daß sie auseinanderrückten. Ich wollte dazwischen. Das haben sie auch zugelassen. Ich habe sie dann gefragt, warum sie denn so nackt sind, das war ja im Skiurlaub, und da war es eigentlich ganz schön kalt. Da hat Mama dann gesagt, daß sie sich nackt besser fühlen könnten und daß sie das schöner fänden. Ja, und dann kamen wir ins Klönen, und Mama hat gesagt, daß das viele Erwachsene so machen, und Mausi hat gesagt, daß das aber sonst vor allem Männer und Frauen machen, also eine Frau mit einem Mann. Und Mama hat gesagt, daß Mausi aber kein Mann ist, sondern eben eine Frau, aber daß sie sie genauso lieb hat. So kam das. Da haben sie mich so richtig aufgeklärt. Und dann haben wir eine Kissenschlacht gemacht, das war geil, das weiß ich noch genau. Das machen wir jetzt manchmal immer noch. Ist ja auch nichts dabei, daß das zwei Frauen sind.«
Carlotta, fünfzehn Jahre alt, schilderte:
»Meine Mutter hatte eine Frau kennengelernt, und die waren dann dick in love. Da war ich in der dritten Klasse, also war ich da neun.

Die beiden turtelten so rum, waren so gackerig und albern und so. Und da hab ich gesagt: Hey, seid ihr lesbisch oder was? Da guckten sie sich völlig überrascht an, und dann prusteten sie los. Das war beim Abendbrot, weiß ich noch genau. Also dann haben sie gesagt, daß sie lesbisch sind, und damit war das Thema gegessen. Ich hab ihnen nur gesagt, daß sie sich anders benehmen sollen, wenn meine Freundin da ist, damit die nichts Falsches denkt.«
Jan (sechzehn Jahre) hat diese Aussprache nicht so positiv aufgenommen, und es fiel ihm sichtlich schwer, sich mit mir darüber zu unterhalten:
»Eines Tages meinte meine Mutter, sie will mit mir reden. Und dann hat sie gesagt, daß sie eine Frau liebt. Das ging nicht in meinen Kopf. Frau und Frau, also schrecklich! Ich wollte gar nicht darüber reden, es war so gewollt: ›Jetzt ist Aufklärung angesagt!‹ Ich ließ es über mich ergehen. Und dann haben wir nicht mehr darüber geredet. Einfach nur zusammengelebt. Ich weiß nicht, was diese Rederei darüber soll.«

Es gibt kein Patentrezept für diese Situation. Es gehört viel Fingerspitzengefühl dazu, den richtigen Moment zu wählen, und die Wortwahl muß dem Entwicklungsstand des Kindes angemessen sein. Ich glaube, daß es wichtig ist, daß die Mutter/die Mitmutter »das Kind beim Namen« nennt. Zu dieser Erkenntnis hat mich die Äußerung eines Mädchens gebracht:
»Die beiden haben immer gesagt und auch gezeigt, daß sie sich liebhaben. Und dann hab ich in der Schule von Homos und so gehört, von den anderen aus meiner Klasse. Und ich hab dann auch solche Schimpfworte gebraucht, hab auch gesagt: Hey, du schwule Sau, oder: Hey, bist wohl lesbisch, oder so. Ich wußte nicht, daß meine Mutter auch so ist. Ich hab sie ja dann auch beleidigt. Das war nicht so gut. Da hab ich mich dann immer geschämt. Zu Hause hab ich mich geschämt und woanders eben auch. Vielleicht wäre es besser gewesen, wenn ich von meiner Mutter selbst erfahren hätte, daß sie eine Lesbe ist. Dann wäre das Wort, so beim ersten Mal, gar nicht so heavy gewesen.«
Die Angst der Mütter, überhaupt mit ihren Kindern über ihre Frauenliebe zu sprechen, rührt vorwiegend aus dem schlechten Gewissen bzw. der Befürchtung her, die Kinder könnten in ihrer

Entwicklung gestört und in der Außenwelt diskriminiert werden, was sich wiederum negativ auf deren Leben auswirken könnte.

Dazu möchte ich eine Untersuchung zitieren, die Ende der achtziger Jahre in ›Psychology Today‹ veröffentlicht wurde. Eine Längsschnittstudie über amerikanische Familien befaßte sich damit, welche sexuellen Präferenzen Kinder von lesbischen Müttern später zeigen und ob sie auffallende neurotische Verhaltensweisen entwickeln. Diese Studie brachte zwei wichtige Ergebnisse:

- Die statistische Häufigkeit homosexueller Neigungen entsprach völlig der der Vergleichsgruppen. D. h., die meisten von ihnen stuften sich und ihre Bedürfnisse als heterosexuell ein.
- Besonders neurotische Muster waren nicht zu bemerken; im Gegenteil – und das verblüffte sogar die UntersucherInnen –, die Töchter und Söhne zeigten sich in vielerlei Hinsicht ausgesprochen selbstbewußt, selbstsicher, ausgeglichen und besonders konfliktfähig.

Wichtig ist der Hinweis, daß es sich bei dieser Untersuchung ausnahmslos um Kinder handelte, deren Mütter offen bis offensiv lesbisch und längere Zeit in derselben Frauenbeziehung lebten. Nur so ist es möglich, den besonderen Einfluß der homosexuellen Mutter zu bestimmen. Alles andere, wie z. B. häufige Partnerwechsel oder Unoffenheit vor den Kindern, dürfte sich in gleicher oder zumindest ähnlicher Weise sowohl in hetero- als in homosexueller Umgebung negativ auf die Entwicklung des Nachwuchses auswirken. Deshalb kann über die Frage, ob eine Studie über Kinder von verdecktlebenden lesbischen Müttern die gleichen Ergebnisse zeigen würde, nur spekuliert werden. Ich vermute: Nein, denn das offene, miteinander vertraute und vertrauensvolle Umgehen und die sich davon ableitende Geborgenheit sind wichtige Bausteine in der Identitätsentwicklung, insbesondere von jungen Menschen.

Auch sozialpsychologisch messe ich der Offenheit der Mutter viel Bedeutung bei: Die häusliche Gemeinschaft kann durch den gemeinsamen Feind (in diesem Fall die ablehnende oder gar anfeindende Umwelt) zusammenwachsen. Oder aber: Das gemeinsame Geheimnis (was Kinder in der Regel ganz toll finden) schweißt zusammen.

Ein weiterer wichtiger Erfolg des innerfamiliären Coming-outs der lesbischen Mutter liegt in der Vorbildfunktion: Wenn Mütter als Haupterziehungspersonen Selbstbewußtsein vermitteln, insbesondere im Umgang mit eigenem nichtnormativen Verhalten, kann dies den Kindern ein gutes Sicherheitspolster geben, das sie fürs Leben mitnehmen. Aber die Mütter müssen erst einmal zu dieser Selbstsicherheit finden, was eben oft ein langer Weg ist.

Hinter dem Motto: »Ist der Ruf erst ruiniert, lebt's sich gänzlich ungeniert« verbergen sich die Erfahrungen vieler Homosexueller, die aus dem Versteck herausgekommen sind. Sie erleben es als Erleichterung, sich nicht mehr verstecken zu müssen, nicht mehr herumzurätseln, ob das Gegenüber nun Bescheid weiß oder nicht. So entsteht eine viel größere Lebensfreiheit.

Wenn Mütter diesen Weg geschafft haben, überträgt sich das Lebensgefühl auch auf die Kinder, denn die Eltern sind, ob zusammenlebend oder alleinerziehend, zunächst einmal Identifikationsobjekte, die einen gewissen Wahrheitsanspruch vertreten und somit Allmacht haben. Das, was die Mutter macht und/oder vertritt, ist das Wahre, das Richtige, und das muß auch verteidigt werden, wenn es von außen angegriffen wird.

Wird z. B. ein Kind in eine Frauenbeziehung hineingeboren und diese Beziehung nicht vor ihm verheimlicht, so wird diese Art von Partnerschaft zunächst »ganz natürlich« für das Kind sein, denn es hat ja noch nichts anderes *bewußt* gesehen oder erlebt.

Wächst dieses Kind in einer Atmosphäre auf, in der es sich geborgen und angenommen fühlt, kann es das gleiche Urvertrauen entwickeln (eine der wesentlichen Errungenschaften, die der Mensch im Rahmen seiner Identitätsentwicklung erwerben muß) wie andere auch. Wichtig ist nämlich vor allem die Zuverlässigkeit der Zuwendung, Liebe, Annahme und Geborgenheit während der ersten Lebensphase.

Zum Abschluß möchte ich hier noch die Ratschläge von J. Schulenberg* wiedergeben, die bei der Frage »Wie sag ich's meinem Kinde?« weiterhelfen können:

- Kläre deine eigenen Gefühle bezüglich deines Lesbischseins, bevor du mit dem Kind sprichst.

* In: D. M. Clunis, G. D. Green: Lesbian Couples 1988, S. 216

- Zeige dem Kind, daß diese Partnerschaft an deinen Gefühlen zu dem Kind nichts verändert.
- Sei auf Fragen vorbereitet und antworte altersgerecht.
- Akzeptiere, daß sich dein Kind vielleicht zunächst von dir zurückzieht, und sei offen für jedes Gespräch, das das Kind sucht. Laß es viel sprechen.
- Such nach Freunden/anderen Erwachsenen, an die sich das Kind vertrauensvoll und der Unterstützung sicher seiend wenden kann.

Zur psychologischen Entwicklung unserer Kinder

Immer wieder wird davon ausgegangen, daß Kinder Personen beider Geschlechter in ihrem primären Sozialisationsfeld für eine ordnungsgemäße Entwicklung benötigen. Sicher ist dem zunächst zuzustimmen, denn es gibt schließlich männliche und weibliche Menschen – Erwachsene wie Kinder.

Egal, welches Geschlecht das Kind hat, es ist wichtig, das jeweils andere als genauso natürlich anzuerkennen, also auch erst einmal kennenzulernen.

Der Umkehrschluß dieser Fragestellung, daß sich ein Mensch unbedingt schlechter oder unnormaler entwickeln *muß*, wenn das eine Geschlecht in der unmittelbaren sozialen Umwelt fehlt, ist nicht bewiesen und vielleicht auch nicht beweisbar.

Psychoanalytische Theorien (insbesondere Freud) haben die allgemeine Einschätzung dieser entwicklungspsychologischen Bewertungen beeinflußt. Ihnen folgend sind gravierende sexuelle und soziale Entwicklungsstörungen auf die ödipale Phase zurückzuführen. Diese Phase durchläuft der Mensch von der Mitte des dritten/vierten Lebensjahres an. Das Kind hat sich in der ersten Etappe als Individuum erkannt, abgegrenzt von der Umwelt, es weiß also, daß es ein »Ich« ist/hat, was es auch sprachlich deutlich macht, wenn es nämlich nicht mehr von sich mit dem Namen spricht, den die anderen zu ihm sagen, sondern die Ichform benutzt.

Nun will das Kind mehr über sich selbst und die anderen erfahren, und die Geschlechtsrollen und deren körperliche wie auch soziale Attribute werden höchst interessant. Zum ersten Mal kommen Fragen auf, welche Rollen denn Mann und Frau für sich, aber auch miteinander spielen, denn im Rahmen der eigenen Rollenfindung ist die Rollenzuteilung der Umwelt besonders wichtig.

Für PsychoanalytikerInnen liegt die Bedeutung der ödipalen Phase vor allem in der libidinösen Besetzung des gegengeschlechtlichen Elternteiles, um das Liebesspiel zwischen den Geschlechtern zu erlernen. (Hier wird deutlich, daß ausschließlich von der gegengeschlechtlichen Liebe als einzig wahrer Form ausgegangen wird, gleichgeschlechtliche Varianten werden nicht berücksichtigt.)

In einer lesbischen Beziehung hätten also Söhne diese Möglichkeit, Mädchen aber nicht – das wäre die Schlußfolgerung. Und was den Jungen fehlen könnte, wäre der Kampf gegen den Vater, vor allem dann, wenn sie die Freundin der Mutter nicht als akzeptable Liebeskonkurrentin empfinden können.

Ich möchte diesen Theorien widersprechen. Es ist zwar bekannt, daß bei Menschen, deren Eltern während dieser Entwicklungsphase ihrer Kinder getrennt waren oder sich trennten, später selbst eine hohe Scheidungsrate zu verzeichnen ist. Aber ich führe dieses soziologische Phänomen auf den Mangel oder das krisenhafte Vorbild zurück. Es liegt nicht an dem generellen Fehlen des anderen Geschlechts, sondern vielmehr an dem Erleben, daß die Eltern ihre Konflikte nicht lösen können, sondern auseinandergehen. Wenn es nur eine Mutter gibt, dann fehlt ein Vorbild dafür, wie Vater und Mutter miteinander umgehen.

Es ist nachvollziehbar, daß das Vorleben einer Geschlechtsrolle Vorbildcharakter hat und daß die Kinder zunächst einmal diese Erfahrungen imitieren, was sie langfristig in ihrem eigenen Rollenverhalten prägt. Aber der Umkehrschluß kann nicht sein, daß ein Kind, das kein Vorbild des eigenen Geschlechtes während dieser sensiblen Phase hatte, seine Geschlechtsrolle nicht oder »falsch« entwickeln *muß*! Denn wenn das familiäre Modell wirklich das einzige Erlebnisfeld wäre, würden Söhne genauso wie ihre Väter, Töchter genauso wie ihre Mütter. Aber das ist in der Regel nicht der Fall. Es gibt höchstens Ähnlichkeiten. Kinder erleben stets auch andere Menschen außerhalb ihres Familienverbandes. Und sie entwickeln ihren eigenen Weg, der als Summe ihrer Erfahrungen bezeichnet werden kann.

Außerdem gibt es die klassische Rollenverteilung par exellence nicht: Nicht in jeder Familie schlägt der Vater den Nagel in die Wand, nicht immer führt die Mutter das Haushaltsregiment, die Begabungen sind unterschiedlich verteilt, und immer mehr Paare nehmen ihre eigene Aufgabenverteilung vor und verlassen dabei das Klischee, so daß nicht mehr von *der* Geschlechtsrolleneinübung gesprochen werden kann.

Zur Familie als soziale Keimzelle mit großer Bedeutung für Kinder (und übrigens auch für die beteiligten Erwachsenen) kommt die darüber hinausgehende soziale Umwelt als Sozialisationsinstanz grundsätzlich hinzu. Keines unserer Kinder wächst in dem Schonraum Familie auf, und eine solche Abkapselung wäre auch für die Entwicklung katastrophal.

Die primäre Sozialisation, also das Aufwachsen und Hineinwachsen in die jeweilige Gesellschaft, findet zunächst im Familienkreis, meistens mit den dazugehörigen Verwandten und Bekannten statt. Fremdkontakte haben auch ganz kleine Kinder schon im Kinderwagen, z. B. beim Einkaufen etc.

Hierzu möchte ich ein Beispiel von meiner Tochter erzählen: Ich nahm sie häufig mit zum Einkaufen in die umliegenden Geschäfte. Sie war zwei Jahre alt und mal wieder mit bei der Milchfrau, mit der ich darüber sprach, daß die Kleine eigentlich nur eiskalte Milch mit Kakao möge, warmgemacht lehne sie diese rigoros ab. Die Frau bückte sich zu dem Kind in der Karre und erzählte ihm, wie wichtig und gesund es sei, warme Milch zu trinken. Und sie sagte: »Kleine Kinder brauchen jeden Morgen einen Becher warme Milch, sonst werden sie nicht groß!« Meine Tochter aber wollte groß werden und versuchte sich, diesen Spruch erinnernd, krampfhaft an warmer Milch, und es kostete mich viel Überredenskraft, sie zu überzeugen, daß man auch mit kalter Milch groß werden kann.

Aus diesem Beispiel wird deutlich, daß der Einfluß der Umwelt – manchmal nur in kleinen, fast unbemerkten Situationen – sehr groß ist. Dies passiert nicht erst in der sekundären Sozialisationsphase, in der die Kinder sich immer mehr von zu Hause lösen und auf andere soziale Normen und Werte stoßen, sondern fast von Anfang an.

Und obwohl Kinder in den ersten Lebensjahren noch sehr offen für alle Arten von Sozialbeziehungen sind und selbst wenn sie optimale Liebesbedingungen erfahren, sind sie doch nicht vor Anfechtungen aus der Umwelt gefeit. Und das ist im Prinzip auch gut so, denn dadurch erweitert sich ihr Horizont. Sie machen breitgefächerte Erfahrungen, die ihnen der kleine Rahmen der Familie gar nicht geben kann. Dies alles betrifft sowohl Kinder in »normalen Mutter-Vater-Kind-Familien« als auch in anderen Lebenskonstellationen.

Die Kinder lesbischer Mütter haben zu Hause in der Regel weniger, auf jeden Fall anderen Kontakt zu Männern als andere Kinder. Aber sie erleben in der Verwandtschaft, im Freundeskreis, im Kindergarten und in der Schule konkrete Interaktionen mit männlichen Personen. Auf der Straße, in den Geschäften, bei Besuchen von Freunden etc. lernen sie außerdem, daß es eben weibliche und männliche Menschen gibt, die sich möglicherweise unterschiedlich ihnen gegenüber verhalten.

Meines Erachtens muß die Frage, ob Kinder lesbischer Mütter sozial benachteiligt sind und defizitär sozialisiert werden, verneint werden. Die weiter oben zitierte Untersuchung unterstützt dieses Urteil. Eine positiv verlaufende Entwicklung kann durch andere Störungen des Mutter-Kind-Verhältnisses eingeschränkt werden, die sich nicht aus der bloßen Tatsache der lesbischen Orientierung ableiten. Dazu können zählen:

- Unsicherheiten und Angst der Mutter, die sich auf die Beziehung und auf das Kind übertragen.
- Unglückliche und streßvolle Erwachsenenbeziehungen, die für kein dazwischen stehendes Kind gut sein können.
- Streit zwischen Vater/Angehörigen und der Mutter um das Kind.
- Soziale Benachteiligungen, die durch die Frauenbeziehungen auch das Kind betreffen.
- Häufiger Partnerinnenwechsel, also häufiger Wechsel der Bezugspersonen.

Im Prinzip kann davon ausgegangen werden, daß die Kinder lesbischer Mütter nur in einem Punkt anderen negativen Entwicklungseinflüssen unterliegen als andere, nämlich in der belastenden Umweltreaktion.

Die Welt ist vorwiegend heterosexuell. Alles andere wird negativ bewertet. Die geringe Akzeptanz des anderen bekommen Kinder recht früh mit, denn sie wollen auch Normen und Werte lernen, damit sie sich in ihrer Umwelt sicher bewegen können. Können sie am Anfang in ihrer kleinen narzißtischen Phantasiewelt noch gut (unbewußt) abstrahieren, so lernen sie nach und nach, daß das, was in der Außenwelt als schlecht dargestellt und sanktioniert wird, auch auf sie selbst zutrifft bzw. auf die von ihnen geliebte Mutter.

Damit meine ich das, was ein fünfzehnjähriges Mädchen treffend formulierte:

»Ich habe mit meinen beiden Müttern immer zusammengelebt. Das war so normal für mich. Ich weiß noch, als ich klein war, da habe ich draußen immer mit meiner Freundin Johanna und ihrem Bruder Mutter, Vater und Kind gespielt. Mir war gar nicht aufgefallen, daß ich zu Hause das so nicht hatte. Als ich in die Schule kam, wollten sich die Mütter eine Tagesmutter für mehrere von uns suchen. Die haben sich dann bei uns getroffen und darüber geredet. Da sagte Johanna zu mir, die Martina hat ja nur eine Mutter und gar keinen Vater. Aha, hab ich gedacht, die Arme. Ich habe aber gar nicht geschnallt, daß ich ja auch keinen Vater habe, also jedenfalls keinen, der mit uns lebt. Erst viel später ist mir das bewußt geworden.«

Erst wenn das Kind weitere Sozialkontakte aufnehmen kann, was in der Regel um das vierte Lebensjahr herum *bewußt* passiert, wird es mit anderen Kindern und Erwachsenen und mit ihm fremden Familienstrukturen, Werten und Normen konfrontiert. Nur nach und nach erkennt das narzißtische Kleinkind die Unterschiede. Es empfindet zunächst die anderen als anders, als falsch, denn das eigene Leben, die eigene Familienkonstellation und alles Gewohnte und Liebgewonnene werden als normal empfunden.

Diese Unterschiedlichkeit wird dem Kind meistens über das Spiel mit anderen Kindern deutlich. Mit ca. vier Jahren beginnen Jungen und Mädchen mit Rollenspielen, so z. B. das bekannte »Mutter-und-Kind-Spiel«. Sie spielen Szenen nach, die sie zu Hause erleben, und da nicht jedes Zuhause gleich ist, müssen sich die Kinder untereinander über die Spielregeln einigen. Die Kinder ahmen ihre Vorbilder nach, und so machen sie miteinander neue Erfahrungen. Gleichzeitig schlüpfen sie in verschiedene Rollen hinein, die ihr Einfühlungsvermögen und ihre Phantasie anregen.

Meine Beobachtungen im Kindergarten waren, daß es durchaus nicht immer der Fall sein muß, daß die Jungen die Vaterrolle, die

Mädchen die Mutterrolle übernehmen. Kinder experimentieren. Und das ist gut so. Die Geschlechtsrollen sind dabei wenig festgelegt. Erst bei Schuleintritt wurde deutlich, daß die Jungen unter sich und die Mädchen unter sich waren, was sich dann mit zunehmendem Alter immer mehr verstärkte.
Trotzdem war den kleinen Vorschulkindern bewußt, daß es Mädchen und Jungen gibt, und bei den seit Generationen beliebten und wohl auch wichtigen Doktorspielchen war der Unterschied von großer Bedeutung.
In dieser Phase spätestens tauchen Fragen auf, woher denn die Babys kommen und wie sie in den Bauch der Mutter hineingelangen. Mit den biologischen Erklärungen der Erwachsenen sind immer auch soziale Wertungen und Normen verknüpft. Und damit beginnt die Festlegung auf das heterosexuelle Weltbild. Oft ist die Erziehung zur Heterosexualität auch mit einer Abwehr homosexueller Lebensformen verbunden. Kinder aus heterosexuellen Familien lernen die Diskriminierung anderer, und die Kinder aus homosexuellen Familien lernen das Diskriminiertwerden. Das macht es den Kindern schwer, das von ihnen als normal und gewohnt empfundene Zuhause weiterhin anzunehmen.
Kinder finden es ab einem gewissen Alter spannend, wie andere Eltern sind, und vergleichen sie mit ihren, und sie interessieren sich dafür, wie Kinder entstehen. Aber in der Regel verknüpfen sie Sexualität nicht mit Familienkonstellationen. Sie prüfen nicht, wer mit wem in welchem Zimmer schläft, und selbst wenn sie mitbekommen, daß bei Freunden das Elternschlafzimmer da oder da ist oder daß die beiden Frauen des Hauses sich ein Zimmer teilen, so schließen sie von sich aus nicht auf etwas Merkwürdiges. Kinder beziehen die Wahrnehmung der Welt auf sich. Und darum ist das Kinderzimmer wichtig, die Erziehungsregeln sind von Bedeutung und vielleicht auch noch die Küche oder das Eßzimmer, weil dort ihre Bedürfnisse befriedigt werden.
Unsere Gesellschaft unterliegt einer grundsätzlichen Änderung: Die »heile Familie« wird immer seltener. Kinder erleben immer häufiger, daß sich ihre Eltern trennen, daß sie vielleicht von Anfang an nicht zusammengelebt haben, daß eine der Bezugspersonen wechselt. Beziehungen halten nicht mehr so lange, wie sie es früher getan haben. Das ist sicherlich schlimm und für die Kinder

nicht gutzuheißen, aber es ist eine gesellschaftliche Tatsache. Trotzdem wird weiterhin die heile Welt propagiert, trotzdem werden diskriminierende Sprüche weitergegeben. Es liegt eine große Kluft zwischen Realität und Wunschbild bzw. althergebrachten Familienformen.
Kinder von lesbischen Müttern kommen vorwiegend durch die Anfeindungen der Umwelt – ausgelöst durch Erwachsene – in Schwierigkeiten. Dadurch kann das vertraute innerfamiliäre Bild ins Schwanken geraten. Die Kinder werden eventuell dazu getrieben, etwas zu verteidigen, das sie gar nicht verstehen, auf jeden Fall etwas anzuzweifeln, das sie liebhaben, das ein Stück weit zu ihnen selbst gehört. Es ist eine harte Auseinandersetzung für alle Betroffenen, sowohl für die Kinder als auch für die Erwachsenen.

Ein vierzehnjähriges Mädchen, das mit Mutter und Mitmutter seit über zehn Jahren zusammenlebt, erzählte von so einer Situation:
»Als ich mal mit meiner Oma über Mama und Gerda redete, da kam was ganz Fieses rüber. Oma wollte mir einreden, daß zu einem ordentlichen Haushalt ein Mann und eine Frau gehören. Oma ist die Mutter von meinem Vater, aber meine Eltern sind geschieden. Und Oma kommt irgendwie nicht darüber weg. Sie will immer noch, daß wir alle zusammenleben. Aber das geht ja nicht. Irgendwie finde ich das auch, aber wenn meine Oma so auf mich einredet, dann verteidige ich Mama. Was soll ich auch anderes tun? Mein Papa hat eine andere Freundin, die mag keine Kinder. Ich würde da auch nie hinziehen. Die sind so anders. Eigentlich wünsche ich mir, daß es anders sein soll. Die sollen meine Mutter verstehen und uns in Ruhe lassen. Aber irgendwie mag ich auch meine Oma.«
Haben die Kinder zu Hause eine gute Vertrauensbasis, so können sie ihre Fragen und ihren Kummer dort loswerden. Das Problem liegt aber darin, daß die ersten Konfrontationen in einem Alter auf sie zukommen, in dem die Jungen und Mädchen lediglich die Andersartigkeit sehen, aber für (intellektuelle) Erklärungen noch zu jung sind. So läuft der Konflikt auf der Gefühlsebene ab. Und die dort gemachten Erfahrungen setzen sich bekanntermaßen am meisten fest.

Ein Vierjähriger, der seine Erfahrungen noch nicht deutlich artikulieren kann, beschreibt in einem Nebensatz etwas von dieser Ambivalenz, die viele Kinder erleben:
»Mein Papa holt mich immer an der Tür ab. Er mag uns eigentlich nicht, eigentlich mag er uns aber. Wenn er Mami und Maria wieder mag, dann kommt er auch rein in mein Zimmer.«
Mir taten die Erzählungen des kleinen Jungen weh. Er machte nämlich deutlich, wie sehr die Auseinandersetzungen zwischen seinen Eltern auf seinem Rücken ausgetragen werden. Ich fand das Verhalten beider Elternteile problematisch: Die Mutter schimpfte über den Vater, der Vater über die Mutter. Er packte noch versteckte Äußerungen gegen die Frauenliebe mit hinein. Der Sohn aber liebte auch seine Mitmutter, das war sehr deutlich zu spüren.
Seine Mutter lebte sehr zurückgezogen, und sie äußerte panische Ängste vor dem Ausgehorchtwerden des Kleinen. Darunter litt ihre Freundin sehr, und es war zu spüren, wie sehr es in der Familie knisterte. Allerdings hatte ich das Gefühl, daß es der Mutter sehr half, mir gegenüber frei sprechen zu können. Ich telefonierte ca. ein Jahr später mit ihr, und sie meinte, es gehe ihr inzwischen besser, jedenfalls seien sie und ihre Geliebte in Therapie, und auch sonst sei die Kommunikation viel besser geworden.
Es ist immer wieder dasselbe: Können Mutter und Freundin selbstsicher und offen ihre Beziehung leben, so wird sich dieses Gefühl auf die Kinder übertragen. Das ist gerade bei kleineren Kindern wichtig, die noch nicht die Zusammenhänge verstehen und sich noch nicht ein eigenes Bild machen können. Sie leben quasi »nur nach dem Gefühl«. Eine stabile Erwachsenenbeziehung wird sich über die Phase des Nichtverstehens in den Gefühlen des Kindes festsetzen und in späteren Phasen aktiviert werden können, dann nämlich, wenn es soweit ist, sich bewußt und verstandesmäßig mit dem Thema auseinanderzusetzen.

Die schwierigste Phase eines Menschen ist wohl die Pubertät, in der er sich in seiner eigenen Geschlechtsrolle finden will und in der er von der Kindheit in die Erwachsenenwelt überwechselt. Dieser Prozeß funktioniert wie die »Echternacher Springprozession«: zwei vor, eins zurück! Damit meine ich, daß Jungen und Mädchen (letztere wohl noch mehr als die Knaben) manchmal riesige Sprünge in die Rolle der Erwachsenen machen, dann aber regressiv wieder Kind sind. Die Loslösung von den Eltern passiert mit einer für alle Beteiligten anstrengenden Ambivalenz: Die Eltern müssen ihre Kinder loslassen und eine neue Form des Umgangs finden, die Kinder müssen loslassen und immer mehr Verantwortung für sich selbst übernehmen.

Zur Unterstützung bei der Loslösung von den bisher außerordentlich wichtigen Bezugspersonen suchen sich die Jugendlichen Gleichaltrige zum Austausch und Idole zur Identifikation. Sie lehnen sich häufig gegen die bisher gewohnte und meistens unkritisch erlebte Welt zu Hause auf, haben aber gleichzeitig den Anspruch, daß in der Familie alles so bleiben möge, wie es war.

Die Kinder beleuchten sehr kritisch, wie Erwachsene, insbesondere ihre Eltern, miteinander umgehen, und sie registrieren sehr deutlich die Rollenverteilungen. Dies geschieht nun aber anders als in der sogenannten ödipalen Phase, in der dieses Thema schon einmal wichtig war. Es kommt eindeutig der soziale Aspekt der Sexualität hinzu, der die Pubertät wesentlich ausmacht. Die Jugendlichen müssen mit ihren neuen Gefühlen zurechtkommen und brauchen dabei Orientierungshilfen. Diese suchen sie sich – scheinbar – draußen: bei Gleichaltrigen, in Zeitschriften, in Filmen etc. Sie zeigen dabei weniger deutlich, wie stark sie doch auch ihre Eltern beobachten. Heimlich gucken sie in die Nachtschränke, ob der alte Herr denn auch Kondome benutzt (wobei AIDS den Umgang damit sehr viel freier gemacht hat), aber sie gucken verschämt weg, wenn ihre Eltern miteinander schmusen, sie mögen es nicht haben, wenn sie eindeutige Bemerkungen machen. Ambivalenzen überall.

Wenn diese Lebensphase schon für Kinder in ganz traditionellen Familien schwierig ist, so erst recht in einer lesbischen Familie. Eine Sechzehnjährige beschrieb dies ganz offen:

»Manchmal verdamme ich das, was da zu Hause abgeht. Du guckst in die Glotze und siehst, wie da Männer die Frauen befummeln. Da denkst du: Na schön, du bist auch eine Frau, das willst du auch so haben, daß die Jungen einen anbaggern. Aber da im Film, da läuft das so wie bei einer Maschine. Sie stöhnt, er bumst sie, komische Kommentare dabei, irgendwie primitiv. Da ist mir

klar – so nicht! Aber wie? Zu Hause, da siehst du dann, wie sich die beiden Frauen bestimmte Blicke zuschmeißen. Du weißt, da läuft was zwischen den beiden. Da geht die Post ab. Aber wie? Kann ich das auch auf Männer übertragen?
Die Jungs in meiner Klasse sind noch so blöd, die kloppen doofe Sprüche und fassen sich gegenseitig an die Eier und finden das witzig. Wir Mädchen fassen uns nicht an. Du mußt mal sehen, wie sich einige beim Umziehen im Sport wegdrehen – ganz verklemmt und so. Manchmal denke ich, daß wir es untereinander doch einfach ausprobieren sollten, dann könnten wir unseren Körper auch viel besser kennenlernen. Es ist ja nicht so, daß ich auf Mädchen stehe, ich will schon mal einen Mann haben. Aber wenn ich da was anleiern würde, dann würden die Mädchen denken, ich sei auch lesbisch. Ich glaube zwar nicht, daß sie wissen, was bei uns zu Hause abläuft, aber dann können sie sicherlich eins und eins zusammenzählen. Ganz schön knifflig!«

Nach der Pubertät bzw. wenn die Kinder sich selbst mehr gefunden und vom Elternhaus abgenabelt haben, sind wesentliche Weichen für die weitere Entwicklung des nun erwachsenen jungen Menschen gestellt. Das Verhältnis zwischen der lesbischen Mutter und deren Kindern steht in der Regel in engem Zusammenhang zu der Art von Beziehung, die sie vorher gehabt haben.
Diejenigen meiner Gesprächspartnerinnen, die offen mit ihrer Frauenliebe umgegangen sind und die ganzen Aufs und Abs, die damit verbunden waren, mit den Kindern zusammen durchgestanden haben, schildern ihr Verhältnis zu ihren jungen erwachsenen Söhnen und Töchtern als kameradschaftlich und vertrauensvoll. Diejenigen, die bereits vorher distanzierter miteinander umgingen, behielten dies auch bei, bis auf eine Frau, die später, als ihre Tochter im Studium war, das intensive Gespräch erfolgreich gesucht hatte. Sie konnte sehr vieles klären, und beide schienen sehr dankbar zu sein. Die Tochter meinte, sie verstehe heute, da sie selbst in einer Partnerschaft lebe, viel mehr von dem, was ihre Mutter zu bestimmten Verhaltensweisen getrieben habe, und sie bedauerte zutiefst, daß die Angst vor Sanktionen aus der Umwelt eine frühere Aussprache verhindert hatte. Sie hat ihren Freund, nach Absprache mit der Mutter, ins Vertrauen gezogen, und auch

diese Erfahrung war für sie wichtig und erfolgreich, denn der junge Mann setzte sich ebenso intensiv mit den beiden auseinander. So konnte er noch im nachhinein zur Verarbeitung und Annahme der anderen Lebensform beitragen.

Kindererfahrungen

Ich habe den Eindruck gewonnen, daß Unterschiede zwischen den Kindern bestehen, die von Anfang an in einer Frauenbeziehung lebten, und denen, die zunächst mit ihren (leiblichen) Eltern oder mit der Mutter allein gelebt haben.

Kinder, die von Anfang an in einer Frauenfamilie aufgewachsen sind

Ich möchte hier als erstes von Frauke erzählen, das einzige Kind einer lesbischen Mutter, das ich kennengelernt habe, das von den beiden Frauen geplant wurde und per Insemination entstanden ist.

Frauke ist ein sehr selbstbewußtes, fünfzehn Jahre altes Mädchen, das mit seiner Situation recht zufrieden zu sein scheint. Die beiden Mütter, wie sie sie nennt, leben seit fast zwanzig Jahren zusammen, und sie haben nie einen Hehl aus ihrer Beziehung gemacht.

Frauke sagte zu ihrer Entstehung:

»Meine Mutter lebte mit ihrer Freundin früher in England, da haben sie den Samen für mich gekauft. Klingt vielleicht doof, aber ich erzähle das auch nicht jedem... Ich finde es ganz toll, was die beiden Frauen aufgestellt haben, um mich in die Welt zu setzen. Das ist mehr als bei jedem anderen Wunschkind – und wer kann das schon von sich behaupten?«

Ich habe mit zwei weiteren Kindern sprechen können, die, seit sie denken können, mit ihrer Mutter und deren Freundin zusammenleben. Sie wirkten insgesamt freier und selbstbewußter auf mich als die Kinder, die zunächst andere Erfahrungen des Zusammenlebens gemacht hatten. Ich weiß nicht, ob diese Beobachtung darin begründet liegt, daß dies die einzigen Kinder mit völlig konstanten Bezugspersonen waren – während die anderen mindestens einen

Wechsel miterleben mußten. Vielleicht lag es aber auch an dem Selbstverständnis, das sie von Anfang an erfahren haben.
Ich denke jedoch, je jünger ein Kind ist, desto selbstverständlicher wächst es in die Familie und deren Bedingungen hinein, es entstehen feste Bindungen an die beiden Frauen, die dann als gutes Fundament für die Zeiten dienen können, in denen sich das Kind mit der Umwelt auseinandersetzen muß.
Kinder, die von Anfang an im »Frauenhaushalt« aufwachsen, machen nicht die Erfahrung des Zusammenlebens mit einem Mann. Das muß kein Defizit sein, denn die ganze Kriegskindergeneration hat dies z. B. so erlebt, und auch aus dieser Generation sind lebenstüchtige Menschen geworden. Dennoch ist es wichtig, daß die Mütter darauf achten, daß ihre Kinder möglichst viel und guten Kontakt zu Männern haben, wie mir ein junger Mann, Sohn einer lesbischen Mutter, bestätigte:
»Meine Mutter hatte einen großen Freundeskreis. Dazu zählten auch verschiedene Männer, zu denen wir ein gutes Verhältnis hatten. Der Bruder der Freundin meiner Mutter ist so etwas wie mein Patenonkel oder Ziehvater. Er hat mich manchmal mit seinen Kindern mit in die Ferien genommen. Mit ihm konnte ich alles besprechen, auch wenn ich mal Schwierigkeiten mit den Damen des Hauses hatte. Das tat mir sicherlich sehr gut.
Wenn du mich nach weiteren Tips fragen würdest, dann würde ich sagen: Nichts ist schlimmer als solche Radikallesben, die an keinem Mann ein gutes Haar lassen. Zum Glück habe ich zu Hause anderes erlebt, aber es gibt ja auch solche Emanzen, die männerfeindlich sind. Sicherlich haben sie ihre Gründe dafür. Aber es ist dennoch nicht deren Recht, Kinder auch darin einzuschließen. Gerade wenn lesbische Frauen Söhne haben, finde ich diese Diskriminierung unzumutbar...«
Ein siebzehnjähriges Mädchen erzählte mir, daß es zweimal im Jahr für je zwei Wochen entweder bei seinem Vater sei oder mit ihm Urlaub mache: »Das ist dann komisch. Zu Hause zieht sich jede vor jeder aus, aber bei meinem alten Herrn ist das anders. Ich schämte mich eigentlich von Anfang an vor ihm, auch als ich erst sechs oder so war. Und er vor mir. Wenn er ausgezogen ist, also selbst nur bei freiem Oberkörper, sieht er für mich fremd aus. Ich habe eigentlich einen Vater, der angezogen zu sein gehört, dann ist

er mein Vater, der mir vertraut ist, den ich auch gern mag. Bei jungen Männern oder Jungen ist mir das vertrauter als bei meinem Vater.«

Ich glaube, daß diese Aussage sich übertragen läßt auf die Kinder, die sich zu einer Person zwar zugehörig fühlen, mit ihr innerlich verbunden sind, sie aber nicht »nackt und bloß« kennen, also nicht in der alltäglichen Normalität erleben, wie sie sich zu Hause z. B. gehenläßt, sich auch mal anders verhält als gegenüber der Außenwelt, in der so manches Fassade sein muß.

Dazu zählen häufig die Väter der Kinder, die nicht mit ihnen aufwachsen – sie werden quasi zu »Sonntagsvätern« gemacht, worunter viele Männer leiden.

Frauke, fünfzehn Jahre, meinte, sie fände es einfacher, das Kind würde seinen Vater gar nicht erst kennenlernen, wenn es sowieso nicht mit ihm leben könne: »Es gab mal Zeiten, da hätte ich auch gern einen Vater gehabt – so wie die anderen. Jetzt finde ich es so besser. Meine Freundin pendelt an den Wochenenden zwischen Vater und Mutter hin und her, das würde mich ganz kirre machen. Da ist das so..., hier ist das so..., immer umstellen, bloß keinem weh tun. Von einem Klassenkameraden weiß ich, daß er seine Mutter immer ausfragt, wie denn sein Vater so gewesen sei, wie der was denn so gemacht hat. Er ist auch unehelich geboren, und seine Mutter weiß gar nicht viel über seinen Vater, auch nicht, wo er denn eigentlich ist. Ich finde, ich hab's einfacher...«

Sicherlich kann man Fraukes Aussage nicht generalisieren, denn es ist von Adoptivkindern bekannt, daß sie sich manchmal auf die Suche nach ihren leiblichen Eltern begeben.

Die Frage, ob Kinder ein Recht auf das Kennenlernen ihrer Väter (Mütter) haben, ist juristisch schon oft erörtert worden; psychologisch gesehen würde ich es der Feinfühligkeit der Erwachsenen und der Entscheidungsfreiheit der Kinder überlassen, sofern klar ist, daß grobe Gefährdungen auszuschließen sind. Auch hier halte ich es für alle Beteiligten für leichter, wenn die Kinder so jung wie möglich den Kontakt erleben können. Das setzt natürlich voraus, daß die beteiligten Erwachsenen sich gemeinsam für eine Form von Interaktion entscheiden.

Man muß mit berücksichtigen, daß sich Kinder, die ihren Vater nicht kennen, häufig ein Wunschbild aufbauen. Wenn es dann zur ersten Begegnung kommt, sind sie nicht selten durch die Realitäten geschockt.

Jans Geschichte ist ein Beispiel dafür:

Jans Mutter Rose lebte über fünf Jahre mit ihrer Freundin Gisela zusammen, bis sie sich überlegte, ein Kind haben zu wollen. Gisela fühlte sich eigentlich zu alt für eine derartige Verantwortung, aber sie nahm den Wunsch von Rose sehr ernst. Schon bald war Rose klar, wer der Vater sein sollte: Ein Bekannter, der alle ihre Vorstellungen erfüllte. Sie wurde schwanger, bekam den kleinen Jan und brach den Kontakt zu dem Mann ab, der allerdings in Kenntnis gesetzt worden war, daß er inkognito bleiben würde, was ihm gefiel, denn er war verheiratet und hatte zwei Kinder.

Die beiden Frauen erzogen Jan, wobei immer Rose die Hauptmutter war. Gisela fühlte sich nicht nur oft ausgestoßen, sondern tatsächlich von dem kleinen Wirbelwind überfordert.

Als der Junge fast fünf Jahre alt war, zog Gisela weit weg, weil sie meinte, so dem Kleinen die Fragerei nach ihr und ein mögliches Hin und Her zwischen den beiden Wohnungen ersparen zu können. Rose verkraftete die Trennung nur sehr schwer, und sie begann, Jan viel von seinem Vater zu erzählen, um, wie sie meinte (und wahrscheinlich rationalisierte), ihren Sohn von Gisela abzulenken. Jan ging in den Kindergarten und in die Vorschule und erzählte überall, was für einen tollen Papa er habe. In seinen Geschichten wuchs das Überbild immer mehr.

Als Jan neun Jahre alt war, drängte er seine Mutter, sie solle die Adresse von seinem Vater herausfinden, er wolle ihm schreiben. Sie tat es, der Mann reagierte sehr empört, denn über diesen Weg kam in seiner Familie heraus, daß er einen weiteren Sohn hatte, von dem bis dato niemand etwas gewußt hatte. Er schrieb zurück, man möge ihn zufrieden lassen, er wünsche keinen Kontakt.

Jan gab nicht auf. Er schrieb erneut, er wolle wenigstens mal ein Foto von ihm haben. Es kam keine Antwort. Mit fast fünfzehn Jahren machte sich Jan auf den Weg. Er hatte herausgefunden, wo sein Vater arbeitete, und lauerte ihm auf, ohne ihn anzusprechen. Er machte Fotos von ihm und schickte Abzüge davon, zusammen mit Bildern von ihm selbst, an den Vater. Es kam zu einem Treffen in einem Restaurant – und seitdem gab es nie wieder irgendeinen Kontaktversuch. Jan selbst spricht nicht darüber, was in dem Ge-

spräch passiert ist. Er hat alle Fotos weggepackt und verliert kein Wort mehr über seinen Vater.
Mit siebzehn Jahren brach er die Schule ab und zog zu Gisela. Dort begann er eine Lehre und trägt sich nun mit dem Gedanken, vielleicht Krankenpfleger zu werden, um in der Aids-Hilfe zu arbeiten. Er selbst, so sagt er, sei nicht schwul, aber er fühle sich sehr zu diskriminierten Minderheiten hingezogen.
Nur der kleinere Teil der Kinder von lesbischen Müttern wuchs von Geburt an im Frauenhaushalt auf; die meisten haben zunächst eine andere Lebensform kennengelernt.

Kinder, die zunächst allein mit ihren Müttern aufgewachsen sind und nun in einer Frauenfamilie leben

Kinder, die erst mit ihrer Mutter allein lebten und dann eine »Frau dazu« bekamen, unterscheiden sich zunächst nicht von denen, die einen Stiefvater bekommen haben. Es kommt eine weitere Person hinzu, und dadurch verändert sich vieles.
Immer, wenn zwei oder mehr Menschen zusammenleben, richten sie sich aufeinander ein. Es entwickelt sich ein bestimmtes Rollenspiel mit den dazugehörigen Aufgaben. Daraus ergeben sich Rituale, Interaktions- und Kommunikationsformen, und Erfahrungen werden gesammelt.
Ein Mensch, der in dieses Gefüge neu hinzukommt, kann die Erfahrungen, die die anderen Menschen vor seiner Zeit miteinander gesammelt haben, niemals nachholen. Er kann aber die Rituale kennenlernen, in das System hineinwachsen und neue Erfahrungen machen.
Durch den Eintritt einer weiteren Person in den Familienverband verändert sich zwangsläufig das System, denn die Rollen und die damit zusammenhängende Interaktion erfahren automatisch eine neue Variante – egal, ob die neue Person versucht, sich völlig anzupassen oder nicht.
Was diese Veränderung für die Mitmütter und Mütter bedeuten kann, habe ich in den vorherigen Kapiteln bereits erörtert. Aber was bedeutet dies für die Kinder?

Frank, sieben Jahre alt, ist mit seiner Mutter und deren Freundin nach sechs Jahren Zweisamkeit in eine neue Wohnung gezogen. Er sagte mir:

»In der alten Wohnung war es besser. Da wohnten auch meine Freunde im selben Haus. Hier wohnen keine Freunde. Inge kocht ganz anders als Mama. Aber dafür muß ich nicht mehr ins Tagesheim zum Essen. Mama hat auch mehr Zeit, weil sie ja nicht mehr kochen muß.«

Andi, sechzehn Jahre alt, hat vierzehn Jahre mit Renate allein gelebt. Nun ist die Freundin Christiane an den Wochenenden und auch oft unter der Woche da, aber sie hat noch ihre eigene Wohnung. Andi:

»Eigentlich könnte Christiane ganz herziehen, ist doch Quatsch, extra eine Wohnung zu bezahlen. Ich finde es gut, wenn sie da ist, einzig und allein deshalb, weil ich dann eine ausgeglichenere Mutter habe. Sie ist dann toleranter und weniger ängstlich. Zum Glück ist Christiane nicht so ein Typ, der überall mitmischen muß oder vielleicht auch noch an mir herumziehen will. Wir reden ganz offen über das, was mich nervt.

Ein Problem hatte ich anfangs am Sonntagmorgen. Sonst haben Renate und ich uns immer in einem unserer Betten zum Frühstükken getroffen. Das geht ja nun nicht mehr. Will ja auch nicht deren Bettgeflüster stören. Zum Glück – oder vielleicht war's ja auch gar kein Zufall – habe ich fast zur gleichen Zeit eine Sache mit einem Mädchen angefangen. Da wäre ich vielleicht derjenige gewesen, der die Frühstücksfete aufgegeben hätte, und das wahrscheinlich mit einem schlechten Gewissen. Renate war ja eigentlich immer für mich da. Jetzt muß ich weniger Rücksicht nehmen...«

Ina, zwölf Jahre alt, hat vom zweiten bis zehnten Lebensjahr mit Karin allein gelebt, bis sie in das Haus von deren Freundin Adelheid zogen:

»Also, das war ganz schön schwierig, alles so anders. Ich bekam zwar ein größeres Zimmer, aber wohin mit unserem Wohnzimmerschrank? Da stand sonst die Glotze drin. Ich hab mich immer auf den weichen Teppich davor gelegt, hab ich schon gemacht, als ich noch Sesamstraße geguckt habe. Ja, nun ist der Fernseher in der Diele mit Steinfliesen. Das ist ganz anders. Ja, was noch?

Meine Mutter, die hatte immer so den gleichen Rhythmus: An

dem Tag einkaufen, dann und dann Wäsche und so. Ich wußte das. Konnte mich darauf einstellen. Und beim Bügeln, da hab ich ihr dann meine Aufsätze vorgelesen oder Vokabeln oder so was.
Jetzt bügelt sie mehr abends, wenn Adelheid irgendwohin gerufen wird, die ist nämlich Tierärztin. Da in dem einen Reitstall kriegen die Pferde immer abends oder nachts ihre Fohlen oder ihre Koliken. Na, jedenfalls nach der Sprechstunde, da hocken die beiden oft zusammen. Ich kann da auch sein, so ist es nicht, aber es ist nichts mehr mit Vorlesen oder so.
Hier habe ich natürlich eine ganze Menge Kontakt mit Tieren. Früher gab's Dramen schon wegen eines Meerschweinchens. Aber jetzt haben wir einen Hund, Katzen und so. Die eine gehört mir auch ganz allein, habe ich mit einer Flasche aufgezogen. Ja, das ist gut.
Und dann gibt's morgens kein Nutella mehr, immer solche Gesundheitsmarmeladen. Und wenn wir in Urlaub fahren wollen, dann muß das alles länger bequatscht werden. Na, da war wohl noch mehr, aber jetzt habe ich mich ja schon eingelebt.«
Die Kinder beschreiben ihre neue Situation mit scheinbar unwichtigen Variablen, aber beim genauen Zuhören wird deutlich, wie sie ihre Welt erleben. Oftmals steckt hinter ihren Worten sehr viel mehr. Die eingefahrenen Verhaltensmuster (Fernsehen vom Teppich aus im Wohnzimmer) und gewohntes Essen (Nutella) sind auch Symbole oder Ausdruck von Vertrautheit, Sicherheit – oft auch für Zuwendung.
Zwischen den Zeilen steht bei allen drei Aussagen etwas von Verlust, aber alle drei erzählen auch von ihrem Zugewinn. Ob dies tatsächlich gleichwertig empfunden wird oder ob die Nennung des schönen Neuen ein Produkt von Gesprächen mit den Erwachsenen war, die es ihnen trostreich beigebracht haben, kann ich nicht beurteilen.
Alle drei haben das Zusammenziehen/-leben mit der dritten Person anders erlebt, die Umstände waren auch jeweils verschieden: Bei Frank sind alle in ein gemeinsames neues Zuhause gezogen. Andi ist in seiner gewohnten Umgebung geblieben. Ina ist in das Haus der Freundin gezogen.
Die drei Kinder haben eine intensive Zweierbeziehung mit ihrer jeweiligen Mutter gehabt, bevor die Mitmutter hinzukam. Sie ha-

ben nichts darüber erzählt, daß sie vorher Erfahrungen mit einer anderen dritten Person hatten.
Anders war es bei Johannes, der zwar auch im Alter von dreizehn bis fünfzehn Jahren mit seiner Mutter allein gelebt hat, der aber andere Erfahrungen machte:
»Ach, da waren immer mal andere, mal ein Mann, mal eine Frau. Bei uns war immer Sturm in der Bude. Jetzt scheint es wohl mal etwas Ernsteres zu sein, Edith wohnt schon seit zwei Jahren bei uns. So lange hat das noch niemand ausgehalten.«
Johannes hat seine Mutter immer mit einer anderen Person teilen müssen, die anderen drei haben diese Erfahrungen nicht. Ich glaube, daß dies eine große Rolle spielen kann, denn vorhergehende Erfahrungen beeinflussen stark den Neuaufbau einer Beziehung, die verlangt, die Bezugsperson teilen zu müssen, und die Veränderungen des Gewohnten mit sich bringt.

Auch die Kinder haben von ihren Konflikten und Eifersüchten erzählt. Zum Beispiel berichtete Frank:
»Früher hat Mama mich immer ›mein Bester‹ genannt oder auch ›liebster Schatz‹. Jetzt sagt sie das auch zu Inge. Jetzt bin ich der ›kleine Schatz‹ und Inge der ›große Schatz‹.«
Andi meinte auf meine Frage, was sich denn so verändert habe:
»Na klar hat sich zwischen uns was verändert, seitdem Christiane da ist. Küssen Renate und ich uns beim Abschied, dann nicht mehr auf den Mund, jetzt eher so flüchtig auf die Stirn oder auf die Backe. Aber das wäre sowieso auch bei mir bald so gekommen.«
Ina sagte zu dem Thema:
»Früher hat sich alles um mich gedreht. Ich hab auch schöne, moderne Klamotten gekriegt. Irgendwie war ich wichtig, das Wichtigste. Jetzt bin ich einfach nicht mehr so lebensnotwendig für meine Mutter. Also, ich meine, es dreht sich nicht mehr so um meine Sachen. Manchmal muß ich so lange warten, bis ich mit Erzählen drankomme. Da gibt's immer mal was dazwischen. Ehrlich gesagt, hätte ich der Adelheid manchmal schon eine aufs Maul hauen können. Weil ich auch nicht so lange warten kann. Irgendwie bin ich das doch auch nicht gewohnt.
Meine Mutter kannte früher alle Klassenkameraden, sie hat sich das alles angehört. Aber nun muß sie viel mehr hören, alles ist so

wichtig für sie – von Adelheid. Weil meine Mutter doch als Sprechstundenhilfe bei ihr arbeitet, besprechen sie immer was aus der Praxis. Wenn ich mich beschwere, dann meinen sie immer, ich solle doch auch zuhören. Das mit den Tieren, das müßte doch auch für mich interessant sein. Aber das ist es gar nicht mehr.«
Johannes sieht das einfacher:
»Irgendwie läuft das bei uns immer. Bisher war ich der einzig Konstante in diesem Haus. Jede/r hat seine und ihre Interessen, und dann treffen wir uns auch mal wieder. Also, mir geht da nichts ab.«
Am meisten scheint Ina zu leiden. Frank kann es noch nicht so ausdrücken, die beiden größeren Jungen haben nach meinem Eindruck mehr ihren Kopf eingeschaltet. Sie haben sich auch schon mehr von ihrer Mutter abgenabelt.
Auffallend fand ich, daß die Jungen weniger Eifersucht signalisierten als das Mädchen (und auch als andere Mädchen, die ich gesprochen habe). Dies widerspricht einerseits der Theorie des ödipalen Dreiecks, andererseits spricht es für die Annahme, daß eine Frau als Partnerin der Mutter – im Gegensatz zu einem Mann – von den Jungen nicht so stark als Konkurrenz empfunden wird.
Ein vierzehnjähriger Junge sagte dazu:
»Klar, die Freundin von meiner Mutter ist eben eine Freundin von meiner Mutter. Ob die sich lieben oder so, weiß ich nicht, kann ich mir auch nicht so vorstellen. Wenn sie einen Mann als solch einen engen Freund hätte, wäre das sicher ganz anders.«
Anders die Aussage eines gleichaltrigen Mädchens:
»Zwei Frauen sind schon was anderes als ein Mann und eine Frau. Ein Mann bei uns zu Hause, das wäre mehr action. Kommt drauf an, was für ein Typ der ist, fremd wäre es auf jeden Fall, aber vielleicht auch ganz spannend. Wenn der mir gefiele, dann könnte ich versuchen, ihn anzubaggern, und dann möchte ich mal meine Mutter sehen! Na, ich stehe nicht auf Frauen, da ist dann keine Gefahr.«
Zu der lesbischen Beziehung an sich äußerte sich der kleine Frank noch gar nicht, Andi aber hatte sich seine Meinung gebildet:
»Eigentlich ist das doch ganz egal, daß sie nun eine Frau liebt. Ich kann mir gut vorstellen, daß es schöner ist mit einer Frau, schließlich bin ich auch in eine verliebt!

Na, aber Spaß beiseite: Vielleicht hätte ich mit einem anderen Mann mehr Probleme. Für Renate war es am Anfang wohl schwierig. Sie hat so ungewöhnlich herumgedruckst. Ich war dann derjenige, der die Sache beim Namen genannt hat, und seitdem ist alles ganz offen.
Meinen Großeltern gegenüber halten wir besser Informationen zurück. Warum sollen die sich auf ihre alten Tage noch umstellen?
Meiner Freundin habe ich es erzählt. Sie fand es erst spannend, aber nun ist es für sie auch ganz normal, mit den beiden Frauen am Abendbrottisch zu sitzen. Wenn andere Freunde da sind, kommen die zu mir und nicht zu Renate. Ich weiß gar nicht, ob sie sich umsehen oder was sie empfinden. Wir reden nicht darüber, da gibt es Spannenderes. Viele von ihnen kennen Renate seit vielen Jahren. Sie ist durch ihre Freundschaft mit Christiane kein anderer Mensch geworden.
Eines habe ich aber gemerkt: Ich bin Schwulenwitzen gegenüber sensibler geworden. Am Anfang habe ich auch eine gewisse Betroffenheit in mir gespürt. Aber jetzt habe ich wohl größere Distanz dazu gewonnen und reihe es ein in den allgemeinen Umgang mit Randgruppen, wie das wohl heißt. Das kommt auch daher, daß Christiane für mich nicht mehr die lesbische Liebhaberin meiner Mutter ist, sondern eben Christiane.
Sie demonstrieren ihre sexuelle Liebe auch nicht so ostentativ. Ein menschlicher, fröhlicher Umgang, aber der Rest findet hinter verschlossenen Türen statt, so wie bei anderen Paaren auch.«
Ina sah das anders:
»Wenn das meine Klasse wüßte, daß meine Mutter mit einer Frau zusammen ist, dann würde ich mich da nicht mehr sehen lassen. Die Jungen lästern dann und die anderen auch. Ich finde das auch nicht schhön, weil doch eigentlich Mann und Frau zusammengehören. O.k., jeder kann jeden lieben, wenn er das will, aber daß das ausgerechnet meine Mutter so machen muß! Ich finde Adelheid auch gar nicht so schön. Oder, was heißt schön, jedenfalls, wenn sie wenigstens noch toll, modern aussehen würde, so zum Verlieben. Ich finde es auch doof, wenn sie sich küssen oder in den Arm nehmen.
Einmal habe ich das gesagt, da hat meine Mutter gemeint, das ist

unter Leuten so, die sich lieben. Aber das geht doch eigentlich nur mit einem Mann, denke ich. Nur, wenn ich mir vorstelle, da würde jetzt so ein Typ unrasiert durch die Gegend laufen, das wär auch komisch. Aber nach außen hin wäre das einfacher. Dann könnte ich sagen, daß meine Mutter eben einen Typen hat, vielleicht könnte ich auch mal über diesen Stiefvater schimpfen. Aber Adelheid ist keine Stiefmutter und auch kein Vater. Das kann ich niemandem erzählen, nur meiner kleinen Katze, die erzählt das auch nicht weiter.«

Ina hat – neben ihren individuellen Konflikten mit ihrer speziellen Situation und Konstellation – auch Schwierigkeiten mit den von ihr und anderen internalisierten Normen. Sie ist in der Pubertät, in der sie selbst ihre eigene Persönlichkeit, ihre Einstellungen und Gefühle als Durcheinander erlebt. Um so mehr ist sie abhängig von den anderen, von den »normalen« Richtlinien. Wenn sie selbst schon nicht »normal« ist – nicht Fisch und nicht Fleisch –, dann sollte es wenigstens ihre Mutter sein, mit der sie sich stark identifiziert.

Wie bereits gesagt, in diesem Alter spielen die Eltern eine wichtige Rolle, sie sind nicht nur Vorbilder und bieten Möglichkeiten zur Abgrenzung, sondern sie sind auch die Personen, durch die sich die Kinder darstellen können. Das wacklige Ich verschwindet nach außen hinter einem stabilen, sozial anerkannten Wir.

Außerdem sind Äußerlichkeiten in dem Alter sehr wichtig, wie an den Äußerungen von Ina abzulesen ist: Es geht um »modern sein«, »modische Kleidung«, also darum, angepaßt zu sein und nicht aufzufallen, nicht ausgesondert zu werden. Dies steht um so mehr im Vordergrund, da sie in ihrer Sicherheit bezüglich ihrer Mutter, ihrer Bezugsperson, erschüttert ist.

Andi hingegen scheint schon viel gefestigter in seiner Persönlichkeit zu sein. Er hat die Möglichkeit, mehr zu reflektieren; seine eigene Sexualität und die Einstellung dazu sind schon weiter entwickelt. Er braucht seine Mutter nicht mehr so stark als Identifikator oder als sozialen Sicherheitsfaktor.

Das macht es ihm und ebenso seiner Mutter und deren Freundin leichter, offen miteinander umzugehen. Er hat seine eigene soziale Welt, er hat eine größere innere Stabilität, also ist er auch weniger verletzbar und konfliktfähiger.

Eine wesentliche Rolle spielt auch hier die Vorgeschichte. Ich hatte den Eindruck, daß Andi von klein auf eine vertrauensvolle und mitteilsame Verbindung zu seiner Mutter hatte und diese zu ihm. Offenbar haben Normen und andere soziale Abhängigkeiten weniger Platz eingenommen als bei anderen.

Rebecca, vierzehn Jahre alt, unterstrich mit ihrem Beitrag diese Vermutung. Die »Power meiner Mutter«, wie sie es nennt, überträgt sich stärkend auf die Kinder:

»Weißt du, es gibt doch überall solche und solche Menschen. Gleich sind wir alle nicht. Und wenn einer in der Schule, z. B. in Mathe, gut ist, dann ist der andere da vielleicht schlecht, aber dafür kann der Sport oder sonst was. Oder guck mal, bei meiner Freundin Silke, da hängen in allen Räumen Gardinen, das finden die schick, und sie wollen auch keinen reingucken lassen. Bei uns hängen nur Rollos, die machen wir nur mal zu, wenn Licht an ist, und das finde ich gut so. Deswegen finde ich es auch o. k., wenn wir so leben und die anderen so leben. Wenn einem das nicht paßt, dann kann man das auch sagen.

Na klar, ich kann nun nicht einfach sagen: So, das ist hier alles bescheuert, ich ziehe jetzt weg, das finde ich anderswo besser. Ich würde das auch nicht wollen, aber sagen wir mal, ich wollte das, dann könnte ich das auch diskutieren. Oder meine Lehrerin, die ist z. B. Vegetarierin, die ißt überhaupt kein Fleisch, nur Körner oder so was. Ich mag gern Fleisch. Nun kann ich doch auch nicht einfach sagen, also, liebe Frau Lehrerin, man ißt aber Fleisch hier. Das muß sie selber wissen. Und so sehe ich das auch bei uns.

Als meine Großeltern so einen Terz gemacht haben, wegen zwei Frauen und so, da fand ich das völlig cool, wie meine Mutter ihnen gesagt hat: Entweder kapiert ihr mich oder eben nicht. Und das würde ich denen eben auch sagen, wenn ich was anders machen will, als die anderen es machen. Und die können es auch sagen. Wenn man dann zusammen weitermachen will, dann muß man sich eben einigen.

Wenn meine Freundin sagen würde, zu dir will ich nicht mehr kommen, weil ihr nur mit Frauen wohnt, dann würde ich traurig sein, aber ich würde immer noch mal versuchen, ob sie nicht doch kommt. Zum Glück sagt sie das nicht, aber wenn sie das sagen würde, dann würde ich mit ihr diskutieren und es versuchen. Ich gehe auch zu ihr, obwohl ich ihren Bruder ganz schön mies finde. Aber da kann sie auch nichts zu, daß der so ein blöder Typ ist. Und wenn die Erika nicht mag, das ist die Freundin meiner Mutter, dann kann sie sie auch einfach links liegen lassen und muß nichts mit ihr anfangen.«

Janosch, ihr großer Bruder, zeigte ein ebenso großes Selbstverständnis und Selbstbewußtsein. Auf meine Frage, was er empfunden habe, als sie mit Erika zusammenzogen, erklärte er:

»Es war schon eine Umstellung. Wir waren zu mehreren, also ich habe noch drei weitere Geschwister. Jeder hatte so seinen Platz im Tagesablauf, und nun waren doch noch mehr Leute unter einen Hut zu bringen. Wir haben uns zusammengesetzt und eine Art Standortbestimmung gemacht. Sehr hilfreich war dabei das Buch ›Familienkonferenz‹, wir haben regelrecht Demokratie geübt. Für mich persönlich war das sehr hilfreich und lehrreich. Ich hab das dann auch als Schulsprecher angewandt. Heute, im Studium, bin ich auch engagiert im Asta und in einer Beratungsstelle. Wenn ich zurückblicke, war unser etwas sonderliches Leben eine Bereicherung.

Aber um auf deine Frage zurückzukommen, wie ich es empfunden habe, daß unsere Familienzahl wuchs, dann kann ich nur erinnern: spannend, anspannend und irgendwann entspannend. Meine Mutter hatte wohl die größte Arbeit damit. Vielleicht wäre es für mich anders gewesen, wenn ich nicht meinen Zwillingsbruder und die anderen Geschwister gehabt hätte.«

Es macht offenbar einen Unterschied, ob ein Kind zunächst allein mit seiner Mutter gelebt hat oder ob Geschwister vorhanden sind.

Erwiesenermaßen sind Einzelkinder häufiger Gesprächspartnerersatz für die Mütter, die mit diesen allein leben. Der Kontakt ist ein anderer, als wenn sich die Aufmerksamkeit der Mutter auf mehrere Kinder verteilt. Auch für die Kinder ist es leichter, wenn sie auf verschiedenen Ebenen innerhalb der Familie kommunizieren können. Sie können sich besser gegenüber ihren Müttern abgrenzen, in Solidarität mit den Geschwistern. Sie haben außerdem, sowohl in Trennungssituationen als auch in Phasen der Neukonstellation, Ansprechpartner auf derselben Ebene, die das

gleiche wie sie erleben – nach dem Motto: Geteiltes Leid, geteilte Freude ist halbes Leid, ist doppelte Freude...
Oft ist es jedoch so, daß Frauen, die von vornherein ein Kind allein großziehen wollen oder müssen, in der Regel nur ein Kind haben. Sind mehrere Kinder im Haushalt, so haben die meisten Mütter zunächst mit dem Vater der Kinder zusammengelebt.

Kinder, die zunächst mit ihren Eltern und dann in einer Frauenfamilie aufwachsen

Im Gegensatz zu den gerade beschriebenen Kindern haben diese Jungen und Mädchen Erfahrungen mit ihren Vätern und somit mit dem, was als »normales Leben« gilt, gemacht. Bestand das Hauptproblem der vorigen Gruppe darin, teilen zu müssen, die Zweisamkeit aufzugeben, so steht hier die Trennung von einem Elternteil, der ihnen – jeweils auf seine Art – wichtig geworden war, im Vordergrund. Trennung bedeutet in jedem Alter für jeden Menschen eine Krisensituation, die überstanden und verarbeitet werden muß. Diese Krisen hinterlassen immer auch Narben.
Für Scheidungskinder ist diese Zeit oft besonders hart. Sie brauchen gerade dann einen stabilen, sie stützenden Elternteil, der ihnen deutlich macht: Es ist o. k., ich stehe zu dir, wir schaffen es zusammen, und vor allem: Ich kann dich verstehen in deinem Schmerz. Doch die Realität ist leider meistens anders: Auch die Mutter ist von Krisen geschüttelt. Der Prozeß der Trennung hat sie äußerst strapaziert, und nicht selten spürt sie noch Frustrationen, Ärger, überstarke Abwehr gegen ihren Mann, von dem sie sich gerade getrennt hat. Sie hat mit sich selbst sehr viel zu tun, und sie muß ihrem Kind in irgendeiner Weise gerecht werden. Sie braucht selbst Hilfe und muß gleichzeitig diese Funktion für ihr Kind erfüllen. Trennung ist eine Situation äußerster Belastung, in der die Kinder Verlusterfahrungen und Krisenerfahrungen parallel durchmachen.
Ich will hier nicht weiter auf die Problematik der Scheidungskinder an sich eingehen, sondern mehr auf die Bedeutung dieser Erfahrungen für das spätere Leben mit einem neuen Partner der Mutter bzw. mit einer neuen Partnerin.

Die Kinder haben bisher an der Seite der Mutter einen Mann erlebt, und zwar nicht irgendeinen, sondern ihren Vater. Nun erleben sie an dieser Stelle eine Frau, die aber nicht ihre Mutter ist. Kinder, die die Trennung von ihrem Vater als sehr traumatisch erlebt haben, haben offensichtlich größere Probleme, mit der neuen Partnerin der Mutter zurechtzukommen, als die, die diesen Prozeß relativ gut überstanden haben.

Anna, zehn Jahre, erzählte dazu:
»Ich mag das nicht so gern, daß Silke nun bei uns wohnt, ich habe immer Angst, daß die sich auch bald wieder streiten und daß sie dann auch wieder wegzieht. Meine Mutti war so traurig, und sie hat auch so geweint. Ich habe auch so geweint, aber wenn Mutti weint, ist das noch viel schlimmer. Jetzt ist sie nicht mehr traurig, aber wenn das wieder passiert...«
Die zwölfjährige Carina berichtete:
»Das war nicht schön, als mein Vater seine Sachen packte, aber ich habe verstanden, daß es sein mußte. Er wohnt nicht so weit weg, und ich habe ihn schon oft besucht. Meine Mutter hat, glaube ich, erst ganz doll gelitten, aber nun geht es ihr besser. Ich glaube, sie ist jetzt ganz glücklich. Sicher, es wäre für mich schöner, wenn es beim alten geblieben wäre, aber so ist es auch in Ordnung.«
Nicht selten werden von den Kindern Vergleiche aufgestellt, etwa: »Papa hat das aber so gemacht« oder: »Bei Papa war das aber so oder so!« Nicht immer sind diese Sätze negativ gemeint, sondern es handelt sich vielmehr um Feststellungen, die der eigenen Neuorientierung dienen können.
Anders ist es, wenn die Kinder ihren Vater in Konkurrenz zu der Freundin der Mutter stellen und wenn sie immer wieder ihrem Vater hinterhertrauern. Dadurch werden die Beziehungen zwischen allen Beteiligten in Mitleidenschaft gezogen, und die Kinder müssen in ihren Wünschen unbefriedigt bleiben.
Die Eltern der dreizehnjährigen Theresa sind seit vier Jahren geschieden. Seit zwei Jahren lebt sie mit ihrer Mutter und deren Freundin zusammen. Sie sagte zu mir:
»Ich finde es einfach bescheuert, daß ich überhaupt kein Mitspracherecht habe. Ich kann tausendmal sagen, daß meine Eltern zusammenbleiben sollen, daß ich keinen anderen Menschen haben

will. Egal, ob das nun ein Mann oder eine Frau ist, aber ich kann nichts machen. Ich bin machtlos. Beide haben sich nun mit je einer anderen Frau zusammengetan, und ich kann sehen, wo ich bleibe. Ich sehe das einfach nicht ein. Da kann Gerda noch so nett zu mir sein, aber es schmerzt halt immer wieder.«

Jule ist ein Mädchen, das ich als besonders kämpferisch erlebt habe:
Jule war die Erstgeborene. Ihre Mutter wollte eigentlich gar keine Kinder, im Gegensatz zu ihrem Vater. So wurde Jule auch von Anfang an als »Vaterkind« empfunden und bezeichnet. Ihretwegen verzichtete der Vater auf seine weitere Karriere in der Schiffahrt, er blieb zu Hause. Nach einer Umschulung fand er einen Arbeitsplatz, der ihm mehr Zeit raubte als vorher gewünscht. Jule litt unter der häufigen Abwesenheit ihres Vaters, der sich in den ersten drei Jahren so intensiv um sie gekümmert hatte. Inzwischen war die kleine Schwester Kati geboren, die »Mamakind« war. Jule war auf das fast zwei Jahre jüngere Geschwisterkind sehr eifersüchtig, insbesondere, wenn sich ihr Papa um das Baby kümmerte.
Die Ehe der Eltern zerbrach, als Jule sieben Jahre alt war. Der Vater fuhr wieder zur See und war für sie selten erreichbar. Das Mädchen machte der Mutter heftige Vorwürfe, sie sei schuld an allem, sie habe ihr ihren Vater weggenommen.
Zur Zeit unseres Gespräches war Jule zwölf Jahre alt. Sie war auffallend nachdenklich und schien in allem sehr weit entwickelt zu sein.
Seit zwei Jahren hatte sich ihre Mutter mit einer alten Freundin und Kollegin zusammengetan, mit der sie bereits vor der Ehe schon einmal eine Liebesbeziehung hatte, von der Jule aber nichts wußte.
Jule sagte zu ihrer Lebenssituation:
»Klar, ich kannte Brigitte schon immer, aber seitdem sie nun auch noch in unser Haus eingezogen ist, finde ich sie abscheulich. Ich begreife meine Mutter nicht. Sie muß doch kapiert haben, daß sie nicht endlos gegen unseren Willen handeln kann. Sie gibt sich ach so demokratisch, powert in der Friedensbewegung und so rum, aber zu Hause kann sie keinen Frieden schaffen. Wenn mein Papa

mal nach Hause kommt, dann hat er nur so eine lütte Wohnung. Das lohnt sich gar nicht mehr für ihn zu kommen. Da hat er mehr Service an Bord. Wenn ich nach Hause komme, dann turteln die beiden Frauen da so rum, als wenn sie die Friedenstauben in Person wären. Und Kati mischt mit, die schleicht sich da ein, ist brav und angepaßt. Mir gegenüber sagt sie dann auch was ganz anderes, aber ihrer geliebten Mama und ihrer geliebten Brigitte gegenüber säuselt sie cool rum. Es ist einfach ätzend. Ich steh allein auf weiter Flur und komme damit nicht zurecht.
Es ist mir scheißegal, ob sich meine Mutter mit einer Frau oder mit einem Mann zusammentut. Das Schlimme ist, daß sie uns nicht einbezieht. Sie macht, was sie will. Klar, es hat tausend Gespräche vorher gegeben, sie haben mich auch dazu gefragt, wie ich das fände, wenn wir in das Haus umziehen, in dem wir jetzt wohnen, und wie ich das fände, wenn Brigitte mit einziehen würde, aber die haben nur auf meine Worte gehört: Ja, habe ich gesagt, aber ich habe dabei geweint. Dann müßten sie doch wissen, daß ich es anders gemeint habe.
Ich will Zeit mit meiner Mutter allein haben, verdammt noch mal, ich habe doch auch ein Recht darauf. Sonst hätte sie mich eben nicht in die Welt setzen dürfen. Aber was macht sie? Entweder kümmert sie sich um Kati oder um Brigitte oder um beide, dann hat sie noch ihren Job. Aber an meinen Papa und an mich verschwendet sie keinen Gedanken. Ich bin schon ein paarmal von zu Hause abgehauen, dann hat sie sich angeblich Sorgen gemacht, aber das hält auch nur für ein paar Stunden an, dann ist wieder alles beim alten.«
Auf meine Frage, ob sich ihre Gefühle im Laufe der zwei Jahre des Zusammenlebens verändert haben, meinte Jule:
»Ja, d.h. eigentlich nein. Ich kann das alles nicht ab hier, und eigentlich wird es immer nur schlimmer. Die gehen mir alle auf den Keks.
Ich weiß auch nicht, wie es weitergehen soll. In den Ferien fliege ich zu Papa und fahre dann mit an Bord. Und dann muß ich wieder zur Schule, das ist eben der Mist. Wenn die nicht wäre, dann könnte ich ja auch raus da.«
Ich fragte sie danach, was schlimmer für sie war, die Scheidung ihrer Eltern oder das Zusammenleben mit Brigitte.

Jule antwortete: »Das hängt miteinander zusammen, wenn Papa noch da wäre, dann wäre Brigitte nicht. Ich finde es so fies, daß Mama Papa einfach rausgeschmissen hat. Der hatte gar keine Wohnung, nichts, der mußte alles wieder neu aufbauen. Papa hat so wahnsinnig gelitten, das war das Schlimmste. Und dann diese Interviews vor Gericht! Mama und Papa hatten nur einen Anwalt, weil sie beide gesagt haben, daß sie nicht mehr zusammensein wollen. Papa wollte zur See fahren, und Mama wollte ihn nicht mehr. Aber Papa wollte doch nur zur See fahren, damit Mama ihm nicht immer in den Ohren liegt. Ich spielte in dem ganzen Theater gar keine Rolle. Ja, und Kati, die sagte, es sei ihr egal, sie wolle bei Mama bleiben, und damit sei sie zufrieden.

Die Scheidung war schlimm. Aber daß dann auch noch Brigitte dazukam, war noch viel schlimmer. Wir hätten dann wenigstens noch allein bleiben können, aber nein...

Ich mach das jetzt immer so: Ich schreie abends laut, so als wenn ich träumen würde, und dann krieche ich in das Bett von den beiden, dann können sie wenigstens nicht mehr zusammen schlafen. Ich tyrannisiere die beiden, bis sie auseinandergehen. Aber das darfst du natürlich nicht schreiben und nicht weitererzählen.«

Ich habe dies hier nun doch geschrieben, weil ich inzwischen Jules Erlaubnis habe und ihren Namen geändert habe. Die beiden Frauen haben sich tatsächlich wieder räumlich getrennt, denn trotz Beratung, Familientherapieversuchen und intensiven Bemühungen um Jule gelang es den vieren nicht, einen gemeinsamen Weg zu finden. Brigitte litt unter Jules Attacken genauso wie die Mutter, und die kleine Kati zeigte eindeutige psychosomatische Symptome wie Einnässen und Nägelkauen. Aus Vernunftsgründen fiel die Entscheidung zur Trennung, wobei nun Kati offenbar noch mehr leidet als zuvor.

Ich habe dieses Beispiel wiedergegeben, um deutlich zu machen, wie lange und intensiv sich die Kindererfahrungen aus der Familienwelt, in der sie vorher gelebt haben, halten und wie sehr sie die weiteren Beziehungen beeinflussen können. Ich hatte in den fünf Gesprächen, die ich mit Jule führte, stets das Gefühl, daß nicht die lesbische Beziehung der Mutter im Vordergrund stand, sondern der Verlust des Vaters. Sie machte ihre Mutter für alles verantwortlich und verschonte ihren Vater völlig von Vorwürfen.

Jule war in der Lage, ihre Gefühle deutlich zum Ausdruck zu bringen, und sie verschwieg ihre kleinen und großen Schikanen nicht. Mit blitzenden Augen verabschiedete sie sich einmal von mir, während sie sagte: »Ich mach die alle so kaputt, wie sie mich und meinen Papa kaputtgemacht haben!« Ich erschrak furchtbar und war dankbar, so etwas nicht in meiner Familie erlebt haben zu müssen. Aber mir ist auch klargeworden, daß es für den psychischen Haushalt des Kindes gut war, das alles sagen zu können. Außerdem war es ein Zeichen für mich, daß sich die beiden Frauen, die sich damals zusammengetan haben, nicht genügend um die Vorgeschichte der Kinder und die derzeitigen Bedingungen gekümmert haben. Mit Sicherheit wäre es in diesem Fall besser gewesen, die Mutter hätte erst einmal versucht, die Vergangenheit mit den Kindern zusammen zu verarbeiten, ehe sie eine neue soziale Konstellation schuf.

Für die Kinder, die ihren Vater vorher täglich erlebt haben, treffen verschiedene Komponenten aufeinander:

- In der Regel hängen sie an ihren Vätern, sie fühlen sich eng mit ihren verbunden.
- Die Kinder haben generelle Lebenserfahrungen in einer »normalen« Familie und spezielle Erfahrungen in ihrer eigenen Familie gesammelt.
- Die Eltern waren Vorbilder und Repräsentanten der Familie nach außen. Sie dienten als Identifikationsobjekte, von ihnen waren die Kinder abhängig.
- Eltern und Kinder lebten in sozial anerkannten Strukturen. Zumindest nach außen war »die Welt in Ordnung«.
- Eltern wie Kinder haben die Erfahrung einer Trennung hinter sich. Und in der Regel ist dieser Trennung viel Problematisches, Konfliktbeladenes vorausgegangen.
- Kinder und Erwachsene haben unterschiedliche Verarbeitungsmuster von Krisen und Trennung.
- Nicht die Kinder, sondern die Erwachsenen suchen sich die neuen PartnerInnen aus.
- Baut die Mutter nach der Trennung vom Vater eine neue Beziehung zu einer Frau auf, dann sind insbesondere für die Mütter große innerliche und äußerliche Hürden zu nehmen. Die neue

Verliebtheit ist nicht frei von Gewissensnöten und Umstellungsschwierigkeiten. Diese übertragen sich auf die Kinder, vor allem, wenn sie noch jung sind.

- Die neue Familienkonstellation entspricht nicht der »Normalität«. Von dieser Tatsache hängen alle anderen Faktoren ab, die in das Leben hineinspielen können.
- Die Kinder finden in der Mitmutter keinen sozial anerkannten Stiefvater, sie brauchen Hilfe bei der Definition der Rollen im neuen Familienverband.
- Die meisten Väter erleichtern die Phase des Aufbaus der neuen Beziehungen nicht. Sie haben ihre eigenen Gefühle zu bewältigen, und die Art, in der sie dies tun, beeinflußt die Interaktion aller anderen mit. So wissen nicht alle Kinder, wie sie ihrem Vater begegnen sollen.
- Die Kinder finden wenig Modelle für all das, was in ihrer Familie geschieht oder geschehen ist. Sie haben oft auch unter den Gleichaltrigen keine verständnisvolle Unterstützung, sondern müssen eventuell mit Scham und Zweifel in sich kämpfen.
- Die Kinder werden leicht überfordert, da sie mit ihrer eigenen Trauer über den Verlust eines Elternteiles und mit den dadurch veränderten Lebensgewohnheiten fertig werden und sich auf eine andere Partnerin der Mutter einstellen und eine Position zu ihr finden müssen. Dies alles müssen sie nach außen hin vertreten können. Letzteres ist besonders Personen gegenüber schwierig, die diese Beziehung nicht gutheißen oder selbst noch verletzt sind (wie etwa der Vater). Daraus kann sich ein Hin- und Hergerissensein entwickeln. Dabei verstehen die Kinder selbst gar nicht ganz, woraus sich diese von ihnen zu bewältigenden Konflikte entwickelt haben.

Diese vielen problematischen Punkte können den Eindruck erwecken, es müsse immer eine zu große Zumutung für die Kinder sein, wenn die Mutter sich nach der Trennung vom Mann mit einer Frau zusammentut. Ich hege die Befürchtung, nach diesem Absatz meinten alle LeserInnen, eine Mutter dürfe ihren Kindern solche Belastungen nicht zufügen. Dem möchte ich gleich entgegenhalten: Was müssen Kinder in sogenannten heilen Familien alles ertragen? Ohne Konflikte, ohne Parteinahme oder Hin- und Hergerissensein, ohne Schmerz, ohne Verlust und ohne Neuanfang läuft auch dort nichts. Dessen müssen sich alle Eltern bewußt sein, und ich bin nicht der Meinung, daß man alles tun sollte, einschließlich des eigenen Verzichts, um Kinder von den Realitäten dieser Welt fernzuhalten, um sie zu schonen. Es ist vielmehr unsere Aufgabe, den Jungen und Mädchen Hilfe und konstante Unterstützung in der Bewältigung ihrer Probleme zu bieten. Dazu gehören alters- und entwicklungsgerechte Offenheit, beständige Zuverlässigkeit und Achtung vor dem anderen.

Lesbische Mütter unterscheiden sich in keinem Punkt von heterosexuellen Müttern bezüglich ihrer Erziehungsstile und -ziele, und auch die Kinder entwickeln sich demnach nicht signifikant anders als die, die mit einer heterosexuell orientierten Mutter zusammenleben.

Das Zusammenleben mit zwei Frauen kann für die Kinder sehr schön sein. Mehrere Kinder erzählten mir von solchen Erfahrungen, z. B. der zwölfjährige Ralf:

»Ich mag Doris, das ist die Freundin von meiner Mutter, gern. Wir machen ganz viel zusammen. Eigentlich mehr, als ich mit meinem Vater gemacht habe, als der noch hier wohnte. Die geht auch mit auf den Fußballplatz und pfeift für unsere Mannschaft. Am besten ist es, wenn wir beim Abendbrot uns Witze erzählen, dann kullere ich manchmal unter den Tisch vor Lachen. Wir machen im Urlaub zusammen Fallschirmspringen. Die ist echt gut in Sport und so. Renate, das ist meine Mutter, freut sich, wenn es uns gutgeht, na ja, manchmal macht sie auch Sprüche, dann will sie mit Doris was allein machen. Das ist dann auch o. k. Vor den anderen Jungs ist das bei uns zu Hause kein Thema. Ich sag nichts, was die zum Nachdenken bringen könnte. Sagen die ja auch nicht. Die finden Doris auch gut, wenn sie uns mit ihrem Auto zum Turnier oder so fährt. Ich habe es eigentlich ganz gut getroffen.«

Die siebenjährige Nina berichtete:

»Ich finde, daß es nicht anders als bei anderen ist. Warum fragst du mich, ob was anders ist? Weil mein Vati nicht hier wohnt? Mein Vati wohnt in F., und da kann ich ihn auch besuchen. Er kommt auch manchmal zu mir. Und dann habe ich noch meine Mami und Esther, das ist meine Freundin und auch die Freundin von Mami, und dann habe ich noch Hanni, das ist meine Patentante, und

meine Omi und meinen Opi, aber die wohnen weit weg. Ina, meine Freundin, hat gar nicht so viele.
Esther kann ganz toll Kasperletheater spielen, wir laden immer noch ganz viele Kinder ein, und dann gucken wir zu. Wir spielen auch Kasperle, und dann gucken Mutti und Esther zu. Wir fahren auch oft zu Hagenbeck. Da ist ein toller Spielplatz. Die Rutsche ist ganz schön groß, und da fängt Esther mich immer auf. Wenn ich mit Ina und dem Papa und der Mama von Ina dahin gehe, dann fängt uns immer der Papa auf. Und dann gibt es ein Eis.
Am liebsten mag ich, wenn mir Mutti abends noch was vorliest, aber Esther muß dann immer das Schlaflied singen, weil die das besser kann. Und dabei sagt Esther immer, daß sie gar nicht mit Kindern umgehen kann. Die hat nämlich nie Kinder gehabt, aber jetzt hat sie ja mich.«
Anna, zwölf Jahre, hat folgende Erfahrungen gemacht:
»Du willst den Unterschied von jetzt zu früher, als ich noch mit beiden Elternteilen zusammengelebt habe, wissen? Na ja, daß mein Vater nicht mehr hier wohnt, daß er gar nicht mehr da ist, das ist schon schlimm, und manchmal habe ich auch Sehnsucht nach ihm, aber nur so nach ihm. Es war traurig, als er so schwer krank war und dann starb, und manchmal habe ich das Gefühl, als wäre er immer nur krank gewesen. Da waren dann viele Einschränkungen, es mußte immer einer von uns zu Hause bleiben, und dann die ganzen Ärzte und Krankenhäuser und so, das war nicht schön. Jetzt ist es, was das angeht, viel besser. Es sind nicht so viele Ängste und soviel Arbeit da, es wird viel mehr gelacht und erzählt. Aber auch als mein Vater noch keinen Krebs hatte, da war er oft sehr traurig, depressiv oder wie man so sagt. Ich habe ihn auch sehr geliebt, so ist es nicht, und ich denke auch oft an ihn, und dann kann ich mit meinen beiden Müttern darüber reden. Dazu ist jetzt mehr Möglichkeit als damals.
Ich nenne meine beiden Mütter nur zu Hause meine beiden Mütter, weil ich weiß, daß andere das nicht verstehen können. Die denken dann, daß mein Vater noch lebt und wieder geheiratet hat. Für mich sind sie aber beide wie Mütter, die eine ist so, und die andere ist so, und ich habe für alle Lebenslagen je eine, das ist ganz gut.
Ich möchte jedenfalls mit keinem anderen tauschen, und ich hoffe, daß die beiden für immer zusammenbleiben.«

Die Angst, die Mutter könne sich von ihrer Partnerin auch wieder trennen, so wie sie es von dem Vater getan hatte, steckt nicht nur in Anna. Diese Ängste müssen nicht mit der realen Situation zusammenhängen, in der sich die beiden Frauen befinden, indem sie sich z. B. häufiger streiten, sondern ich habe den Eindruck, daß diese Furcht aus dem Erlebten kommt. Kinder, die sich bereits einmal von einer Bezugsperson trennen mußten, werden diesen Trennungsschmerz immer in sich tragen, und die daraus abgeleitete Angst ist bei ihnen sicherlich präsenter als bei denjenigen, die diese Realität nicht konkret erlebt, sondern nur indirekt davon gehört haben.

Ihre Kinder und ihre Kinder: Wenn Kinder lesbischer Mütter Geschwister bekommen

Ich habe mehrere Wohngemeinschaften kennengelernt, in denen Mütter mit ihren Kindern zusammenleben. Nicht alle haben ihren Kindern gegenüber offen über ihre wahren Beweggründe, nämlich die Liebe zueinander, gesprochen. Die meisten schieben die gegenseitige Hilfe und die geringeren Lebenshaltungskosten vor.
Im folgenden zitiere ich nur Kinder, die auch von der Liebesbeziehung ihrer Mütter unterrichtet waren. Vorab möchte ich darauf hinweisen, daß es für mich persönlich am einfachsten war, mit diesen Kindern zu sprechen. Es war anders als mit den Jungen und Mädchen, die allein mit zwei Müttern lebten, selbst wenn sie leibliche Geschwister hatten. Es lag also nicht nur daran, daß die Kinder untereinander GesprächspartnerInnen auf derselben sozialen Ebene hatten, sondern offenbar auch an den bewußteren Auseinandersetzungen, die diese Kinder miteinander erlebt hatten. Ich empfand sie jedenfalls als erfrischend offen. Nach genauem Hinsehen muß ich jedoch auch feststellen, daß diese Kinder auffallend lebenslustige, Optimismus, Mut und Vertrauen ausströmende Mütter haben...
Wenn sich zwei Frauen mit ihren Kindern zusammentun, dann ist dies sicherlich in mancher Hinsicht einfacher, als wenn nur eine der Frauen ein Leben mit Kindern gewöhnt ist und die Mitmutter nicht. Eifersucht und das Unverständnis, daß dieses oder jenes zu bestimmten Zeiten nicht geht, treten seltener auf. Beide Frauen sind es gewohnt, ihren Tagesrhythmus auf das Leben mit Kindern einzustellen. Und das macht sich zunächst auch grundsätzlich positiv für die Kinder bemerkbar.
Aber es stoßen auch zwei Welten aufeinander. Es gibt unterschiedliche Rituale und Gewohnheiten, die den Kindern (und Müttern) wichtig geworden sind, die sie nicht gern aufgeben. Hinzu kommen die Angehörigen der Kinder, die weiterhin für sie wichtig bleiben sollen und wollen, die aber nicht unbedingt die

neuen »Geschwister« akzeptieren und so Irritationen auslösen können.

Ich möchte als erstes einen Fall schildern, in dem von der Seite der Verwandten und des Vaters der Kinder sehr vieles erschwert wurde:
Die damals siebenjährige Lea und ihre neunjährige Schwester Ruth blieben bei der Mutter, nachdem sich ihre Eltern getrennt hatten. Maria hatte ihren Mann Peter in den Gesprächen rund um die Scheidung gebeten, sich weiterhin um die Kinder zu kümmern, damit sie den Kontakt nicht verlören. Sie schlug ihm vor, ein Zimmer in seiner neuen Wohnung für sie einzurichten, damit sie sich auch bei ihm wie zu Hause fühlten. Dem kam er nicht nach, aber er kam häufig und regelmäßig, um die Kinder ins Bett zu bringen. Dabei blieb er keine Minute länger als nötig.
Bald darauf heiratete Peter eine sehr junge Frau, die mit der Verantwortung Kindern gegenüber nicht viel im Sinn hatte. Sie fand es einfach nur schön, wenn sie mal kamen, sie hatte dann Spaß mit ihnen und war aber auch froh, wenn sie wieder gingen. Peter nahm sich immer weniger Zeit für die beiden Mädchen, er sagte oft einen Termin mit ihnen ab, auch auf den Wunsch der Kinder nach einem gemeinsamen Urlaub ging er nicht ein.
Dann lernte Maria Ursula kennen, die eine Tochter, Nina, im gleichen Alter hat. Fast zwei Jahre waren sie immer häufiger zusammen, bis sie zusammenzogen. Die drei Mädchen verstanden sich von Anfang an gut. Sie wurden auch recht bald über die lesbische Beziehung ihrer beiden Mütter unterrichtet, womit sie auf unterschiedliche Art und Weise umgingen.
Lea fühlte sich immer mehr zu ihrem Vater hingezogen, Ruth zur Mutter. Ruth und Nina fanden sehr schnell gemeinsame Themen. Sie fühlten sich zueinander hingezogen, während Lea noch mehr mit der Trennung vom Vater, dessen neuer Frau und den damit zusammenhängenden Verlusten beschäftigt war und sich häufig zurückzog. So protestierte sie, wenn bei Besuchen Nina in ihrem Zimmer mitspielte, aber genoß es doch auch, eine Gleichaltrige gegen ihre Schwester ausspielen zu können, wenn sie zusammen im Garten tobten.
Nina, bisher als Einzelkind aufgewachsen, freute sich sehr über die

Spielkameradinnen, sie wurde viel lebendiger und aufgeschlossener und verzichtete zugunsten der beiden auf viele Annehmlichkeiten, die sie bisher für sich allein hatte.
Alle fünf, also die beiden Mütter und die drei Mädchen, beschlossen nach längeren Überlegungen, zusammenzuziehen. Als der Vater, Peter, davon hörte – es war gerade das »Vaterwochenende«, zu dem aber nur Lea gekommen war –, bot er seiner Tochter an, mit ihr und ihrer Schwester auf einen Bauernhof zu ziehen. Dort würden sie viele Tiere haben. Das gefiel Lea natürlich außerordentlich gut, denn sie hatte schon immer etwas neidisch auf Nina geguckt, die einen Hund hatte. Außerdem machte ihr die Frauenbeziehung zu schaffen, und sie mochte sich mit Ursula, der Freundin der Mutter, nie so recht anfreunden – ganz im Gegensatz zu Ruth, die immer wieder zu verstehen gab, wie wohl sie sich mit ihrer »neuen Schwester« und der »dritten Mutter« fühle, die sie eigentlich als »zweite Mutter« adoptieren wollte, denn ihre wirkliche Stiefmutter fand sie nicht so interessant.
Lea war Feuer und Flamme von der Idee des Vaters. Sie malte sich das Leben auf dem Land mit Vater und Stiefmutter, mit Tieren und Garten als heile Welt aus, und sie machte deutlich, daß sie nicht mit in die Frauenwohngemeinschaft einziehen wolle.
Maria sprach mit Peter und dessen neuer Frau, sie machte ihm Vorwürfe, wie er solche Luftschlösser bauen könne. Auch Lea gegenüber stellte sie fest, daß das alles Wünsche seien ohne reale Hintergründe, denn Peter arbeitete viel im Ausland, und er hatte sich bisher noch nie als aktiver, tatkräftiger Mann im Haus bewiesen. Außerdem habe sie das Personensorgerecht, was sie auch nicht ändern wolle. Es wurde offen diskutiert, daß Lea ständig versuchte, die Erwachsenen gegeneinander auszuspielen, was auch die neue Frau von Peter sehr unterstrich.
Ruth hatte sofort entschieden, daß sie bei ihrer Mutter bleiben wolle, daß sie es für gut halte, mit Nina und Ursula zusammenzuziehen, und sie meinte, Lea habe ganz schön blöde Ideen.
Nach ein paar Tagen schwenkte Lea um, nun wollte auch sie mit umziehen, und sie schmiedete Pläne, wie sie sich ihr Zimmer einrichten wolle und welchen Unsinn die drei Mädchen dann so anstellen würden.
Maria und Ursula kauften ein größeres Auto, um mit den Kindern

zusammen Ausflüge machen zu können. Kurz darauf kaufte auch Peter einen Variant mit dem Argument, daß es seine Kinder dann komfortabler hätten, wenn er sie abholte, um mit ihnen zu seiner Mutter zu fahren.
Bei der Einrichtung der Wohnung half der Vater von Nina beim Teppichverlegen und Streichen. Er hatte ein sehr gutes Verhältnis zu seiner Tochter, und auch das zu seiner ehemaligen Frau war geklärt. Lea und Ruth baten auch ihren Vater um Hilfe, aber er sagte ab. Statt dessen lud er die Kinder grundsätzlich dann zu sich ein, wenn er von einer geplanten Unternehmung der Frauen mit den Mädchen gehört hatte. Brachte Ninas Vater zu Weihnachten Geschenke für alle drei Kinder, so sagte Peter Nina nicht einmal guten Tag, wenn er kam, um seine beiden zu holen.
Nina hatte wenig Kontakt zu ihren Großeltern, Lea und Ruth hingegen fuhren häufig zu den Eltern ihrer Mutter, die in derselben Stadt wohnten. Maria, die zunächst ihren Vater und dann ihre Mutter über ihre Beziehung zu Ursula aufgeklärt und darum gebeten hatte, auch Nina mit einzubeziehen, erlitt Schiffbruch. Auch ihre Eltern lehnten die neue Lebenskonstellation ab.
Durch das Verhalten der Verwandten kamen die Kinder in Schwierigkeiten, die wahrscheinlich nicht hätten sein müssen, wenn sich die Erwachsenen den Kindern verantwortlich zugewandt gezeigt hätten.
Waren die drei Mädchen für längere Zeit zu Hause, also ohne Exkursionen zu Oma, Opa oder gar Vater, dann spielten und zankten sie sich, wie normale Geschwister es tun. Sie identifizierten sich mit ihrem neuen Zuhause, schrieben auf ihre Schreibhefte Doppelnachnamen, weil sie sich nicht einigen konnten, welcher der schönere sei. In den gemeinsamen Ferien antworteten sie auf die Fragen Fremder, welche denn nun wessen Tochter sei, je nach Belieben: Mal war Lea Ursulas Tochter, mal war es Ruth etc.
Die LehrerInnen äußerten sich über wechselhaftes Verhalten von Lea und Ruth, mal seien sie ausgeglichen und sehr aufnahmebereit, mal seien sie zickig oder zurückgezogen. Maria rekonstruierte, wann welches Verhalten beobachtet worden war, und sie stellte fest, daß insbesondere die Vaterkontakte keinen guten Einfluß hatten.
Die Kinder stritten sich im wesentlichen um einen Punkt: Wer hat

den besseren Vater. Besonders Lea, aber auch Ruth mußten ihren Vater immer wieder verteidigen, aber sie hatten nichts in der Hand, was sie als besonders positiv herausstellen konnten. Sie sahen, daß Ninas Vater sehr zuverlässig und engagiert war, daß er auch sie mitbedachte und daß er mit Ursula an einem Strang zog. Peter hingegen machte immer wieder Versprechungen, die er nicht einhielt. So dauerte es über zwei Jahre, ehe er endlich Ruth die geschenkte Eisenbahnplatte aufbaute. Die Schienen aber wurden ein weiteres Jahr lang nicht von ihm verlegt. Ruth litt, aber sie tröstete sich und vor allem die anderen damit, daß sie sowieso nicht mehr so großes Interesse an der Eisenbahn hatte, was sicherlich inzwischen auch der Fall war.

Auch in diesem Beispiel wird deutlich, daß Kinder in Konflikte gebracht werden können, die sie zwingen, etwas zu verteidigen, das sie selbst nicht gut finden. Sie werden mit einem Konkurrenzdenken konfrontiert, das ihnen das Leben in ihrer gegenwärtigen Situation sehr schwermacht, da es zu den generellen Problemen der Abgrenzung und Identitätssuche noch hinzukommt.
Zum Glück habe ich nur bei dieser einen Familie von solchen unverständlichen Erschwernissen gehört. Grundsätzlich erklärten die anderen Kinder, die neue Geschwister bekommen hatten, diese seien eine Bereicherung in ihrem Leben, insbesondere im Umgang mit ihren Müttern und der Umwelt.
Anja war acht Jahre und Moritz zehn Jahre alt, als sie mit ihren Müttern zusammenzogen. Anja erzählte elf Jahre später:
»Moritz ist wie mein Bruder, eigentlich ist er mein Bruder, zwar nicht biologisch, aber sozial und von meinem Gefühl her. Wir haben wesentliche Jahre unserer Kindheit zusammen verbracht. Das prägt. Wir haben beide die gleichen Mütter, wobei das einzig Ungewöhnliche sein mag, daß wir zwei Mütter und keinen Vater haben. Wir kennen beide unsere Väter nicht, haben zumindest keinen Kontakt zu ihnen, so daß wir von Kennen nicht sprechen könnten.
Ja, wie war das, als wir damals zusammenzogen? Mir ist so, als wenn wir schon immer zusammen waren. Warte, eine Geschichte erinnere ich noch: Wir waren mit unseren Müttern zusammen im Zirkus. Das war unser erster gemeinsamer Ausflug. Hinterher

sind wir auf dem Zirkusgelände herumgelaufen und haben uns die Tiere und vor allem das Leben der Zirkusleute angeguckt. Dann sind wir zusammen türkisch essen gegangen. Es war also wie Sonntag, Weihnachten und Geburtstag zusammen: All diese schönen seltenen Dinge an einem Tag.

Beim Essen unterhielten wir uns noch einmal über die vagabundierenden Zirkusmenschen, und uns interessierten natürlich am meisten die Kinder, ob die einen eigenen Lehrer haben und so weiter. Meine Mutter, glaube ich, brachte dann das Gespräch darauf, daß sich die verschiedenen Familien dort eng zusammenschließen und auch zusammenhalten müssen, weil sie alle aufeinander angewiesen sind. Das Gespräch ging weiter in die Richtung, daß Zusammenleben etwas mit Vertrauen zu tun hat und daß man nur solchen Leuten vertrauen kann, die man auch mag. Irgendwann später kamen wir auch auf uns, und wir beschlossen, uns häufiger zu treffen. Ich glaube, das war der Anfang. Mir wird eigentlich erst heute bewußt, daß die beiden Mütter an dem Abend etwas forciert hatten, von dem wir noch gar nichts wußten.

Mit Moritz habe ich mich von Anfang an gut verstanden, und seine Mutter ist einfach eine wundervolle Frau, sehr einfühlsam und verständnisvoll, voll von Humor. Sie nimmt das Leben eher von der leichten Seite. Meine Mutter ist ganz anders, eher ernst, vorsichtig und absichernd.

Jedenfalls hatten Moritz und ich viele gleiche Interessen, obwohl er ein Junge war und in einem Alter, in dem er eigentlich wenig von Mädchen hielt. Ich war da eine rühmliche Ausnahme. Wir haben Abende lang Monopoly und Risiko gespielt, nachher kamen noch unsere Freunde dazu. Da gab es dann regelrechte Mau-Mau-Turniere. Außerdem spielten wir zusammen Schach, später haben wir beide mit dem Fechtsport begonnen, waren im selben Verein, übrigens auch in derselben Schule. Heute studiert er im Ausland, und er fehlt mir ganz schön oft, vor allem als Ratgeber in Liebesangelegenheiten.

Ich erinnere sehr deutlich, wie es war, als uns unsere Mütter von ihrer lesbischen Liebe erzählten. Ich war ziemlich durch den Wind, ich verstand auch gar nicht viel von dem, was sie sagten, es war mir nur klar, daß es etwas Ungewöhnliches war. Moritz klärte mich auf, was schwule Leute sind, und wir beiden haben längere

Zeit herumgerätselt, ob wir das nun gut oder schlecht finden sollten. Wir entschieden uns für ›gut‹, und dabei blieb es dann auch bis heute.
Wir haben auf einem Treffen von lesbischen Frauen, auf dem wir mal kurz mit waren, andere Kinder erlebt, die mit ihren beiden Müttern allein lebten. Ich werde nie Moritz' Gesicht vergessen, als er sie mitleidvoll anguckte und dann zu mir sagte: Da haben wir es leichter, nicht? Wir brauchten nicht solche Treffen, um uns gegenseitig zu unterstützen. Wir haben – oft auch mit unseren Müttern oder Freunden von ihnen – manchmal Strategien abgesprochen, wem wir was erzählen. So waren wir manchmal Halbgeschwister oder Cousin und Cousine. Meistens aber haben wir uns gar nicht weiter erklärt, sondern einfach gelebt. Und dabei, bei dieser Einstellung, bloß nicht alles so kompliziert zu machen, hat uns das sonnige Gemüt von Moritz' Mutter viel geholfen.«
Moritz schrieb mir einen Brief, zu dem Anja ihn freundlicherweise aufgefordert hatte. Ich möchte ihn hier wiedergeben:
»Gern möchte ich dem Wunsch meiner kleinen Schwester folgen und Ihnen etwas über meine Erlebnisse als Sohn einer lesbischen Mutter mitteilen. Zwar ist mir das genaue Thema Ihres Buches nicht bekannt, aber sicherlich werden Sie sich das Richtige heraussuchen.
Ich muß Ihnen gestehen, daß ich nie wirklich reflektiert habe, was es für mich bedeutet hat, Sohn einer lesbischen Mutter zu sein. Meine Mutter war für mich immer eine Art Freundin, die mir zu einem angenehmen Leben verholfen hat. Mir ist die tiefe Verbundenheit der beiden Frauen häufig aufgefallen, und die Art, wie sie mit sich und mit uns umgingen, wurde zur Selbstverständlichkeit.
Vielleicht glorifiziere ich auch die Jahre, die wir unter einem Dach verbracht haben. Jedoch ist mir bewußt, wie sehr ich es, nach fast zehn Jahren Einzelkinddasein, genoß, nun eine Schwester zu haben. Uns verbanden und verbinden Gemeinsamkeiten, die andere Kinder und jetzt Erwachsene nicht unbedingt haben.
Meine Flegeljahre waren sicherlich für die beiden Frauen des Hauses nicht immer leicht zu ertragen. Sie machten sich Sorgen um mich, wie ich mich unter diesen Lebensumständen entwickeln würde.

Aus dieser Zeit ist mir auch ein schmerzhaftes Ereignis in Erinnerung. Ich hatte einen Sportsfreund ins Vertrauen gezogen und ihm von der Liaison meiner Mutter erzählt. Wir philosophierten darüber, wie die beiden es denn so trieben. Dabei merkte ich, wie sehr sich dieser Freund über unsere Mütter lustig machte und wie sehr sexistisch er dachte und sprach. Das verletzte mich. Diese Freundschaft ging deshalb auseinander, weil er in seiner unangenehmen mißachtenden Form sich auch in unserem Haus bewegte und den beiden Frauen gegenüber entsprechende Verhaltensweisen zeigte. Nachdem er auch im Sportverein derartige Aussprüche vor anderen machte, habe ich ihn verprügelt, was an sich nicht meine Art der Konfliktlösung war. Seitdem habe ich keinen Kontakt mehr zu ihm gehabt.

Das war das einzige scheußliche Erlebnis, das ich erinnere. Sehr hilfreich war damals, daß ich mich mit Anja aussprechen konnte, die, trotz ihres geringeren Alters, schon zu der Zeit reifer war als ich.

Es tut mir leid, wenn ich Ihnen nichts Bedeutungsvolleres schreiben kann. Ich vermute, daß die Vorstellung vieler Menschen angesichts der Entwicklung von Kindern, deren Mütter lesbisch sind, viel spekulativer und sensationslüsterner ist als die Realität.

Wenn ich von mir spreche, kann ich diese Hoffnungen nicht erfüllen. Ich glaube zudem, daß es immer auf die Menschen ankommt, mit denen man aufwächst. Die sexuelle Orientierung ist dabei allen anderen wichtigen Faktoren nachgeordnet.

Ich hatte die Gelegenheit, in ökonomisch und menschlich abgesicherten Verhältnissen aufzuwachsen, und dafür bin ich gebührend dankbar…«

Nachwort

oder Die Kinder haben das letzte Wort

- Warum nicht? Ich finde es einfach o. k. Für mich ist es nur eine Variante des Lebens. (Siebzehn Jahre, männlich)
- Ich mag darüber nicht reden. Im Alltag fällt es mir gar nicht mehr auf, aber wenn es mir bewußt wird, wird's mir unwohl. (Vierzehn Jahre, weiblich)
- Ich fände es am besten, eine von ihnen wäre ein Mann, sonst bräuchten sie sich gar nicht zu verändern. Aber wir hätten es alle leichter. (Zwölf Jahre, weiblich)
- Ich finde es schlimm, daß ihnen verboten wird zu heiraten, ebenso wie die ungerecht hohen Steuern und Versicherungen. Jedes Paar sollte die gleichen Rechte haben. (Fünfzehn Jahre, männlich)
- Wenn es meiner Mutter gutgeht, geht es mir auch gut, wenn es ihr schlechtgeht, dann mir auch. Also besser, sie hat eine Freundin und ist nicht allein, sondern glücklich, und dann bin ich's auch. (Siebzehn Jahre, männlich)
- Ich finde es ganz schwierig, wegen der anderen Leute. Die mögen das nicht. Früher wollte ich deswegen immer, daß sie wieder auseinandergehen, aber jetzt mag ich auch keine von ihnen verlieren. (Dreizehn Jahre, weiblich)
- Seitdem wir uns alle zusammengetan haben, geht es uns allen besser zu Hause. Besser als mit meinem Vater zusammen, da war immer Streit und Kampf. (Vierzehn Jahre, weiblich)
- Finde ich gar nicht gut, aber ich kann es doch nicht ändern. Wenn ich alt genug bin, haue ich ab zu meiner Oma. Die sagt auch, daß der Umgang mit den beiden für mich nicht gut ist. (Zwölf Jahre, weiblich)
- Manchmal ist es dadurch so verkrampft. Bloß nicht auffallen vor den Nachbarn! Ich hab Angst vor meinen Lehrern, wenn die das wüßten... (Elf Jahre, weiblich)
- Meine Mutter arbeitet bei der Kirche, die dürfen das nicht wis-

sen. Ich weiß nicht, wer es wissen darf und wer nicht. (Zwölf Jahre, weiblich)

- Wenn meine Mutter nicht lesbisch wäre, hätte ich vermutlich nie ihre Freundin kennengelernt, und dann wäre mir ganz schön viel abgegangen. Ich freue mich, daß die beiden sich jetzt haben, wenn ich aus dem Haus geh. (Neunzehn Jahre, weiblich)
- Einerseits, aus Sicht meiner Mutter, ist es o.k. Sie fühlt sich wohl, so wie sie ist. Aber ich glaube, sie hätte ein einfacheres Leben gehabt, wenn sie auf Männer stehen würde. Ich hätte es andererseits sicherlich auch leichter gehabt. So war es manchmal Streß. Was sollte ich meinen Klassenkameraden erzählen? Davor hatte ich Angst. Und dann hatte ich auch noch Angst, selber so zu sein. Nicht, daß ich Lesbischsein pervers oder so finde, aber es war ganz schön komisch, als ich mich mal in meine Lehrerin verliebt hatte. Da dachte ich: Hoppla, doch Vererbung oder so. Nun habe ich nur noch Augen für Jungen, so wie meine Freundinnen auch. Also, ich mag auch Mädchen, aber Jungen machen mich eben an. Das ist gut.
  Meiner Mutter wünsche ich aber, daß sie noch lange mit ihrer Freundin zusammen ist, das Paar ist nämlich jetzt echt gut drauf miteinander. Und übrigens: Wenn einer was gegen meine Mutter und ihre Freundin sagen würde, würde ich dem gleich an die Gurgel gehen! (Achtzehn Jahre, weiblich)
- Manchmal ist es nicht ganz leicht. Eigentlich wegen der anderen Leute, die reden so über einen. Und dann die besorgten Blicke und Worte der lieben Anverwandten... Aber das hat mit Homosexualität eigentlich nur wenig zu tun. Die ist eine Sache der Beteiligten. Ich bin nie verführt worden, auch wenn das andere jetzt vielleicht gerne hören würden. Und mein Kontakt zu Jungs stimmt auch, also: Was soll's? (Sechzehn Jahre, weiblich)
- Was soll ich dazu sagen? Es ist so, und ich kann es nicht ändern, und meine Mutter kann es auch nicht ändern. Sie steht nun mal mehr auf Frauen als auf Männer, kann sie auch nichts zu. Wenn sie es sich aussuchen könnte, würde sie vielleicht den einfacheren Weg wählen, aber ob es mit Männern der einfachere Weg ist, weiß ich auch nicht, kann man nicht sagen, oder? (Sechzehn Jahre, weiblich)

- Das Lesbischsein an sich ist gar nicht schlimm, ich finde es nur traurig, daß sich meine Mutter von ihrer früheren Freundin getrennt hat, die mochte ich sehr gern. Aber Frauen, die nicht lesbisch sind, trennen sich ja auch. Das ist viel schlimmer, als lesbisch sein. (Vierzehn Jahre, weiblich)
- Wenn ich groß bin, werde ich Politiker, und dann räume ich auf. Dann kommen neue Gesetze, und die verbieten allen Vätern, schlecht über Mütter zu reden. Das Doofste an allem ist nämlich, daß eigentlich nur Männer mit Frauen zusammen sein dürfen. Dabei braucht man das doch nur zum Kinderkriegen. (Dreizehn Jahre, weiblich)
- Wenn es mein Vater wäre, dann hätte ich mehr Angst, wegen Aids, das ist doch das einzig Gefährliche an der Homosexualität. Aber Lesbischsein ist doch der beste Garant dafür, daß nichts passiert. (Sechzehn Jahre, männlich)
- Ich bin nun nicht gerade euphorisch darüber, aber es ist nun mal so. Das, was ich mir noch wünschen würde, wäre, daß nicht alle Kontakte zu unseren früheren Freunden und Verwandten abgebrochen worden wären. (Fünfzehn Jahre, weiblich)
- Ich gehe davon aus, daß jeder Mensch homosexuelle und heterosexuelle Teile in sich hat, und es gibt zwei Gründe, warum nur so wenige den homosexuellen Teil ausleben: weil sie sich fortpflanzen wollen und weil sie Angst haben. Bei meiner Mutter traf beides zu. Zum Glück hat sie nach dem Fortpflanzen ihre Angst abgebaut und ihren Gefühlen nachgegeben. (Neunzehn Jahre, männlich)

Literatur

Barz, M., Leistner, H., Wild, U.: Hättest Du gedacht, daß wir so viele sind? Lesbische Frauen in der Kirche, Zürich 1987

Clunis, D. M., Green, G. D.: Lesbian Couples, Seattle 1988

Come out: Gespräche mit lesbischen Frauen 1, München 1978

Curb, R., Manahan, N.: Die ungehorsamen Bräute Christi. Lesbische Nonnen brechen das Schweigen, München 1986

Dethlefsen, Th.: Krankheit als Weg, München 1989

Ders.: Schicksal als Chance, München 1990

Dröge, A.: In dieser Gesellschaft überleben. Zur Alltagssituation lesbischer Frauen, Berlin 1983

Erikson, E.: Jugend und Krise. Die Psychodynamik im sozialen Wandel, Stuttgart 1968

Ders.: Kindheit und Gesellschaft, Stuttgart 1976

Freud, S.: Psychologie des Unbewußten, Studienausgabe Bd. 3, 6., korrig. Aufl., Frankfurt a. M. 1989

Ders.: Sexualleben, Studienausgabe Bd. 5, 6., korrig. Aufl., Frankfurt a. M. 1989

Fromm, E.: Die Kunst des Liebens, Berlin 1966

Golombok, S., Spencer, A., Rutter, M.: Children in Lesbian and Single Parent Households: Psychosexual and Psychiatric Appraisal, in: Journal of Child Psychology and Psychiatry, Vol. 24, 4/1983

Gordon, Th.: Familienkonferenz, Hamburg 1972

Hanscombe, G. E., Forster, J.: Rocking the Cradle: Lesbian Mothers, a challenge in family living, London 1982

Jung, C. G.: Von Sexualität und Liebe, Solothurn/Düsseldorf 1988

Kennwort ›Sämann‹, in: Der Spiegel 26/1994

Kloehn, E.: Typisch weiblich? Typisch männlich? Hamburg 1979

Linnhoff, U.: Weibliche Homosexualität zwischen Anpassung und Emanzipation, Köln 1976

Masters, Johnson: Homosexualität, Frankfurt a. M. 1979

Mead, G. H.: Geist, Identität und Gesellschaft, Frankfurt a. M. 1968

Ders.: Philosophie der Sozialität, Frankfurt a. M. 1969

Mussen, P. H., Conger, Kagan, J.: Child Development and Personality, New York/London 1986

Paszensky, S. von: Verschwiegene Liebe. Lesbische Frauen in unserer Gesellschaft, Reinbek 1984

Rauchfleisch, U.: Schwule, Lesben, Bisexuelle. Lebensweisen, Vorurteile, Einsichten, Göttingen/Zürich 1994 (besonders empfehlenswert!)

Raymond, J. G.: Frauenfreundschaft. Philosophie der Zuneigung, München 1987

Reinberg, B., Roßbach, E.: Stichprobe: Lesben. Erfahrungen lesbischer Frauen mit ihrer heterosexuellen Umwelt, Pfaffenweiler 1986

Rights of Women Lesbian Custody Group: Lesbian Mother's Legal Handbook, London 1986

Sasse, B.: Lesbische Mütter und deren Kinder, in: Lesbenstich, 10. Jg., 2/1989

Schulenberg, J.: Gay parenting, New York 1985

Streib, U. (Hrsg.): Von nun an nannten sie sich Mütter. Lesben und Kinder, Berlin 1991

Wolff, Ch.: Psychologie der lesbischen Liebe, Reinbek 1973

Die Frau in der Gesellschaft

Elisabeth
Beck-Gernsheim
**Das halbierte
Leben**
Männerwelt Beruf –
Frauenwelt Familie
Band 3713
**Mutterwerden –
der Sprung in ein
anderes Leben**
Band 4731

Jessica Benjamin
**Die Fesseln
der Liebe**
Psychoanalyse,
Feminismus und das
Problem der Macht
Band 11087

Gisela Breitling
**Die Spuren
des Schiffs in
den Wellen**
Eine autobiogra-
phische Suche nach
den Frauen in der
Kunstgeschichte
Band 3780

Susan Brownmiller
**Gegen unseren
Willen**
Vergewaltigung und
Männerherrschaft
Band 3712
Weiblichkeit
Band 4703

Roswitha Burgard
Mut zur Wut
Befreiung aus
Gewaltbeziehungen
Band 12222

Herausgegeben von
R. Burgard/
B. Rommelspacher
**Leiden macht
keine Lust**
Der Mythos
vom weiblichen
Masochismus
Band 11020

Anne Campbell
**Zornige Frauen,
wütende Männer**
Geschlecht und
Aggression
Band 12381

Fischer Taschenbuch Verlag

fi 14 / 20 a

Die Frau in der Gesellschaft

Margrit Brückner
Die Liebe der Frauen
Über Weiblichkeit und Mißhandlung
Band 4708

Carla Corso / Sandra Landi
Porträt in grellen Farben
Leben und Ansichten einer politischen Hure
Band 11385

Colette Dowling
Der Cinderella-Komplex
Band 3068
Perfekte Frauen
Band 11190

Uta Enders-Dragässer/ Claudia Fuchs (Hg.)
Frauensache Schule
Band 4733

M. Grabrucker
»Typisch Mädchen...«
Band 3770
Vater Staat hat keine Muttersprache
Band 11677
Vom Abenteuer der Geburt
Band 4746

Michaela Huber
Multiple Persönlichkeiten
Überlebende extremer Gewalt
Ein Handbuch
Band 12160

Michaela Huber/ Inge Rehling
Dein ist mein halbes Herz
Band 4727

H. Patricia Hynes
Als es Frühling war
Von Rachel Carson zur feministischen Ökologie
Band 11024

Nicole Kramer/ Birgit Menzel/ Birgit Möller/ A. Standhartinger
Sei wie das Veilchen im Moose...
Band 11946

Katja Leyrer
Hilfe! Mein Sohn wird ein Macker
Band 10872

Fischer Taschenbuch Verlag

fi 15 / 17 a

Die Frau in der Gesellschaft

Nicky Marone
Erlernte Hilflosigkeit überwinden
Band 11590

Sigrid Müller/
Claudia Fuchs
Handbuch zur nichtsexistischen Sprachverwendung in öffentlichen Texten
Band 11944

R. Sadrozinski (Hg.)
Grenzverletzungen
Sexuelle Belästigung im Arbeitsalltag
Band 11521

Ursula Scheu
Wir werden nicht als Mädchen geboren – wir werden dazu gemacht
Band 1857

Alice Schwarzer
Der »kleine« Unterschied und seine großen Folgen
Band 1805
Von Liebe + Haß
Band 11583
Warum gerade sie?
Band 10838

A. Schwarzer (Hg.)
Krieg – Was Männerwahn anrichtet
Band 11135

B. Sichtermann/
Marie Sichtermann/
Brigitte Siegel
Den Laden schmeißen
Ein Handbuch für Frauen, die sich selbständig machen wollen
Band 12277

Monique R. Siegel
Weibliche Führungskunst
Band 11117

Ruth Simsa (Hg.)
Kein Herr im Haus
Band 12079

Senta Trömel-Plötz
Frauensprache - Sprache der Veränderung
Band 3725

S. Trömel-Plötz(Hg.)
Gewalt durch Sprache
Band 3745

Hedi Wyss
Das rosarote Mädchenbuch
Band 1763

Fischer Taschenbuch Verlag

fi 15 / 12 b

Die Frau in der Gesellschaft

Sigrid Arnade
Weder Küsse noch Karriere
Erfahrungen behinderter Frauen
Band 10624

K. Bareiter
Depression – Rückzug aus dem Leben
Band 10571

Marion Beckerle
Depression: Leben mit dem Gesicht zur Wand
Band 4726

Dagmar Bielstein
Von verückten Frauen
Notizen aus der Psychiatrie
Band 10261

Ingeborg Bruns
Als der Vater aus dem Krieg heimkehrte
Töchter erinnern sich
Band 10300

D. Cameron/ Elizabeth Frazer
Lust am Töten
Eine feministische Analyse von Sexualmorden
Band 11136

Anne Finger
Lebenswert
Eine behinderte Frau bekommt ein Kind
Band 10828

Gisela Friedrichsen
Abtreibung
Der Kreuzzug von Memmingen
Band 10625

Dietrich Gronau/ Anita Jagota
Ich bin Stadtstreicherin
Über das Leben obdachloser Frauen
Band 11277
Über alle Grenzen verliebt
Beziehungen zwischen deutschen Frauen und Ausländern. Band 10148

Imme de Haen
»Aber die Jüngste war die Allerschönste«
Band 3744

Fischer Taschenbuch Verlag

fi 404 / 16 a

Die Frau in der Gesellschaft

Judith Jannberg
Ich bin ich
Band 3735
Leben lieben - Liebe leben
Band 11386

H. Jansen (Hg.)
Freundschaft über sieben Jahrzehnte
Band 10635

H. Klostermann
Alter als Herausforderung
Band 3751

E. Moltmann-Wendel (Hg.)
Frau und Religion: Gotteserfahrungen im Patriarchat
Band 3738

Kristel Neidhart
Er ist jünger – na und? Protokolle
Band 4741

K. Oguntoye/ M. Opitz/ D. Schultz (Hg.)
Farbe bekennen
Band 11023

Susi Piroué
Vom Vergnügen, mit sich selbst zu reisen
Band 10632

Lydia Potts (Hg.)
Aufbruch und Abenteuer
Frauen – Reisen um die Welt ab 1785
Band 12317

I. Rieder/ P. Ruppelt (Hg.)
Frauen sprechen über Aids
Band 10033

Sabine Rohlfs
Frauen und Krebs
Band 11792

K. Rohnstock (Hg.)
Stiefschwestern
Was Ost-Frauen und West-Frauen voneinander denken
Band 12221

Erika Schilling
Manchmal hasse ich meine Mutter
Band 3749

Celeste West
Lesben-Knigge
Band 10614

Lindy Ziebell/ Chr. Schmerl/ H. Queisser
Lebensplanung ohne Kinder
Band 10859

Dorit Zinn
Mein Sohn liebt Männer
Band 11260

Fischer Taschenbuch Verlag

fi 404 / 11 b

Helga Häsing und Ingeborg Mues (Hg.)

Du gehst fort, und ich bleib da

Gedichte und Geschichten von Abschied und Trennung

Band 4722

Sich trennen zu müssen gehört zu den Grunderfahrungen des Menschen, den schmerzlichen und prägenden Momenten in unserem Leben. Trennungen sind notwendig für uns und unumgänglich, bewahren uns davor, stehenzubleiben, zu erstarren, bewirken Veränderungen und geben den Weg frei für neue Entwicklungen. Trennungen wecken aber auch Angst, Angst vor Verlassenheit. Das Wissen um einen bevorstehenden Abschied verändert den Blick, die Gedanken, die Worte. Plötzlich erscheinen die Menschen, die uns begleitet, der Ort, an dem wir gelebt haben, in einem neuen Licht. Das Gewohnte wird brüchig. Fragen drängen sich auf: Haben wir alle Möglichkeiten ausgeschöpft, alles getan, was wir hatten tun wollen? Zorn und Enttäuschung quälen uns, Selbstzweifel und Schuldgefühle. Oft können wir unsere Wut, unseren Schmerz nicht ertragen, wollen die Kränkung vergessen, sprechen nicht mehr über das, was wir verloren haben, und sind unfähig zu trauern. Von Abschied und Trennung erzählen die Texte dieser Anthologie: vom Abschied von der Kindheit, den Eltern, den eigenen Kindern, der Jugend und Lebendigkeit, vom Ende einer Liebe, von der Trennung durch den Tod, dem Abschied von Menschen und Orten, die vertraut waren und Geborgenheit versprachen und Träumen, die nicht zu verwirklichen sind.

Fischer Taschenbuch Verlag

fi 713 / 3